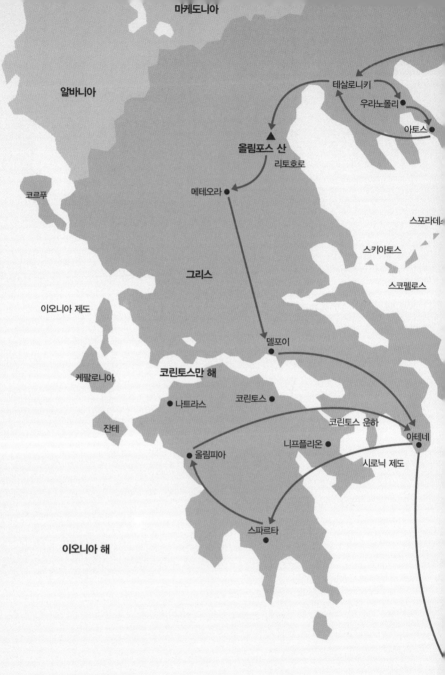

마케도니아

알바니아

테살로니키

우라노폴리

아토스

올림포스 산
리토호로

코르푸

메테오라

스포라데스

스키아토스

그리스

스코펠로스

이오니아 제도

델포이

케팔로니아

코린토스만 해

나트라스

코린토스

코린토스 운하

아테네

잔테

니프플리온

올림피아

시로닉 제도

스파르타

이오니아 해

• 그리스 이동 경로 •

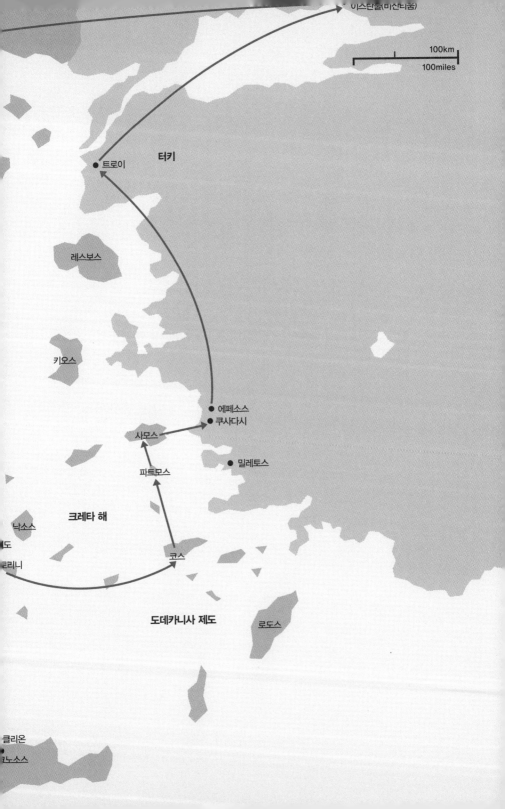

이스탄불(미산티움)

100km
100miles

터키

● 트로이

레스보스

키오스

● 에페소스
● 쿠사다시

사모스

파트모스

밀레토스

크레타 해

낙소스

도

리니

코스

도데카니사 제도

로도스

클리온

노소스

그리스 인생 학교

그리스 인생학교

· 아토스 산에서 트로이까지   우리를 행복하게 하는 질문 ·

조현 지음

• 차례 •

길을 묻는다면
신은 반드시 당신 편이다

그리스, 역사이자 살아 있는 신화의 땅

"오늘날의 문명 국가들은 모든 지적 활동 분야에서 그리스의 식민지다."

미국의 문명 사학자 윌 듀란트(1885~1981)의 평이다. 그에 따르면 지상의 문명 국가들은 그리스의 지식으로 길러졌다는 것이다.

하지만 그들이 애초에 연 지식 세계는 오늘날 우리가 교과서에서 배우는 암기식 지식이 아니었다. 정의는 무엇인지, 왜 살아야 하는지, 어떻게 살아야 하는지에 대한 물음이었다.

그래서 내가 더 나다워지고, 지혜로워지며, 탁월해지고, 행복해지는 법을 스스로 깨달아가는 과정이었다.

나는 그동안 진리와 깨달음, 구원을 찾아 종교의 원류들을 순례했다. 은둔의 고수를 찾아 히말라야 설산을 헤매기도 했고, 수많은 영성가, 수행자, 종교인들을 만나기도 했다.

깨달음과 영성의 품 안은 황홀했다. 지상의 많은 고통이 산산이 녹는 마음의 환희는 깨고 싶지 않은 단꿈이었다. 하지만 눈을 뜨면 나를 포함해, 삶의 고통에 힘들어하는 사람들의 아우성은 여전했다.

신에 가까이 다가가고 내면의 부처를 깨달아가는 것이 우리의 아픔과 별개라면 희망은 어디에 있는 걸까. 신을 찬미하고 명상에 잠긴 이들이 인간들의 고통에 찬 목소리를 외면한다면 어디에서 현실적 구원을 기대할 수 있을까. 우리는 오불조불한 이 땅의 현실을 살아가는 인간들이고, 아픔은 여전한데…….

그동안 나는 세상이 나를 휘젓지 못하도록 현실적 욕구를 실현하고 싶었다. 그러나 경쟁 속에서 구질구질해지는 현실을 벗어나려는 욕구 또한 그 못지않았다. 사람 속에서 섞여 떠들기를 좋아하면서도, 어느 날은 배낭을 메고 깊은 산속 동굴로 들어가 홀로 머물렀다. 양극단을 오가느라 분주했다. 그러는 동안에도 종교적 진리는 철학적 의문에 답해야 하고, 말뿐인 깨달음은 자비의 실천으로 나타나야 하며, 영성은 합리적 지성과 소통해야 한다는 생각은 더욱 간절해졌다.

그리스로 발길이 향한 것은 그래서였다. 피안을 향한 구도의 여정에선 묻지 못한 좀 더 구체적인 물음을 통해 우리가 겪는 현실적 모순을 풀어내고 조화를 이루고 싶었다.

"세상은 다 그렇고 그런 것"이고, "인생은 원래 다 그렇게 사는 것"이라며 '그렇고 그런' 도그마만을 강요하는 질서에 항거해, 의문에 찬 질문을 던진 사람들이 그리스에 있었다. 소크라테스는 신화에 맞서 신성모독으로 죽어가면서도 묻고 물었다. 신의 뜻이 하늘에서만이 아니라 이 땅에서, 그리고 내 가슴에서 이루어지도록.

길이 보이지 않을 때 찾게 되는 것

신화에 매몰되지 않는 자만이 새로운 신화를 만든다. 기원전 480년 그리스 아테네 인근 살라미스 섬 해안에서 새로운 신화가 만들어졌다. 이후 2,500년 지구의 역사를 가르게 되는 오리엔트(동양)와 서양의 결전에서였다.

오리엔트로 불린 페르시아는 인류 문명의 발상지 메소포타미아에서 일어나 또 다른 문명의 별 이집트까지 장악했다. 명실공이 당대 최강자였다. 역사가 헤로도토스는 264만여 명의 병사와 같은 수의 비정규군이 함께 몰려왔다고 썼다. 세계 인구가 1억인 시절 이었으니 신화와 경계가 모호했던 헤로도토스의 말을 액면 그대로 믿을 순 없다. 당시 그리스 연합군에 가담한 31개 도시국가들의 인구를 합쳐봐야 80만~200만 명에 불과했다. 그리스가 감당하기에 페르시아는 너무도 벅찬 상대였다.

길이 보이지 않을 때는 신을 찾게 마련이다. 아테네 사절단은 백발백중의 예언을 해준다는 델포이 신전의 무녀를 찾아가 물었다.

"어떻게 해야 합니까?"

그러자 델포이의 무녀가 답했다.

"어떤 것도 살아나지 못할 테니 대지의 끝으로 도망쳐라. 신전도 파괴될 것이어서 두려움에 떨고, 지붕에서 검은 피를 쏟고 있다."

절망적인 신탁이었다. 한 번 신의 뜻을 하달 받으면 이에 따라야 하는 불문율을 어기고 아테네인들은 떼를 썼다. 제발 조금이라도 더 나은 예언을 내려달라고. 사람들은 냉혹한 현실을 일깨워주는 직설을 원하지 않는다. 절망에 빠진 인간이 원하는 것은 한 가닥 희망이다.

무녀도 이를 외면하지 못하고 다시 신탁을 던져준다.

"아크로폴리스 언덕의 모든 것이 적의 수중에 들어가겠지만 '나무 성벽'만은 파괴되지 않고 도와주리라."

페르시아군이 몰려온다는 소식에 아테네는 도시를 빠져나가는 탈출 행렬로 아수라장이 됐다. 시민과 노예 할 것 없이 20여 만 명이 떠난 도시는 텅 비었다. 아크로폴리스의 신전에 큰 뱀이 지키고 있다며 매달 제물로 바치던 꿀 케이크마저 그대로 있는 것으로 보아 아테네에선 신마저 도망쳐 버린 게 틀림없다는 소문이 돌았다. 아노미(anomie)였다.

이런 가운데서도 아크로폴리스 신전의 사제들은 델포이 무녀의 말에 따라 아크로폴리스에 나무 목책을 쳐놓으면 안전할 것이라고 자위했다. 그러나 믿음은 그들을 구원해주지 못했다. 나무 목책을 가볍게 넘어온 페르시아 군인들은 "살려 달라"는 사제들을 무참히 죽이고 신전을 불태웠다.

신이 우리 편이 될 때는

하지만 길이 없는 곳에서도 길을 만드는 인물이 있었다. '과거는 바꿀 수 없다. 그러나 미래는 아직 결정되지 않았다' 는 것을 안 인간이 있었다. 아테네의 테미스토클레스였다. 그는 아테네의 민주주의가 아니었다면 역사에 명함을 내밀 수 없었던 하층민이자 첩의 아들이었다. 정치가이자 군인인 그는 광산개발로 국고가 쌓이자 이를 전 시민이 나눠가지자는 주장을 일축하고 함선을 건조케 한 인물이었다.

이미 200척의 함선을 확보했던 테미스토클레스는 바다에 떠 있는 목선 함대가 바로 신이 말한 '나무 목책' 이라고 주장했다. 테르모필레 협곡에서 영화 〈300〉의 주인공인 스파르타 왕 레오니다스가 페르시아 육군의 발목을 붙잡고 늘어지는 사이, 테미스토클레스는 페르시아의 해군을 좁은 바다로 유인해서 재기 불능이 되도록 괴멸시켰다. 조선 역사를 연구한 미국의 사학자 호머 베잘렐 헐버트가 "조선을 삼키고 명나라까지 정벌하려던 도요토미 히데요시의 계획에 사형 선고를 내린 한산도 해전은 조선의 살라미스 해전이다"라고 인용한 바로 그 해전이다. 신조차 백기를 들고 공포와 불안감만이 가득한 상황에서 길을 연 인간 테미스토클레스는 그리스의 이순신이었다.

그로부터 700여 년 전 트로이 전쟁에서 철옹성 트로이를 멸망시킨 오디세우스 못지않은 지혜를 지닌 테미스토클레스는 신마저 자신들을 버렸다며 도망갈 궁리만 하는 사람들을 향해 이렇게 외쳤다.

"우리가 이치에 맞는 작전을 세울 때 신은 반드시 우리 편이 된다."

훗날 철학자 헤겔은 말했다.

"역사상 살라미스 해전만큼 정신의 힘이 물질의 양보다 우월하다는 사실을 명백하게 드러낸 적은 없었다."

오리엔트의 젖을 먹고 자란 젖먹이 그리스가 자신들을 키웠던 거대 공룡 오리엔트를 정신력으로 넘어뜨린 것이다. 살라미스 해전 150년 뒤 그리스의 지배자 알렉산드로스는 페르시아를 단숨에 삼켜버리고 북인도까지 장악했다. 서양과 오리엔트의 전세는 신이 아닌 인간에 의해 극적으로 역전됐다. 아테네인들은 살라미스 해전 직후 그리스 문명의 황금기를 열었다.

그리스, 고통과 상처를 딛고 일어서게 하다

세상이 지겹도록 바뀌지 않는다는 불만의 소리가 높다. 그러나 바뀌지 않는 것은 세상이 아니라 언제나 우리 자신이었다. 그리스가 세상을 바꾸기 전에 먼저 바꾼 것은 그들 자신이었다.

우리는 인간이 사용할 수 있는 최상의 무기를 아직 꺼내지도 않았다. 인간은 생각을 바꿈으로써 죽음을 부활로, 절망을 희망으로, 실패를 성공으로 뒤바꿀 수 있는 유일한 동물이다.

도저히 길이 보이지 않은 절망적 상황에 주저앉지 않은 이가 그리스에 테미스토클레스만 있었던 것은 아니다. 호메로스는 맹인이었지만《일리아스》와《오디세이아》를 써서 서양 문명을 열었고, 노예이자 꼽추였던 이솝은 우화를 통해 자신들을 돌아보게 했다. 디오게네스는 노숙인이었지만 왕도 부러워하지 않은 여유를 자랑했고, 노예이자 절음발이였으나 로마황제 마르쿠스 아우렐리우스와 초기 기독교 사상가들의 스승이 된 에픽테토스는 암울한 상황에서도 정신적 자유를 누릴 수 있다는 것을 보여주었다. 그들은 자신의 십자가를 회피하지 않고 기꺼이 짊어짐으로써 부활했다.

이들은 신체나 계층의 장애가 비록 불편하기는 했지만, 결핍과 시련을 탁월함의 양분으로 삼았다. 인생이 빚어내는 최고의 요술은 이런 약자들이 상처를 아우라로 바꾸는 것이다.

이번 여행을 떠날 무렵 경제 위기인 그리스에 대한 부정적인 뉴스가 넘쳐났다. 그러나 나는 경제적 어려움 속에서도 자신을 지켜내면서 오히려 이방인에게 사랑과 지혜를 나눠주는 그리스 사람들을 많이 만났다. 아름다운 설산과 짙푸른 에게 해, 곳곳에 신화와 철학자의 흔적을 갖고 있는 섬들, 대리석 신전이 어우러진 풍경 등은 축복의 땅이란 찬사를 멈출 수 없게 했다. 지혜의 선구자들을 품었던 그리스는 헉헉거리던 숨을 돌려 쉬며 생각을 전환하는 데 최적의 장소였다.

애플의 창업자 스티브 잡스는 생전에 이런 말을 했다고 한다.

"나에게 소크라테스와 한 끼 식사 할 기회를 준다면 애플이 가진 모든 기술을 그 식사와 바꾸겠다."

잡스의 식탁에 소크라테스가 초대됐다면 그는 여지없이 그 특유의 질문을 던졌을 것이다. 세상의 견해가 아닌 당신의 견해를, 다른 사람들이 괴롭다는 것 말고 당신만의 고민을, 남들이 원하는 것 말고, 당신이 진정으로 원하는 것이 무엇인지를 묻고 또 물었을 것이다. 그래서 세상 사람들이 행복하다는 길 말고 당신이 행복해질 길을 찾게 했을 것이다.

최고의 직업은 남들이 줄 서는 분야가 아니라 내가 기쁘고 행복하게 능력을 발현할 수 있는 곳이다. 최고의 짝은 미스월드나 미남 배우가 아니라 나와 가장 잘 통하는 상대다. 최고의 답은 남들의 말이 아니라 내가 스스로 물음을 통해 얻어낸 것이다.

그리스 인생 학교에서 마음의 동반자가 되어준 광명의 신 아폴론과 지혜의 여신 아테나, 전사 아킬레스와 알렉산드로스, 정치가 페리클레스, 철학자 피타고라스, 소크라테스, 디오게네스, 에피쿠로스, 에픽테토스 그리고 이름 모를 아토스 산의 노수도사에게 헌주를 바친다.

나는 믿는다. 당신의 지고한 가치를. 무엇이 되든 이를 발현하며 더 당당하게 세상을 살아갈 그대에게 축복이 함께하리라.

2013년 3월

조현

알바니아

마케도니아

그리스

아토스 산

에게 해

터키

지중해

chapter 1

금욕의 나라, 아토스 산

: 나는 과연 버려야 할 것을 버렸는가?

　　　　　　　　　　　　．

"남이 아닌 자신을 정복한 자가
고결한 최상의 승리자다."

— 플라톤

　아토스(Atos) 산에 대해 처음 이야기를 들은 건 13년 전 한 위파사나 수행 승려에게서였다. 매사 슬로비디오처럼 움직임이 조심스러웠던 그는 애초 1980년대 아시아를 주름잡던 남자 무용수였다. 그는 무용수 시절 공연을 위해 전 세계를 누볐다. 그럴 때면 현지에서 꼭 며칠씩 시간을 내어 영성 수행처를 방문했다. 남자 무용수로서 성공가도를 달리면서도 영혼의 갈증은 날로 커져 귀의할 수도처나 스승을 찾아다닌 것이다. 결국 그는 대중적 환호를 버리고 미얀마의 불교 사원에 귀의해 위파사나 수도승이 되었다.

　어느 날 그에게 물었다.

　"지금까지 가본 장소 가운데 가장 인상적이었던 곳이 어디입니까?"

　몇몇 군데를 예상하며 질문을 던졌는데, 의외의 대답이 돌아왔다. 그가 알려준 곳은 미얀마의 수도처가 아니라 바로 아토스 산이었다. 그는 그곳에서 무엇을 보았을까.

바다 위 절벽에 깃든 수도원

아토스 산은 세계에서 유일한 수도원 공화국이다. 짐승도 암컷은 들어갈 수 없는 유일한 금녀 국이다.

아토스 산은 영토상으로는 그리스 북서부에 삼지창처럼 나와 있는 세 개의 반도 가운데 가장 위쪽 반도 50킬로미터에 솟아 있다. 사실상 외딴섬이나 다름없는데도 '아토스 섬'이 아니라 '아토스 산'으로 불리는 것은 육지와 연결돼 있기 때문이다. 하지만 아토스 산의 수도원으로 연결되는 것은 바다를 통한 배편뿐이다.

그곳은 모든 게 자치적으로 운영되고, 그리스와는 별도의 비자를 받아야만 입국이 허락되는 반 자치국가다. 산은 2,033미터 높이인데, 주위는 절벽과 바다뿐이다. 그곳엔 그리스 정교회의 수도원들, 스키티(암자), 수도 동굴들만이 있다.

그래서 크리스천들에겐 '홀리 마운틴', 즉 성스런 산(聖山)으로 불리는 영혼의 고향 같은 곳이다. 이곳엔 아직도 사제, 수도사를 비롯한 3,000명 가량이 살고 있다. 인간이 범접하기 어려운 바닷가 절벽 위 암자와 동굴은 히말라야 벼랑의 벌집을 연상케 한다. 파피용 같은 죄수가 갇혔을 법한 외딴곳에 자신을 가둔 자발적 수감자들의 나라다.

터키 이스탄불에서 버스로 밤새 9시간 반을 달리고 그리스 북부 도시 테살로니키에서 버스를 갈아탔다. 3시간을 더 가면 거울처럼 맑고 투명한 쪽빛 바다가 나타난다. 200~300가구쯤 될까, 작지만 포근해 보이는 마을이다. 밤새 달려온 여행객의 피로를 편안하게 풀어줄 것 같다. 미지의 세계로

파피용 같은 죄수가 갇혔을 법
한 수도원. 인간이란 얼마나 이
상한 존재인가. 누군가는 욕망
을 키우고 키워 하늘까지 바벨
탑을 쌓으려 하는데, 이와는 반
대로 누군가는 세속적 욕망을
포기한 채 자신을 비우고 또 비
워낸다.

향하는 흥분과 불안을 잠재우고 잠시 이곳에서 하루만이라도 머물고 싶어진다. 이럴 때면 신은 꼭 내 소원을 들어준다. 아토스 산으로 들어가는 항구 마을 우라노폴리다.

쉽게 열리지 않는 수도원 공화국

이곳까지 왔지만, 순례가 제대로 이루어질지 알 수 없었다. 입국시무소와는 이메일로 연락해 입국 허가를 받았으나 아토스 산에서 숙박할 수도원은 예약하지 못했다. 수도원의 경우 전화와 이메일로 연락이 원활하지 않아 팩스를 보냈다. 그런데 마치 '바쁜 건 너지, 우리가 아쉬울 게 뭐냐'는 건지, 출국 날짜까지 기린처럼 목을 빼고 기다렸지만 결국 답신을 못 받고 비행기에 오른 것이다.

아토스 산을 향해 떠날 항구의 위치를 알아보고 호텔로 돌아오니 검은 수도복을 입은 수도사들이 들어섰다. 그들도 다음날 성산에 가는 배를 타기 위해 잠시 여장을 푼 것이다. 같은 호텔에 머문 인연을 빙자해 혹시 그 수도사가 속한 수도원에 묵을 수 있는 방법이 있는지 물어보려다 그만두었다. 삼사십 대로 보이는 수도사의 얼굴이 너무 완고해 보였기 때문이다. 그렇다고 그를 탓할 수는 없는 일이다. 침묵을 금보다 귀하게 여기는 수도원에 발을 들여놓은 지 얼마 안 되는 수도사가 이미 무애 자유인이 된 양 아무나 보고 히죽거리며 어울리기를 기대할 수는 없는 노릇이니 말이다.

아침이 밝자마자 항구 옆 아토스 산 입국사무실로 간다. 아토스 산 하루

입국 인원을 그리스 정교회인 100명, 그 외 일반인 10명으로 제한한다니 능장을 피울 수 없다.

이미 이메일로 받은 입국허가서와 함께 비자 비용 30유로를 건네니, 의아하다는 표정을 지으며 묻는다.

"아토스 산에 들어가는 이유가 뭡니까?"

아토스 산에 머무는 3일 동안에도 동양인은 한 명도 만난 적이 없으니, 궁금해하는 것도 이해할 만하다.

"필그림(순례하려고요)."

직원이 도장을 쾅 찍어서 비자 서류를 건네준다. 아토스 산으로 들어가는 배는 하루 두 대뿐이다. 수도원 숙박 예약도 안 된 마당에 조금이라도 일찍 가는 게 상책인 듯 싶다.

내 옆엔 다른 순례객에겐 없는 휴대품이 하나 더 있다. 호텔 옆 기념품점에서 산 나무지팡이다. 등산용 지팡이처럼 끝에 뾰족한 쇠붙이가 달려 있다. 아토스 산 트레킹을 위해서기도 하지만, 수도원에서 잠을 재워주지 않아 한뎃잠을 자야 하는 만약의 사태에 대비한 무기 대용이기도 하다. 아토스 산에는 야생 늑대와 멧돼지가 많이 출몰한다는 얘기를 들었다. 거친 늑대를 순한 양처럼 순치시켰던 프란체스코 성인과 같은 감화력이 있는 것도 아니고, 굶주린 늑대에게 몸을 적선할 생각도 없으니 어쩌랴!

멧돼지와 야생 여우도 거두어주는 수도사들이 행여 지구를 반 바퀴 돌아온 순례자를 숲으로 쫓아낼까마는, 공연한 걱정이다.

무모한 여행자에게 손 내민 그리스 아저씨

아토스 산 가는 배편에서 보이는 해안 인근엔 그리스의 선박 왕 오나시스의 별장이 있었다고 한다. 미국 케네디 대통령의 부인이었던 재클린과 재혼한 그는 이런 말을 남겼다.

"만약 세상에 여자가 없다면 돈도 필요 없을 것이다."

아토스 산은 여자가 없어서 돈이 필요 없는 무소유 공동체가 가능해진 것인가.

배 안에 여자는 물론, 어린아이도 한 명 없다. 수염이 덥수룩한 성인 남자들뿐이다. 야생늑대를 만나기도 전에 늑대소굴에 온 어린 양이나 훈련소에 온 훈련병의 심정이다. 이런 속사정은 아랑곳없다는 듯이 나란히 동석한 두 남자가 눈인사를 건넨다. 그들은 유일한 동양인 순례객의 모습이 신기한 모양이다.

'가다 보면 무슨 수가 생기겠지.'

지금까지 막무가내 근성으로 모험을 즐긴 지 오래지만, 배에 오르고 나서야 무대책이 상책이 될 수 없다는 생각에 당혹스러워진다. 아토스 산 행정 수도 격인 다프니에 내려서 수도원으로 갈 방도를 마련해보자는 계획이었는데, 그게 아니다. 배는 해안가 수도원의 소항구에 정박했다가 몇 분 후 떠나고, 다음 수도원 항구에도 몇 명을 내려주곤 떠나길 반복한다.

아토스 산은 험준한 산과 해안 절벽으로 이루어져서 수도원끼리 연결되는 차로 같은 게 없다. 그래서 아예 자기가 묵을 수도원 인근 항구에 내려야 한다는 사실을 뒤늦게 알았다. 하지만 묵을 수도원도 정하지 않고, 숙박 예약에 대한 확답도 못 받았는데, 어디에 내려야 한다는 말인가. 애타는 구원의 눈빛으로 옆자리 그리스 아저씨를 바라보자, 그가 축복처럼 묻는다.

"어디에 묵을 건가요?"

"바토페디우(Vatopediou) 수도원과 시모노 페트라(Simonos Petras) 수도원에 묵을까 하는데요."

출국 전 아토스 산 지도를 펴놓고 20개 수도원들을 탐구한 끝에 선정한 수도원이다. 그는 내가 지도에 찍은 두 수도원에 ×표를 친다. 예약 없이는 좀처럼 재워주는 법이 없는 곳이란다. 맙소사! 배는 이미 아토스 산 절벽 아래를 돌면서 정박을 시작하는데……

"그러면 저는 어찌하오리까?"

그리스 아저씨가 내 숙박에 어떤 책임이라도 져야 하는 양 되물었다. 그러자 아저씨는 두 군데 수도원에 ○표를 해준다. 디오니시우(Dionysiou) 수도원과 그레고리우(Gregoriou) 수도원이다. 대체로 이 수도원들은 인심이 좋은 편이어서 예약을 안 했더라도 잠을 재워줄 것이란다. 날짜별로 스케줄까지 정해주고는 다시 묻는다.

"돌아오는 배편을 예약했나요?"

'꼭 예약해야 하느냐'는 표정을 짓자, 그가 말을 잇는다.

"주말에는 좌석이 부족해 예약 없인 배를 타기 어려워요."

아토스 산 입국비자는 최대 기간을 3박4일로 못 박고 있다. 정해진 기간에 나가지 못하면 난감해질 수 있었다. 그 아저씨는 직원을 불러 귀항 표까지 예약해준다. 그리고 묻지도 않았는데 말한다.

"내 이름은 솔리오스예요."

전화번호까지 적어주며, 예약이 안 돼 있거나, 무슨 급한 일이 있으면 자기에게 전화하란다.

신은 내가 성산에 발을 딛기도 전에 그리스 아저씨를 통해 강림하신 것이다. 이러니 어찌 서유럽인보다 조금은 어수룩해 보이는 북쪽 그리스 사람들을 사랑하지 않을 수 있겠는가.

구세주를 만나 마음이 평화로워지니 드디어 창밖을 살펴볼 여유가 생긴다. 그리스 아저씨는 수면 위로 솟구쳐 오른 암벽 수도원을 가리키면서 말한다.

"지기는 러시아 정교회 수도원인데, 얼마 전 러시아 푸틴 총리가 며칠 동안 묵으며 기도를 하고 갔답니다."

러시아 정교회도 아토스 산을 최고의 성지로 여긴다는 설명이다.

잠시 뒤 애초에 내리려고 했던 다프니 항구에 도착하자 그리스 아저씨가 내린다. 막막한 바다 위에서 붙잡은 동아줄 같았던 아저씨를 따라 내리고 싶은 마음이 간절하다. 하지만 언제까지 남의 젖을 물고 있을 순 없다. 제법 초연한 척하며 그와 마지막 인사를 나눈다. 막막했던 나에게 구원의 손길을 내밀어준 그에게 아무런 보답도 못한 게 못내 섭섭하다.

"분명히 아름다운 여행이 될 겁니다."

시골 아저씨다운 쑥스러운 미소를 지으며 그가 돌아선다.

고운 사람은 말도 늘 곱게 한다. 그리스의 멋진 조각상들과는 반대로, 배가 불룩 나오고 비틀어진 치아를 가진 아저씨가 저토록 멋질 수 있다니, 성산에 들어서면서 내 눈도 상당히 성스러워진 게 틀림없다.

정박하는 수도원 항구마다 몇 명씩 내리다 보니 배엔 사람이 얼마 남지 않게 되었다. 이러다 혼자 남게 되지나 않을까 불안하기도 했지만, 신이 굳이 나만 골탕 먹일 리 있으랴. 창밖 바위 위로 거대한 성이 솟아오른다.

'어쩌면 저런 곳에다 수도원 지을 생각을 다 했을까.'

미처 생각이 스쳐 지나가기도 전에 이곳이 디오니시우 수도원이라고 한다.

절벽 동굴에서 40년 수도의 의미

수도원은 밖에서 보면 거대한 성이지만, 안으로 들어가면 아담한 느낌을 주는 작은 건물들과 마당 그리고 정원이 어울려 있다. 초행자에겐 미로 같은 길이다.

아직도 아침 예배가 끝나지 않은 탓인지 수사들은 보이지 않는다. 2층에 쉴 공간이 있고, 방은 낮 12시나 되어야 배정한다고 일상복을 입은 남자가 귀띔해준다.

2층으로 올라가니, 복도 끝 발코니에서 순례객들이 앉아 쉴 벤치가 있다. 일부는 담배를 피우면서 아토스 산과 바다를 바라보고 있다. 발코니 옆은 휴게실인데, 순례객이 자유롭게 요기할 수 있게 마련해둔 것이 눈에 띈다. 아침 식사라고 해봐야 보리빵과 올리브 열매뿐이다. 그래도 따뜻한 차까지 마실 수 있으니 감지덕지다.

삼십 대로 보이는 남자가 휴게실에서 음식을 먹고 있다. 루마니아인이다. 아토스 산엔 그리스인뿐만 아니라 정교회 국가인 러시아, 루마니아, 불가리아, 세르비아 등에서 온 순례객들이 적지 않다. 루마니아인이 먼저 말을 걸어온다.

"아시아엔 가보지 않았는데, 아내가 일본 마니아랍니다. 그런데 왜 그렇게 일본에 못 가 안달인지 모르겠다니깐요."

여전히 아내의 취미생활마저 통제하려는 생각을 포기하지 못한 말투다. 아내가 따라 들어올래야 올 수 없는 남성 공화국에 온 이유를 짐작할 만하다.

아니나 다를까. *그가 말한다.*

"저는 이곳에 평화를 찾으러 왔어요."

그가 '아내가 없으니 이렇게 조용하고 편한걸' 하고 느꼈을지, '역시 다툴 아내가 없으니 너무 심심해. 빨리 아내 품으로 돌아가야지' 하고 생각했을지는 알 수 없다. 오늘이 아토스 산을 떠나는 날이라는 그는 비로소 평화로워 보인다. 역시 남녀는 불화를 그치고, 상대에 대한 필요를 절감하기 위해, 가끔은 이렇게 일시적으로라도 격리되어 있어야 하는 것인가.

성산엔 사제와 수도사들만 사는 것은 아니다. 의사, 목수, 요리사, 일꾼 등 수도원에서 다양한 일을 하는 일반인 남자들도 있다. 짧은 시간에 수도원의 속살을 전부 들여다보고 싶은 내게 신은 구원자를 한 명 더 보내주었다. 서양에 가면 동양인을 백안시하는 이들도 만날 수 있지만, 유일한 황일점이어

아토스 산 절벽에 아찔한 모습으로 자리 잡은 디오니시우 수도원.

아토스 산 순례길의 바위굴.

선지 가끔은 특혜를 받을 때도 있다.

그런 따뜻한 시선을 가진 구원자가 수도원 내 누군지 밝힐 수는 없다. 그가 나와만 통하는 눈짓을 보내며 검지를 입에 갖다 댔기 때문이다.

그가 고양이처럼 살금살금 마당을 가로질러 조심스레 작은 대문을 연다. 작은 사당처럼 생긴 곳에 들어서니, 일반인에겐 공개하지 않는 장소다. 안내자는 만약 다른 사람들이 알면 자신은 죽은 목숨이라는 듯이 목에 손을 갖다 댄다. 아마도 수도원 설립자의 무덤인 모양이다. 기록을 보니 1366년 디오니시오스 성인이 설립해 사도 요한에게 봉헌했다고 한다.

밀실엔 성인의 관이 놓여 있다. 안내자는 말한다.

"이곳을 무슨 신주단지처럼 감춰놓고 공개하지 않는지 정말 모르겠습니다."

밀실을 빠져 나온 뒤 그가 위쪽 절벽을 가리킨다. 손 끝을 따라가보니 벼랑 끝에 걸려 있는 암자가 보인다. 성인이 암자 안 동굴에서 40년을 수도했다고 한다. 혹시나 잘못 이해하지 않도록 안내자는 고개를 절레절레 저으며 다시 한 번 강조한다.

"4년이 아니고, 40년!"

험한 경사로를 따라 10여 분 오르니 암자다. 암자 안엔 동굴이 있는데, 암자는 훗날 그 동굴 주위에 지은 것이다. 성인은 대체 무엇을 위해 해안가 벼랑 끝 절벽에서 40년을 보낸 것일까.

애욕, 가장 끊기 어려운 욕망

인간이란 얼마나 이상한 존재인가. 누군가는 욕망을 키우고 키워 하늘까지 바벨탑을 쌓으려 하는데 이와는 반대로 누군가는 세속적 욕망을 포기한 채 자신을 비우고 또 비워낸다.

인간이 가진 가장 기본적인 욕구인 수면욕, 식욕, 색욕 가운데 이곳에서 가장 채워지기 어려운 욕망이 색욕이다. 그래서 금녀 국인 아토스 산 수도사들은 어느 종교, 어느 수도회보다 '마귀와의 투쟁'을 강조한다. 마귀란

1366년 디오니시오스 성인이 설립해 사도 요한에게 봉헌했다고 전해지는 사당 내부 모습.

다름 아닌 음욕이다.

플라톤이 쓴 《향연》에 따르면 애초 지상엔 남자와 여자 그리고 남녀가 함께 붙은 양성체 인간들이 있었다고 한다. 그런데 양성체 인간들의 정신과 신체적 능력이 신 못지않았다. 그래서 신은 위협을 느끼고 시샘해 반쪽으로 갈라버린다. 잃어버린 반쪽에 대한 그리움으로 생을 허비해 무력해지도록.

그러나 잃어버린 반쪽을 찾는 것이 전부가 아니다. 신화에서도 인간은 반쪽에 대한 사랑에서 출발해 점차 더 큰 사랑으로 이어져 진정한 아름다움, 선, 정의, 자유, 행복으로 나아간다. 우리가 잃어버린 것들을 발견해 사랑하는 것이 성숙의 과정인 것처럼.

하지만 성을 집착의 근원으로, 지고한 정신으로 향하는 최대의 걸림돌로 보는 독신 수도자의 세계는 이와 다르다. 아토스 산은 외적인 집착을 끊고 내면에만 집중해 신성을 밝히는 수도처다.

그렇지만 세속적인 삶이 아닌 출세간의 삶을 선택했다고 해서 곧바로 초연한 삶을 살 수 있다는 보장은 없다. 냉정한 판단에 의한 자발적인 선택으로 결행한 출가가 아닌 경우도 숱하게 많다. 만약 그가 이성이나 사업, 인간에 대해 환멸, 좌절, 상처 때문에 도피처로 출가를 선택했다면 이루지 못한 것에 대한 그리움으로 수도복을 죄수복처럼 답답해하며 더 고통스러워할 수도 있다.

도피처로 수도를 선택한 이들은 말할 것도 없겠지만, 자발적으로 선택한 자에게도 본능을 극복하는 것이 쉬운 일은 아니다.

"사랑의 불길에 마음을 태워 없애버리고 싶을 만큼 여인의 아름다움에 대한 기억이 불타올랐다."

소박하고 단출한 수도사들의 방과 옷가지들. 나는 과연 버려야 할 것을 버렸는가?

수도원과 수도사들에게 절대적인 영향을 미친 베네딕토 성인조차 욕정에 사로잡혀 들뜬 적이 있다며 이렇게 고백한 적이 있다. 제2의 그리스도로까지 존경 받는 프란체스코 성인 또한 마찬가지다. 그는 욕정을 이기기 위해 알몸으로 가시밭을 뒹굴기도 했다고 전한다.

수도원 전통에서 성인들은 내면에서 아니마(여성성)와 아니무스(남성성)를 통합함으로써 좀 더 인간적이고 인자하며 자유로워질 수 있다고 한다. 프란체스코와 베네딕토도 그와 같은 수도자였다는 것이다. 음극과 양극으로 이루어진 자석의 경우 반쪽을 자르고, 아무리 잘게 쪼개도 그곳에서 다시 음극과 양극이 생긴다. 반쪽을 없애버린 곳에서도 음과 양이 다시 생겨나는 게 자연의 원리인데, 어찌 반쪽이 없는 삶이 가능한 것인가.

《그리스인 조르바》의 저자 카잔차키스는 금욕적 삶에 대해 냉소적이다. 그는 주인공 조르바의 입을 통해 수도사들에게 호통 친다.

"하나같이 마귀를 품고 사는 것들이 뭐가 답답해 속세로 내려가 원하는 걸 실컷 처먹고 머리를 씻지 못하느냐."

지금 전 세계적으로 잇따라 터지는 독신 수도자들의 아동 성추행 사건들은 그의 불경한 대사에 대한 항변을 무색케 만들고 있다.

불교의 독신 승려들에게도 성욕은 해탈에 이르기까지 뜨거운 감자다. 티베트 불교 일부 탄트라에선 성적 합일을 성불의 에너지로 승화시키는 예외적인 경우도 있지만, 대부분은 그렇지 않다. 성교를 하는 것은 독사의 대가리에 '그것'을 집어넣는 것과 같다거나, 음행을 하면서 해탈하려는 것은 모래로 밥을 짓는 것과 같다며 경계한다.

우리나라에선 현대에도 도저히 음욕을 견딜 수 없던 한 승려가 자기의 성기를 잘라버린 경우까지 있었다. 하지만 그와는 반대로 이 문제에 정면으로 도전한 승려도 있었다.

이 승려는 음욕이 발동해 도무지 수도에 집중할 수 없자, 작정하고 여자가 있는 술집을 찾아가서 하룻밤을 함께 보냈다. 그런데 여자는 그 일대 조직폭력배 두목의 여인이었다. 승려는 낫 두 개를 사 가지고 두목을 만났다.

"죽어도 좋을 만큼 이 여자를 좋아하는 사람이 여자와 살기로 하지요."

"그렇게 목숨을 내놓을 정도로 좋다면 어디 한 번 실컷 살아보시오."

승려의 말에 기가 질린 두목은 혀를 차며 돌아갔다.

승려는 방에만 틀어 박혀 욕정을 풀었다. 그렇게 석 달을 보냈다.

"이젠 미련이 없다."

그는 선방으로 돌아갔다. 그러나 원없이 음욕을 발산한 승려가 색욕에 대한 미련을 떨치고 해탈할 수 있으리란 건 너무도 순진한 생각이다. 맛을 보면 볼수록 탐닉하게 되는 게 욕망의 특징이기 때문이다. 그렇다 하더라도 평생 가보지 못한 길에 대한 궁금증 때문에 한 발자국도 앞으로 나아가지 못할 것이라면, 차라리 직접 경험해본 뒤 다음 단계로 나아가는 게 나을지도 모르는 일이다.

유대인들은 《탈무드》에서 말한다.

"돈과 여자가 없으면 오직 그것만 생각하게 된다."

돈과 여자가 있으면 다른 걸 추구할 여유가 있지만 돈과 여자가 없으면 온종일 그것에만 집착할 수밖에 없다는 것이다. 그래서 출가 전 아버지 숫도다나 왕에 의해 온갖 처녀들에 둘러싸여 환락의 밤을 보냈던 고타마 싯다르타나, 이미 어린 날부터 수많은 여인을 데리고 살다 홀연히 출가했던 청나라 순치황제와 같은 이들이 오히려 쉽게 오욕락의 헛됨을 자각하고 대해(大海)로 나아갈 수 있었던 것인지도 모르겠다. 인간이란 돈이 없으면 돈이, 짝이 없으면 짝이, 집이 없으면 집이, 직업이 없으면 직업이 곧 모든 고민을 일소시켜주고 행복을 가져다줄 것이라고 맹신하며 집착하는 청맹과니이니까.

인간은 욕망하는 존재다. 자신이 무엇을 원하는지 욕구를 모르고 이를 외면하고선 기쁨을 얻을 수 없다. 그러나 욕망과 쾌락만 좇다간 건강은 물론 영혼까지 잃어버릴 수 있다.

나는 과연 내가 무엇에 목말라하는지 정확히 알며, 더 큰 것을 위해서 작은 것들을 과감히 버릴 수 있는가.

플라톤은 말한다.

"남이 아닌 자신을 정복한 자가 고결한 최상의 승리자다."

성인의 옛 수행처는 벼랑 위 조그만 동굴이다. 40년간 짐을 버리고 버려 마침내 마음을 내려놓은 곳이다. 세상과 운명에 밀려 벼랑 끝으로 내몰리기 전에, 스스로 집착의 무거운 짐을 비워버리고 날아갈 자, 날개는 그에게만 주어지는 은총이다.

애초엔 제우스와 같은 신들의 땅이었던 아토스 산이 기독교의 성소가 되고, 금녀의 땅이 된 것은 예수의 어머니 성모 마리아 시절로 거슬러 올라간다.

예수가 십자가에 못 박혀 죽고 부활해 승천한 뒤였다. 예수로부터 어머니 마리아를 돌봐줄 것을 부탁받은 사도 요한이 키프로스에 살던 라자루스(나자로)를 방문하기 위해 여행하던 중 바다에서 큰 폭풍을 만나 표류하다 아토스 산에 내렸다. 마리아는 아토스 산의 아름다움에 감탄해 하느님께 이 섬을 자기에게 달라고 간절히 기도했다.

"이곳을 너의 정원이요, 낙원으로 주노라. 네가 이곳으로 피해 구원받은 것처럼 이곳은 구원을 찾는 자들을 위한 피난처가 될 것이다."

하느님의 이런 응답 덕분에 이곳이 마리아의 정원이 되었고, 그런 까닭에 마리아만을 위해서 다른 여성은 누구도 이곳에 발을 들여놓을 수 없게 됐다는 것이 전설이다.

3~4세기부터는 이곳에 수도사들이 들어왔다. 885년엔 동로마 황제 바실리오스 1세가 칙령을 내려 아토스 산을 수도사들의 영지로 선포하고, 수도사 이외에는 출입을 금지시켰다. 이로 인해 수도사들이 속세의 욕망에서 벗어나 수도에만 전념할 수 있도록 금녀 공화국으로 자리 잡을 수 있었다.

이곳 순례 중 만난 테살로니키의 아리스토텔레스 대학 법학과 교수 초우

르카스는 말한다.

"여성주의자들이 여성 차별이라고 반발하는데, 그러면 남성들은 '여자들끼리도 금남 공화국을 만들면 되지 않느냐'고 답하곤 한다."

이 넓은 세상에 남성 공화국, 여성 공화국이 하나씩 있는 것도 나쁘진 않아 보인다. 영적인 삶을 지향하는 수도자들을 위해서뿐 아니라, 남자들이 없는 곳, 여자들이 없는 세상으로 잠시라도 피난하고 싶은 세속인들을 위해서도.

우라노폴리

에스피그 메누

아기오스 테오도리

프랑고 카스텔로

힐란다리우

바토페다우

조그라푸

판토크라토로스

콘스타모니투

크세노폰도스

카리에스

스타브로니키타

아기우 판테에이모노스

이비론

크시로포타무

필로테오

시모노 페트라

카라칼루

다프니

메기스티스

오시우 그레고리우

라브라

디오니시우

아토스 산

아기우 파블루

티마우 프로드로스 곶

아기아나 스키티

아기아 트리아도스

케라시아

피네스 곶

chapter 2

지상낙원, 아기아나 수도원

: 당신과 내가 편히 쉴 낙원은 어디에 있을까?

"하느님께서 이 세상에 오신 것은
사람들이 신이 되게 하기 위함이며,
하늘에 올라가 하느님과 함께하게 하기 위함이다."
— 《성 그레고리우스》

순박하기 그지없는 노수도사가 있었다. 어느 날 수도원 내 양로원에 몸이 아주 허약해 보이는 수도사가 찾아왔다. 하지만 이 수도사를 대접할 만한 영양가 있는 음식이 양로원엔 없었다. 노수도사는 서둘러 계단을 통해 지하실로 내려갔다. 수도원은 해안가 절벽 위에 지어져 일렁이던 바다 수면 바로 위에 있었다. 그는 수도원 지하실 창문 밖으로 바다를 향해 손을 내뻗으며 말했다.

"나의 승천 성인이시여, 제가 이 허약한 수도사를 대접할 수 있게 부디 물고기를 주십시오!"

그러자 놀라운 일이 생겼다. 바다에서 한 마리의 큰 물고기가 뛰어 올라와 그의 손바닥으로 떨어졌다. 그는 이런 기적이 아무런 일도 아니라는 듯이 태연하게 물고기를 가지고 올라갔다. 그리고 허약한 수도사가 원기를 차릴 수 있도록 기쁜 마음으로 정성껏 음식을 마련했다.

이 일화는 지난 1994년 세상을 떠난 파이시오스 수도사가 《아토스 성산의 수도사들》에 기록한 것이다.

파이시오스 수도사는 회고한다.

"그 시절 영적 아버지들은 많이 배우지는 못했지만 믿음이 매우 강하고 소박했으며 자신을 낮추었기에 계속해서 하느님의 은총을 받을 수 있었다. 그리고 우리는 이런 기적과 하늘나라의 사건들을 특별한 것이 아닌, *그서 당연한 것으로 간주했다.*"

현세적 욕망을 놓은 무욕의 인간에게 주어지는 은총, 우리가 늘 고대하는 드라마다.

설산에는 기적을 일으키는 수도사들이 살고 있다네

배가 디오니시우 수도원에 도착하기 전, 바닷가에서 그레고리우 수도원의 수도사들이 어망을 손질하는 모습을 보면서, 과연 이들에게도 옛 수도사들에게 주어졌던 은총이 내릴까 상상해본다.

파이시오스 수도사는 기록에서 아토스 산 정상 설산엔 여전히 일곱 명 또는 열두 명의 은둔 수도자들이 살고 있다는 전설 같은 이야기를 들려준다.

운 좋게도 그들을 만날 수 있을지 모른다는 설렘을 안고 트레킹을 서두른다. 몸을 가볍게 하기 위해 점심도 아주 간단하게 먹는다. 낮 12시 시만트론이란 나무종이 울리자 순례자들이 식당에 줄지어 앉는다. 녹두죽에, 올리브 열매, 보리빵, 물 한 잔이 나온다. 식사는 10분 만에 끝이 난다.

시모노 페트라 수도원까지 다녀올 작정인데, 그러기 위해서는 네 개의 산 등성이를 넘어야 한다. 적어도 6시간은 걸리는 힘든 산행이다. 중간에 조난당할 위험도 있고, 또 만약의 사태에 대비하기 위해 비상식량과 우산을 배낭에 챙겨 넣는다.

수도원 마당으로 나가니, 한 무리가 막 트레킹에 나서는 중이다. 내가 먼저 묻는다.

"어느 쪽으로 가세요?"

"시모노 페트라요."

불가리아에서 왔다는 여섯 명의 남성은 보기에도 체격이 건장하다. 한국에서 왔다고 하니, 자신들이 한국인 사범으로부터 태권도를 배웠다고 자랑이다. 초행길을 혼자 가는 게 내심 걱정이었는데, 다행이다.

이때 내 짐을 살펴보더니 그들이 말한다.

"해 지기 전에 돌아오려면 맨몸으로 가도 쉽지 않을 겁니다."

그들의 조언에 나도 배낭을 벗어 던지고, 물 한 병만 챙겨 주머니에 담는 길을 나선다. 그들 일행은 서로를 너무 믿은 탓인지 시모노 페트라 쪽으로 가는 오솔길 입구조차 미리 확인하지 않은 모양이다. 결국 내가 길을 처음 알려준 게 발단이 돼 뜻하지 않게 트레킹 내내 등반대장이 되어버렸다.

트레킹은 해안의 수면 높이에서 고산의 경사면을 오르는 것으로 시작한다. 초목이 우거져 한 명이 간신히 지날 수 있는 오솔길이다. 1시간쯤 지났을까, 맞은편에서 오는 다른 순례자들과 만났다. 벌써 7시간째 걷는다는 그들은 우리가 출발한 디오니시우 수도원을 향해 가는 길이라고 한다.

겨우 산 하나 넘었을 뿐인데 모두들 옷을 입은 채로 목욕이나 한 듯 땀으로 흠뻑 젖었다. 초입 계곡을 지난 후로는 더 이상 계곡도 보이지 않는다. 산 두 개를 넘어 산등성이에 오르니 그제야 멀리 장엄한 시모노 페트라 수도원이 보인다. 눈으로는 손에 잡힐 듯 가까워 보이지만 걷자면 한참 먼 거

어망을 손질 중인 그레고리우 수도원의 수도사들. 과연 이들에게도 옛 수도사들에게 주어졌던 은총이 내릴까.

리다. 아직도 목적지까지는 두 개의 산등성이를 더 넘어야 한다. 아래쪽으로 내려가니 시모노 페트라가 시야에 사라진 대신 해안 가까이 멋진 수도원이 자리 잡고 있다. 배 안에서 그리스 아저씨가 둘째 날 숙박하라고 점찍어 준 바로 그레고리우 수도원이다.

시모노 페트라 가는 길을 막아선 수도사

수도원 입구에는 꽃이 만개해 있었다. 한 노수도사가 지나가다 반갑게 맞아준다. 불가리아인들은 노수사와 자유롭게 이야기를 나눈다.

그레고리우 수도원에서 더 쉬고 싶지만 시모노 페트라 수도원까지 다녀오려면 지체할 수 없어서 길을 재촉한다. 이때 보슬비가 내리기 시작한다. 길이 두 갈래로 나뉜다. 아래쪽은 작은 오솔길이고, 윗길은 제법 큰 길이다. 길을 물을 사람도 없어 일단 윗길을 택한다. 시모노 페트라 수도원의 방향으로 보나, 앞으로 넘을 산등성이로 보나 윗길이 맞지 싶다.

한참 올라가다 보니 한 수도사가 비를 맞으며 풀숲에서 나뭇잎을 따고 있다. 허름한 수도복을 입은 그는 진작부터 우리가 올라오는 것을 보고 있었던 듯하다.

"시모노 페트라로 가는 길이 맞나요?"

배 안에서 그리스 아저씨가 둘째 날 숙박하라고 점찍어 준 아토스 산 그레고리우 수도원.

물끄러미 일행을 바라보던 수도사가 고개를 젓는다. 그러면서 자기를 따라오라고 한다. 수도사는 우리가 온 길을 도로 내려간다. 그렇다면 조금 전 갈림길에서 아래쪽 오솔길이 맞는 길이었나 보다. 잘못된 판단을 반성하며 말없이 내려간다. 20분쯤 지났을까.

"실은 아까 가던 그 길이 시모노 페트라 가는 길이 맞아요."

아니, 이건 또 무슨 소리인가. 뜨악해하며 자신을 쳐다보는 일행을 향해 수도사가 말한다.

"지금 여기는 비가 오지만, 조금만 더 올라가면 우박과 눈이 내립니다. 이렇게 준비 없이 고산에 오르면 조난당하고 말아요."

아무리 말해줘도 포기할 성 싶지 않아 일단 데리고 내려왔다는 것이다.

지친 상태에서 가던 길을 다시 상당히 내려와버린 탓에 우리는 전의를 상실했다. 수도사의 등장이 우리의 순례를 방해하는 마귀의 장난으로 보이지는 않는다.

수도사의 말을 듣는 사이 빗방울은 더 굵어진다. 수도사가 얄미우면서도 고맙다. 시모노 페트라 수도원까지 못 가서 아쉬움이 크지만, 이 산 사정에 정통한 이의 말을 들어서 손해나지는 않을 것이다.

우리는 비를 피해 다시 그레고리우 수도원으로 들어간다. 수도원의 대문은 마치 궁궐 대문처럼 바람막이에 긴 나무의자까지 설치돼 있어 지친 순례자가 쉬기엔 그만이다.

30분쯤 지나 비가 좀 잦아지자 귀로에 나선다. 비는 내렸다가 그쳤다가 다시 쏟아지기를 반복한다. 산등성이 두 개를 넘자 모두 지친 기색이 완연하고 갈증 때문에 입에 침이 마른다. 모두 빈손인데 유일하게 내 주머니에 조그만 물 병 하나가 있다. 혼자 마시기에도 넉넉지 않은 양이다. 주기가 싫으니, 꺼내 마실 수도 없다. 지옥이 따로 없다.

하지만 옆에 몹시 지쳐 보이는 몸집 큰 청년을 보고 있자니 측은지심이 발동한다. 물을 꺼내 건네주니 그의 얼굴에 희색이 돈다. 그는 자기 혼자 마셔도 양이 차지 않을 텐데, 한 모금만 들이켜고 돌려준다. 그래서 다시 옆 사람에게 건넨다. 그렇게 모두 한 모금씩 마시고도 내가 마실 물이 약간 남아 있다. 나눔은 역시 기적과 천국을 만든다.

조금이지만 갈증을 해소하고, 정을 나눌 수 있어서 모두들 기분이 좋아진 모양이다. 불가리아인들은 한국어로 '지르기', '내려 차기', '돌려 차기' 등의 용어를 써가며 묻는다.

"태권도 할 줄 아시죠?"

그들도 다 하는 태권도를 정작 한국인인 내가 못하니 곤혹스럽다. 기본 동작이야 하지만 태권도 유단자들 앞에서 어설픈 동작을 내보여선 웃음만 사기 쉬울 터다.

"태권도는 현대식으로 체계화한 무술이고, 우리나라에선 고대로부터 내려오는 전통 무예가 있는데, 그것을 배웠습니다."

예전에 전통무예인 기천문을 10여 년간 한 적이 있으니 거짓은 아니다. 기천문 가운데 여섯 가지 동작인 '육합'을 연결동작으로 하면 마치 학이 춤을 추는 듯하다. 그 육합을 보여주니 전과는 사뭇 다른 태도로 추켜세우며 말한다.

"와, 그랜드 마스터(최고수)!"

비가 다시 거세진다. 잡목과 풀들도 스쳐서 겉옷이 물을 먹어 몇 배나 무겁다. 더구나 등산화 속에 물이 들어가 한걸음 내디딜 때마다 철퍼덕 소리가 나면서 마치 진창 속을 구보하는 것 같다. 땀과 빗물 속에서도 잠시 짬을 내어 쉴 때 불가리아인이 치즈를 꺼내 한 조각씩 나눠준다. 빗물 소스에 버무려진 치즈 맛이 일품이다.

　하산해서 살펴보니 꼴이 말이 아니다. 수도원은 제대로 된 목욕탕이나 샤워시설이 갖춰져 있지 않다. 아쉬운 대로 세면실에서 수건으로 젖은 몸을 닦고 속옷을 갈아입는다. 잠시 전까지도 비와 땀 속에서 지옥구덩이에 담긴 듯하더니, 금세 천국을 나는 새처럼 가뿐하다.

깊은 슬픔을 어루만진 노수도사

사뿐사뿐 계단을 내려오니, 한 수도사가 더딘 걸음으로 마주 온다. 여든 살은 족히 넘어 보이는 키 작은 수도사다. 그의 환한 웃음이 구름으로 가려져 어두워진 수도원 전체를 밝게 비추는 듯하다.

　"한국에서 왔어요?"

　그는 다른 사람들처럼 "정교회 교인이냐?"는 식의 질문은 하지 않는다. 그저 환한 미소뿐이다.

　"하느님께서 이 세상에 오신 것은 사람들이 신이 되게 하기 위함이며, 하늘에 올라가 하느님과 함께하게 하기 위함이다."

　정교회 초기 교부인 니사의 그레고리우스(Gregorius Nyssenus, 335~394) 성인의 말이다.

트레킹 할 때 곳곳에서 만날 수 있는, 성상이 모셔진 미니 성소.

고대 그리스인들의 이상인 자유와 그리스도 교인들의 이상인 은총을 대립이 아니라 하나로 일치시킨 그의 말이 허구가 아닌 희망으로 다가온다. 저 빛나는 노수사를 통해. 아무런 작위가 섞이지 않은 그의 밝은 표정이 내 번뇌를 쉬게 한다. 하지만 어찌하다 보니 대꾸도 제대로 못하고 이름도 물어보지 못한 채 헤어지고 말았다.

혹시나 노수도사를 다시 만나볼 수 있을까 해서 한밤중에도, 예배 시간 때 예배당 앞에서도, 새벽녘 마당에서도 서성여 보았지만 그를 다시 만날 수는 없다. 난방이 되지 않은 방에서 밤새 떨었지만, 노수사의 미소를 온기 삼아 밤을 지샌다. 삶의 한파와 슬픔을 녹여주는 따사로운 미소다. 아마도 신은 아토스 산 트레킹에서 만나지 못한 전설의 은자 대신 노수사를 내게 보냈나 보다.

어느덧 아침이 되었다. 오늘 하루 어느 수도원에선가 숙박을 청해야 하는데, 아직도 아무런 대책을 세우지 못했다. 배낭에 비상식량으로 준비한 볶은 곡식으로 아침을 해결한 다음 상황 파악에 나선다. 다른 수도원의 여건에 대해서도 잘 알고, 기왕이면 숙박 예약까지 해줄 만한 수도사를 만나고 싶은데 예배가 많아 아무 때나 수도사들을 만날 수는 없다.

그때 마침 한 청년이 마당에서 배낭을 메고 트레킹 떠날 채비를 하고 있다. 어느 쪽으로 가느냐고 물으니 서쪽 방향을 가리킨다. 어제는 동쪽으로 갔으니 오늘은 서쪽으로 가고 싶다. 그런데 아직 수도원에 예약을 못했다고 털어놓자 자기가 묵기로 한 수도원에 접촉을 시도한다. 마침내 수도원에서 "함께 와도 좋다"는 허락이 떨어지자 마치 자기 일처럼 기뻐해준다.

잠시 뒤 키 작은 털복숭이가 나타난다. 두 사람은 형제다. 나를 도와준 그리스 청년이 페이든, 방금 나타난 사람은 형 필리포스다.

아기아나 수도원 가는 길

어제처럼 궂은 날씨는 아니다. 화창하기 그지없다. 지상 최고의 정원을 거니는 산책길을 신은 이렇게 도와주고 있다. 주로 산 속을 헤맨 어제의 트레킹 코스와 달리 오늘은 해안선을 따라 걷는다. 절벽 위라서 약간 위태로워 보이긴 하지만 절벽과 바다가 어우러진 선경(仙境)이다.

10~20분쯤 흘렀을까. 1킬로미터 앞 바다 위로 배가 지나가자 페이든이 휴대폰을 귀에 댄 채 손을 흔든다. 배에 탄 아버지를 향해서다. 아토스 산엔 아버지와 형제가 함께 왔단다. 하지만 예순 후반인 아버지는 트레킹이 무리여서 아기아나(AgiaAnna, Agias Annis) 수도원 항구까지 배로 이동하고 있었다.

한 시간 넘게 걸어 한 고개를 넘으니 아기우 파블루(Agiou Pavlou) 수도원 인근 해안이 나온다. 말들이 자유롭게 뛰어 놀며 초원에서 풀을 뜯어먹고 있다. 그 옆엔 허물어진 옛 수도원이 서 있는데, 돌로 쌓은 벽체만 덩그러니 남아 있다. 수백 년 전 아토스 산엔 300개나 되는 수도원이 있었다니, 지천이 수도원이었을 것이다.

해안에 내려서니 설산 아래로 아기우 파블루 수도원이 자리 잡고 있다. 이런 외진 곳에 어떻게 저렇듯 거대한 수도원이 들어섰는지 신기할 따름이다.

형제는 아기우 파블루 수도원에 올라가 점심을 먹고 가잔다. 아침을 볶은 곡식으로 대충 먹은 탓에 이런 제안을 마다할 까닭이 없다. 아래서는 10~20분이면 도착할 것처럼 손에 잡힐 듯한 수도원이 위쪽 경사로로 올라가다보니 30~40분이 걸린다.

수도원에 들어서자마자 종이 울린다. 그런데 아무도 식당 쪽으로 가는 낌새가 없다. 알고보니 12시 종은 식사종이 아니라 예배를 알리는 종이었다. 정교회 신자인 형제가 예배당에 들어가자 나는 볕 좋은 마당에서 어제 젖은 신발 깔창과 양말을 널어놓는다. 배는 고프지만, 몸을 바닷바람과 설산바람에 맡기니 상쾌하기 그지없다.

점심시간은 2시란다. 멀리서 온 순례객이 너무 오래 기다리는 게 미안했던지 다른 순례자의 숙소를 안내해주던 수도사가 방이 하나 비어 있으니 여기서 숙박할 생각이 있으면 쉬어 가란다. 아침까지도 재워줄 수도원이 없을까봐 노심초사했는데, 수도원의 스카우트 제의를 받다니 역시 나는 복이 많다.

예배를 마친 페이든 형제는 점심시간이 2시라는 말에 깜짝 놀란다. 마당에서 두 시간을 앉아서 하릴없이 기다릴 밖에. 그런데 정작 2시가 되자 필리포스가 다가와 아무래도 가는 게 좋겠다고 한다. 아기아나 수도원은 저녁을 오후 4시에 먹는단다. 그러니 이곳에서 2시에 점심을 먹고 출발하면 저녁식사 시간에 맞출 수 없으니 서둘러 출발하는 게 낫다는 설명이다. 할 수 없이 다 차려진 점심상을 뒤로한 채 배낭을 멘다.

험준한 바위지대가 계속된다. 머리 위쪽 돌들이 조각 나 있어서 소리를 지르기만 해도 돌이 아래로 떨어질 것만 같다. 이 아름다운 '마리아의 정원'에도 6~7도의 강진이 종종 발생한다고 한다. 자연 현상은 하느님이 주었다는 정원조차 비켜가는 법이 없다.

간신히 위에 걸쳐 있는 바위를 가리키니, 필리포스가 오른손으로 굴러 떨어지는 바위를 가로막는 시늉을 한다. 동생 페이든은 순진한데, 형 필리포스는 코믹하다. 게다가 앉아서 쉴 때마다 배낭 속에서 끊임없이 먹을 것을

수도 동굴 내 성상들.

노새에 짐을 싣고 순례 중인 수도사들.

꺼내는 것을 보니, 그의 배낭이 왜 그렇게 커야 하는지 알 만하다.

너덜 바위들을 지나니 바위 대문이 나온다. 충남 금산 대둔산에 가면 천연바위가 대문 같아서 '하늘로 통하는 문'이라는 뜻의 통천문 바위가 있는데, 그런 이름을 붙일 법한 바위다.

바위 대문 안엔 예수와 마리아와 성인들의 성상이 모셔져 있다. 대문 안쪽에 앉아 있으니 노새에 짐을 실은 두 명의 수도사가 마주와 우리 곁을 지나간다. 노새는 아토스 산에서 널리 애용되는 교통수단이다. 사실상 수도자들의 식구나 다름없다.

지구에 물질문명이란 고속도로를 놓은 유럽의 한켠에서, 이에 아랑곳없이 고대 모습 그대로 유유자적하며 '하늘 가는 문'을 지나는 사람들이 있다.

이 문을 지나니 딴 세상이 펼쳐진다. 바위산 정상 부근부터 아래쪽까지 암자와 동굴들이 벌집처럼 촘촘히 박혀 있다. 순례객들이 이 향기를 맡으려고 세속에서 몰려드는 것일 게다.

지친 순례객을 위로한 최고의 만찬

양지바른 경사면을 채운 암자의 숲을 헤치고, 아기아나 수도원에 들어선다. 도착하자마자 이곳이 바로 천국이라는 사실을 알아차리는 데는 몇 분이 채 걸리지 않았다. 해맑은 바다와 벌집 같은 암자들이나 양지바른 수도원의 전경 때문만은 아니다.

선한 눈을 가진 수도사가 우리 일행을 반갑게 맞아주면서 치프로 한 잔을 건네준 때문이다. 샹그릴라를 찾아 히말라야를 뒤져 지상 최고일 법한 경치를 앞에 두고도 누군가와 소주 한 잔 나누지 못한다면 선경조차 무용지물일 것이다. 고된 트레킹 후 뜻하지 않은 곳에서 만난 독주 한 잔이야말로 천국으로 이끄는 감로주가 아닐 수 없다.

치프로는 포도로 만든 그리스 정통 독주다. 어제 묵은 디오니시우 수도원은 포도주의 신 디오니소스와 비슷한 이름인데도 포도주 구경도 못했다. 오는 길에 잠시 들른 파블루 수도원에서도 한켠에 포도주 병이 쌓여 있는 것을 보았지만 군침만 삼켰다.

물론 수도사들이 치프로를 내게만 준 건 아니다. 치프로 한 잔에, 달디 단 젤리 같은 루쿠미 한 접시가 이 문을 들어서는 모든 사람에게 제공된다.

다른 수도원들은 수도자와 일반 순례객이, 또는 수도자와 수도자가 접촉하는 것을 가급적 차단하려는 듯 수도원 각 건물과 방을 미로처럼 나눈 듯 보였다. 그런데 아기아나 수도원엔 예배당 앞마당에 정자가 있어 수도원 정문에 들어서는 이들뿐만 아니라, 예배당에 드나드는 수도자들도 남김없이 볼 수 있다. 개방적인 설계에 맞춰 수도자들도 눈인사를 잊지 않는다. 기후 풍토와 자연 환경, 건물 설계 등 환경이 인간에게 미치는 영향은 수도원에서도 무시할 수 없다.

이 수도원의 식사는 기대를 저버리지 않는다. 어제는 비바람 속 트레킹을 위해 몸을 가볍게 하라며 디오니시우 수도원의 간편 식사를 내려주시던 신이, 오늘은 걱정 말고 맛나게 먹고 쉬라며 성찬을 내려주신다. 야채수프에 파스타와 빵, 사과와 키위, 복숭아 음료 등등.

점심을 굶은 탓에 파스타를 두 접시째 먹고 있을 무렵, 오늘은 1년 중 최대 명절인 부활절을 앞두고 철야기도를 한다는 이야기가 들린다. 알고 간 것은 아닌데 그야말로 딱 그날에 걸린 것이다. 기가 막히게 운이 좋은 것인지, 재수가 없는 것인지는 철야 후에 생각할 터다.

지상 낙원이 바로 여기라네

바다로 잠수하는 일몰의 향연에 취해 있는데 저녁 8시가 되자 예배를 알리는 종이 울린다. 정교회 수도원의 예배당은 전기를 사용하지 않고 촛불만 켜서 어둡다. 불빛이 성서만을 비추고 외부에는 새지 않도록 차단한 것을 보면 내부 공간을 최대한 어둡게 하려는 것 같다. 어둠은 고요함 속에서 마음의 눈을 뜨게 해준다.

단순한 찬양이 몇 시간 동안 반복되다가 드디어 화려한 제사 복을 입은 제사장이 등장한다. 그제야 노수도사들이 제사장을 둘러싸고 식을 진행한다. 제사장과 원로가 드나드는 제사 구역은 마치 사당 같다. 언뜻 그 안에 성모 마리아의 성화가 보인다. 성모 마리아의 호칭을 '하느님의 어머니'라는 뜻의 '테오토코스'로 한 정교회다운 공경이 느껴진다.

제사 구역에서 예배당 밖으로 나온 제사장은 조그만 화로 같은 것을 줄로 매달아 들고 다니며 마치 고무줄놀이를 하듯이 사람들 앞에서 털털 턴다. 그러면 그곳에서 불이 쏟아진다. 액막이 같은 정화 의식인 모양이다. 제사장 주관으로 성체 의식이 진행된다. 제사장이 한 명 한 명의 입에 뭔가를 떠넣어준다.

아기아나 수도원에서 사제와 수도사들이 철야 예배 중이다.

입에 넣어주는 스푼은 하나뿐이다. 그러나 아무도 다른 사람 입에 들어간 스푼이 자기 입으로 다시 들어오는 것에 개의치 않는다. 오히려 아주 감격 스런 표정이다. 제사장이 준 성체를 받아먹은 사람은 다시 큰 접시에 놓인 음식을 하나씩 집어서 입에 넣는다. 이런 제사의식과 낭송과 찬송은 밤이 깊어지면서 의식과 무의식의 경계를 넘나든다.

밤이 깊어져 숙소에서 잠을 청하고자 했지만 쉽게 잠을 잘 수가 없다. 창 가로 새어 드는 달빛이 너무 밝아서인지, 아니면 수도사들이 끊임없이 되뇌는 찬양이 마음속에서 울려 퍼져서인지 알 수 없다. 숙소를 열 명가량이 나눠 쓰고 있어서 밤새 예배당과 숙소를 왔다 갔다 하는 순례객들로 인해 깊은 잠에 빠지기는 더욱 어렵다.

그러다 설핏 잠이 들었는가 싶었는데 천상의 소리인 듯 아름다운 음악 소리가 들린다. 아주 가깝게 들린다. 수도사들이 부르는 노래일까. 잠시 뒤 옆 침대에서 누군가 일어난다. 그의 핸드폰에서 들려오는 알람 소리다. 지금 예배당에서 울려 퍼지는 찬양과 똑같은 그리스 정교회 성가다. 시간을 보니 새벽 2시 반이다.

화장실도 갈 겸 마당으로 나오지 않았다면 어쩔 뻔했는가. 둥근 보름달 주위로 오색 채운이 감돈다. 바다는 달빛을 마음껏 머금고 남아 대자연에 되돌려주고 있다. 달빛 잔치다.

예배당에서 새어 나오는 찬송은 자장가처럼 마음을 파고든다. 침묵 속엔 시간이 없다. 얼마나 지났을까. 예배딩에서 밤을 샌 노수도사들이 나오고 있다.

우리는 영적인 경험을 하는 인간이 아니라, 인간적 경험을 하는 영적인 존재라고 했던가. 기도 생김새도 제 각각인 그들이 하나같이 환한 달을 품고 있다. 동양 현자의 노래는 바로 이 순간을 위한 축가였으리라.

"마음 쉴 때면 문득 달 떠오르고 바람 불어오니, 이 세상 반드시 고해는 아니네."

수도생활은 인류 '정신'의 탄생 때부터 시작됐을 것이다. 인간이 동물과 다른 점은 현실적 고통을 넘어서 초월적 평화에 이르고자 하는 갈망을 갖고 이를 실천한다는 점이다. 인간은 그 길을 안내해줄 신과 진리를 찾는다. 진리와 신으로 이르는 길은 각양각색이다. 애초엔 인간은 종으로서 주인인 신에 대한 절대복종만이 강조됐다. 그러나 고대 그리스의 오르페우스 종교가 믿었던 디오니소스 신앙에선 인간에게 신성을 부여했다.

디오니소스는 지하 세계의 여왕인 페르세포네와 제우스 사이에서 태어난 아들이다. 제우스는 디오니소스를 후계자로 내정한다. 그러나 질투의 화신이었던 제우스의 부인 헤라는 티탄을 보내 아기의 사지를 잘라 삼켜버린다. 이때 아테나가 심장만은 구해내 아버지 제우스에게 보낸다. 제우스는 이를 삼켜 제2의 디오니소스를 낳는다. 디오니소스는 신인데도 훗날의 예수처럼 죽었고, 다시 부활한다. 디오니소스 찬가에선 제우스가 티탄들을 번개로 내리치자 재가 됐고, 재에서 인간이 태어났다고 한다. 인간은 티탄적인 원죄와 디오니소스적 신성을 함께 지니게 됐다는 해석이 여기서 나왔다.

오르페우스 종교의 영향은 피타고라스-피타고라스학파-플라톤-신플라톤주의-기독교로 이어진다. 플라톤이 인간의 목적은 "자기 영혼이 지닌 신적인 요소를 발견하고, 이를 신과 재결합하는 것이다"라고 한 것도, 인간이 원죄와 신성을 동시에 지닌 존재임을 전제로 한 것이다.

영혼 불멸설과 윤회설을 주장한 오르페우스 종교에 따르면 영혼은 죄를 씻고 정화(katharsis) 되어 순수해져야 윤회에서 해방된다.

오르페우스의 제자이자 아들인 무사이오스에 의해 창시된 엘레우시스 신비의식에선 죽음을 안전하게 건너는 방법까지 안내해준다. 《이집트 사자의 서》나 《티베트 사자의 서》와 같은 류다.

피타고라스와 플라톤은 신의 은총을 구하기보다는 금욕적 수도로서 신성에 이르는 길을 제시한 선구자들이다. 예수 탄생 5~6세기 전에 청교도적 삶을 제시한 이들은 절제하는 금욕적 삶과 함께 정신적인 훈련을 통해서 영혼이 욕망과 쾌락으로부터 해방될 수 있다고 했다. 플라톤은 "철학은 죽음에의 연습"이라고 했다. 철학이나 수도를 통해 육신의 욕망으로부터 해방돼 신성과 일치되는 길을 제시한 것이다.

선악의 행위나 정화 여부에 따라 사후의 삶이 결정된다면 살아서도 죽어서도 자신의 삶은 자신이 선택하는 셈이다.

예수는 49일간 사막에서 금식 기도를 하면서 사탄의 유혹을 이겼다고 한다. 예수가 서른 살이 되어 공적 삶을 세상에 드러낸 것도 이 수도부터다.

3세기 후반 안토니우스(251? ~ 356?)란 은둔 수도승이 역사에 등장한다. 이어 4세기 베네딕토 수도원 운동을 통해 수도의 삶이 널리 확산된다.

수도승을 뜻하는 '모나코스(monachos)'는 그리스어 어근 '하나(monos)'에서 왔다. 수도는 욕망에 따라 헤매는 방랑을 쉬고 본래 신성과 하나가 되어 현존하기 위한 여정이다.

마케도니아

알바니아

올림포스 산 ▲

고대 디온

그리스

터키

에게 해

지중해

chapter 3

알렉산드로스의 기도 신전,
고대 디온

: 자족을 모르는 탐욕의 끝은 어디인가?

．

> "그리스어를 못하는 사람이 야만인이 아니라
> 열린 마음 없이 타인들을 선입견으로 대하는 사람이 야만인이다."

— 알렉산드로스

마케도니아의 정복자 알렉산드로스(B.C. 356~323)가 지배하던 당시, 스타시크라테스란 건축가가 있었다. 그는 거대하고 과시적인 설계를 하는 것으로 유명했는데, 어느 날 알렉산드로스에게 제안한다.

"아토스 산만큼 사람의 형상을 받아들이기에 적합한 산은 없습니다. 대왕께서 명령만 내리시면 아토스 산의 가장 눈에 잘 띄는 곳에 대왕의 조각상을 만들겠습니다. 왼손에는 1만 명이 사는 도시를 들고 있고, 오른손에는 강물을 신에게 바치듯 바다에 쏟아 붓는 멋진 모습으로요."

그러나 다행히 이 계획은 실행되지 않았다. 알렉산드로스가 이 제안을 받아들이지 않았기 때문에 아토스 산은 기괴한 성형을 피해 천연의 모습으로 남을 수 있었다.

알렉산드로스는 칭기즈칸이나 나폴레옹과 같이 세계를 제패한 영웅들과도 달랐다. 그는 신이 되고자 했다.

영웅을 뜻하는 '히어로(Hero)'는 '반신(半神)'을 뜻하는 '히어로스(Heros)'에서 유래한다. 영웅 알렉산드로스는 전쟁터에서도 늘 호머의 《일리아스》

를 베개 밑에 넣어둔 채 잤을 정도로 트로이 전쟁의 영웅 아킬레스를 추앙했다. 아킬레스는 신과 인간 사이에 태어난 반신이다. 그런데 신이 되기를 열망했던 알렉산드로스는 왜 아토스 산에 거대 신상(神像)으로 남을 수 있는 솔깃한 제안을 거절했을까. 이 일화야말로 알렉산드로스가 위인과 영웅이 될 자질, 즉 욕망을 절제할 수 있음을 보여준 것이다. 적어도 이때까지는.

이런 알렉산드로스를 가르친 스승이 있다. 철학자 아리스토텔레스(B.C. 384~322)다. 아토스 산의 출입 항구인 우라노폴리에서 30분만 가면 아리스토텔레스가 태어나고 자란 스타기라가 나온다. 거기서 차로 약 2시간을 더 가면 알렉산드로스가 세계에 영광을 드날린 마케도니아의 중심지 테살로니키다. 다시 테살로니키의 마케도니아 버스터미널에서 올림포스 산 쪽으

알렉산드로스가 동방원정을 떠나기 전 기도했던 디온 내 표지판.

로 2시간을 달리면 알렉산드로스가 동방 원정을 떠나기 전에 올림포스 신에게 제물을 바치고 제사를 지낸 고대 신전 터 디온이 나온다. 오늘은 알렉산드로스의 여정을 따라가는 길이다.

신화는 최고의 심리술

알렉산드로스는 탄생부터 신화화 된 인물이다. 야욕의 화신이라 할 수 있는 그의 어머니 올림피아스는 아들 알렉산드로스가 '제우스의 아들'이라고 주장한다. 알렉산드로스 스스로도 이런 믿음 아래서 자란다. 가장 강한 힘을 가진 제우스를 아버지로 둔 그가 지상의 최강자가 되는 것은 당연하다는 공식은 이처럼 태어나면서부터 만들어졌다.

알렉산드로스가 십 대 때 이룬 업적은 이런 믿음을 그리스 대중에게 확산시키기에 부족함이 없었다. 마케도니아의 전쟁 영웅 필립포스의 아들로 태어난 알렉산드로스는 원정을 떠난 부친 대신 열여섯 살 때부터 마케도니아를 통치했다. 이때 이미 반란을 진압하기 위해 전쟁터에 나가기 시작했고, 부친이 죽자 스무 살에 왕위를 물려받았다. 스물한 살엔 그리스를 평정하고, 스물두 살 때부터 동방 원정에 나섰다. 그로부터 10년이 채 안 되는 기간에 이집트, 페르시아, 인도까지 드넓은 세계를 자신의 발 아래 굴복시켰다.

그는 늘 운세를 점쳐 진퇴를 결정하고, 이를 싸움에 이용하는 데 천재적이었다. 목숨을 건 일전을 앞둔 전시에서 시운의 흐름을 점치는 것은 관행이었는데, 이는 이순신의 《난중일기》에도 잘 나타나 있다. 왜군을 상대로 불패의 신화를 쌓은 이순신도 전투에서 나아갈 때와 물러날 때를 결정할 때 주역 점을 활용했다.

하늘의 징조를 조작해 전세를 뒤엎는 것도 명장들이 흔히 쓰는 방법 중 하나다. 어떤 징조와 소문은 사기에 결정적 영향을 미치게 마련이다. 알렉산드로스가 이를 간과할 리 없다. 고대는 과학이 발달하지 않아 미신이 주도하던 세상이니만큼 '신이 누구의 편이냐' 가 결국 대세에 절대적인 영향을 미쳤다.

알렉산드로스는 '제우스 신의 아들에겐 패배란 없다' 는 믿음을 전파했다. 페르시아에서 동쪽으로 진군하면서 폴리티메토스 계곡에 보낸 병사들이 떼죽음을 당하자 명령을 내린다.

"그곳에서 살아남은 자들이 패배 사실을 발설할 때는 즉각 사형에 처하라."

이런 극단적인 행위는 두말할 나위 없이 불패의 신화가 깨지는 것을 막기 위함이었다.

알렉산드로스는 이집트에선 이집트 최고의 신인 암몬을, 바빌론에선 바빌론에서 가장 위대한 신 마르두크의 신전을 찾아갔다. 그리고 자신이 세계를 제패할 것이라는 신탁을 얻어냈다. 생사여탈권을 쥔 알렉산드로스 앞에서 그가 원하는 신탁을 들려주지 않은 사제가 있겠는가. 알렉산드로스는 일단 칼로 점령한 후 신조차 자신을 인정해주었다는 믿음을 퍼뜨린 것이다. 신에게 절대적으로 의존하던 토착민들의 민심을 제압하기 위한 최고의 심리술이었다.

그런데 알렉산드로스는 자신이 정말 신이라고 생각했을까. 어느 날 요란한 천둥소리에 모두가 겁에 질렸을 때 소피스트 아낙사르코스가 물었다.

"천둥의 신 제우스의 아드님이신 그대도 저렇게 천둥을 칠 수 있습니까?"

알렉산드로스는 대답한다.

"나는 그대가 바라듯이 친구들을 놀라게 하고 싶지 않다."

훗날 플루타르코스는 전기에서 알렉산드로스에 대해 이렇게 분석한다.

"알렉산드로스는 자신의 신성에 대한 믿음에 현혹되거나 우쭐대지는 않고, 남들을 복속시키는 데 이용했음이 분명하다."

신이라는 착각 속에서 망령되이 날뛴 것이 아니라 자신이 할 수 있는 것과 할 수 없는 것은 분명히 자각하며, 신화는 전술적으로만 활용했던 것이다.

엄격한 훈련과 교육을 맡은 스승들

알렉산드로스의 욕망은 아이 때부터 남다른 데가 있었다. 아버지 필립포스가 정복에 성공하면, 그는 기뻐하기는커녕 화를 내며 말했다.

"아버지가 다 해버리면 나는 무엇을 하란 말인가."

아버지의 후광을 업고 편하게 사치와 향락을 즐기는 것이 아니라, 자기 스스로 싸워 명예를 쟁취하고 싶어 한 것이다.

그는 욕망만 앞설 뿐 이를 뒷받침해줄 실력을 갖추지 못한 이들과 확연히 달랐다. 당대 최고의 지식인 아리스토텔레스는 엄격한 훈련을 통해 그를 가르쳤다. 아리스토텔레스는 알렉산드로스가 신화에서 벗어나 현실을 직시하도록 했고, 논리적이며 과학적으로 사고하도록 가르친 특별 과외 선생이었다. 훗날 아리스토텔레스가 자신을 가르친 내용을 책으로 펴내자, 당시 원정 중이던 알렉산드로스가 따지듯 말했다.

"그것을 나에게만 가르쳐줘야지 다른 사람들에게까지 알려줘 버리면 어떻게 합니까!"

필립포스 왕의 주치의의 아들이었던 아리스토텔레스는 동시대에 동양의 노자, 장자가 자연풍의 관념론 속에서 유유자적한 것과 달리, 스승 플라톤의 이데아론에서 벗어나 물리학, 생물학, 동물학, 심리학, 정치학, 윤리학 등 드넓은 학문을 체계화했다. 이런 까닭에 이후 서양 주도의 세상을 여는 최고의 공로자라 할 수 있다.

알렉산드로스에겐 아리스토텔레스 말고 스승이 한 명 더 있었다. 바로 레오니다스다. 영화 〈300〉에 나오는 스파르타의 레오니다스는 동명이인이다. 그는 알렉산드로스의 어머니 올림피아스의 친척으로 알려져 있는데, 알렉산드로스가 일곱 살 때부터 그의 가정교사를 맡았다.

레오니다스는 남부러울 것 없는 왕가에서 자칫 무절제에 젖어들기 쉬운 알렉산드로스에게 사치와 게으름을 멀리하고, 근면하고 검소한 삶을 살도록 가르쳤다. 화려한 음식을 멀리한 채 소식하게 하고, 소박한 음식을 달게 먹도록 했다. 아침에는 산책을 시키고, 저녁식사를 맛있게 먹도록 아침식사는 가볍게 먹게 했다. 그는 올림피아스가 혹시 아들 알렉산드로스에게 줄 야식을 감춰뒀을까 봐 침실을 뒤질 정도로 철저했다. 그가 행군 도중에 움직이는 물체를 화살로 쏘아 맞추고, 전속력으로 달리는 전차에서 뛰어내렸다가 다시 오르고, 피 튀기는 전쟁터에서 몸을 사리지 않고 날랜 몸놀림으로 선두에서 싸울 수 있었던 것은 어려서부터 익힌 섭생과 훈련 덕택이라

할 수 있다.

사람들은 무언가 이루었다 싶으면 쾌락과 편리를 좇으며 나태해진다. 훗날 동방 원정 중에 사치와 향락에 빠진 측근들에게 알렉산드로스는 이렇게 경고한다.

"사치한다는 것은 가장 노예다운 일이지만 노고한다는 것은 가장 제왕다운 일이라는 사실을 알지 못하다니 참으로 개탄스럽다. 정말이지, 가장 소중한 제 몸조차 손수 돌보는 법을 잊어버린 사람이 어떻게 말을 돌보거나 창과 투구를 갈고 닦을 수 있겠는가. 정복의 궁극적인 목적은 피정복자들을 닮지 않는 것임을 모르는가. 사치와 향락만을 일삼아 망한 피정복자들을 닮아가다니!"

남다른 안목을 지닌 알렉산드로스의 싹수는 일찍부터 드러났다. 그가 개인 재산을 모두 원정군에 나눠준 적이 있었다. 이 모습을 본 한 장군이 놀라서 물었다.

"그렇다면 이제 왕을 위해 남겨놓은 것은 무엇입니까?"

"희망!"

그는 단 한마디로 범인이 넘보지 못할 멈춤과 비움의 태도를 보여주었다. 스승 아리스토텔레스의 가르침을 능가하는 영웅적인 면모였다. 아리스토텔레스는 그리스인이 아닌 사람들은 야만인이기에 동물처럼 여겨야 한다고 주장했지만, 알렉산드로스는 이런 생각을 받아들이지 않았다. 오히려 페르시아에서 현지인을 동포 마케도니아인과 동등하게 대하려고 노력했다. 이 때문에 마케도니아에서 함께 전장을 누비던 측근들의 반발을 샀다.

지금의 영어처럼 당시는 그리스어가 지중해 세계의 국제 공용어였기에 그리스어 구사 여부에 따라 내국인과 바르바로이(야만인)로 구분됐다. 알렉산드로스는 이런 차별을 거부했다.

"그리스어를 못하는 사람이 야만인이 아니라 열린 마음 없이 타인들을 선입견으로 대하는 사람이 야만인이다."

알렉산드로스는 사람의 마음을 살 줄 알았다. 여자는 자신을 사랑해주는 남자를 위해 죽고, 남자는 자기를 알아주는 사람을 위해서 죽는다고 하지 않던가. 알렉산드로스는 사람을 알아주는 안목이 뛰어났고, 어릴 때부터 동물을 다루는 능력도 남달랐다. 야생마 부세팔로스가 날뛰는 바람에 아무도 올라타지 못할 때, 소년 알렉산드로스는 야생마를 진정시키고 말 등에 올랐다. 부세팔로스가 자기 그림자에 놀라 날뛰는 것을 간파하여 말의 얼굴을 태양 쪽으로 돌려 그림자를 볼 수 없도록 해 진정시킨 것이다.

명마도 자신을 알아보는 주인을 만나지 못하면 밥이나 축내는 비루한 말로 전락한다. 명인만이 명마의 잠재력을 끌어낼 수 있다. 싸움도 정복도 성공도 홀로 할 수 있는 것은 아니다. 각자의 능력을 알아내 적재적소에 기용해 기량을 펴게 하는 안목 없이 알렉산드로스의 동방 제패가 이뤄졌을 리 없다.

알렉산드로스,
그리스에선 대접받지 못하는 세계의 영웅

드디어 테살로니키다. 이 도시는 옛 테르메 만, 지금은 세르마이코스 만을 바라보는 항구다. 알렉산드로스의 고향이자 마케도니아의 수도인 펠라와 40킬로미터밖에 떨어지지 않은 마케도니아 왕국의 중심지다. 고대 마케도니아의 영토는 현재 그리스 북부와 마케도니아란 국가로 양분돼 있다. 마케도니아에서 알렉산드로스가 자기의 조상이라면서 알렉산드로스 마케팅에 나서려 하자, 그리스에서도 뒤늦게 알렉산드로스 박물관을 짓겠다고 나서고 있다.

할키디키 역에서 45번 버스를 타면 시내를 관통한다. 그리스 제2의 도시라고 하지만, 교외 인구까지 합쳐야 70만 정도다. 역을 떠난 지 10여 분 만에 옛 유적들이 줄지어 나타난다. 에그나티아 도로는 로마 시대에 아시아로 가는 간선도로이자 고대에는 동서 교역로였다.

신트리바니우 광장 근처 길 바로 옆에 서 있는 갈레리우스 개선문은 로마군과 페르시아 군의 싸움에서 로마군의 승리를 기념해 서기 330년에 세운 것이다. 갈레리우스 황제는 기독교 박해에 앞장서다 기원전 311년 세상을 뜨기 5일 전에 기독교에 대한 '관용 칙령'을 발표해, 2년 뒤 기독교를 공인하는 밀라노 칙령으로 가는 다리를 놓은 인물이다.

이 도시는 사도 바울이 전도여행을 와서 신약 《데살로니키 전서》를 쓴 곳이기도 하다. 이 인근에 알렉산드로스 기마상이 있을 뿐, 알렉산드로스의 흔적을 찾긴 어렵다. 세계적 명성에 걸맞은 대우는 보이지 않는다.

서구 세계는 아시아, 아프리카, 아메리카 침략 전쟁을 정당화하기 위해 알렉산드로스를 영웅으로 띄운다. 세계 명문 대학의 수많은 학자들은 전제 군주와 정부의 시녀가 되어 알렉산드로스 등 정복 군주가 '미개인들에게 선진 문명을 전해주었다'며 식민 개척의 명분을 제공해왔다. 그런데 정작

테살로니키에 서 있는 알렉산드로스 동상.

세계가 추앙하는 알렉산드로스의 마케도니아가 그리스에선 은근히 차별을
받는단다.

고대엔 아테네와 스파르타가 그리스 세계를 호령했다. 아테네와 스파르
타가 물고 뜯다가 마케도니아에 정복당해 아테네 중심의 그리스는 역사의
무대 뒤로 사라졌다. 그러나 지금도 인구 1,000만 명 가운데 절반 가까이가
사는 아테네 중심 사고가 여전하다. 중국에서 중원 천하를 몽골족의 몽고나
만주족의 청나라가 지배했을지라도 그들을 오랑캐로 치부하는 한족 중심
의 중화사상과 유사하다. 아테네인들의 내면엔 알렉산드로스의 마케도니

아가 무식하고 힘만 센 북방의 오랑캐라는 인식이 없지 않은 것이다.

알렉산드로스는 동방으로 출병하기 전 스파르타를 제외한 모든 그리스 도시국가들의 충성 서약을 받았다. 그리스 도시국가 연합의 사실상 군주가 된 셈이다. 그런데도 그는 은연중에 자신을 무시하는 아테네인들의 환심을 사기 위해 전리품을 아테네의 아크로폴리스에 수없이 바친다.

그리스인 외에는 야만인이나 노예로 취급했던 그리스에서 알렉산드로스는 소외 지역 출신이었기에 국가와 민족과 종교의 경계를 넘는 국제적인 열린 사고로 쉽게 깨어날 수 있었을 것이다.

절대권력 vs 욕망을 버리고 얻은 진리

마케도니아 버스터미널에서 올림포스 산을 향한다. 알렉산드로스는 이 버스가 지나는 길을 따라 올림포스 신전에 갔고, 이어 스물두 살에 동방 원정길에 올라 서른한 살에 북인도를 정복했다.

테살로니키에서 올림포스 산이 있는 리토호로 시에 이르는 한두 시간 내내 설산이 보인다. 그리스에서 아토스 산이나 올림포스 산만 설산인 줄 알았는데, 그게 아니다. 그리스에선 여름을 빼면 어디서고 설산을 쉽게 볼 수 있다.

설산의 긴 줄기가 고타마 싯다르타의 고향인 카필라 성 인근의 히말라야 설산을 연상케 할 만큼 장대하다. 설산을 보니 알렉산드로스와 고타마 싯다르타의 삶이 쌍두마차처럼 연계되어 그려진다.

두 사람 모두 왕자로 태어났지만 한 명은 욕망으로 현세를 장악한 대왕이 되었고, 다른 한 명은 욕망을 버리고 정신세계의 상징이 되었다. "제우스의 아들로 점지됐다"고 한 알렉산드로스의 탄생 이야기와 비슷하게 싯다르타는 히말라야의 아시타 선인으로부터 "속세에 살면 세상을 다스리는 전륜성왕이 될 것이고, 출가하면 깨달음을 얻어 부처가 될 것이다"라는 예언을 듣는다.

그런데 어린 시절의 교육이 두 사람을 전혀 다른 길로 이끈다. 알렉산드로스의 아버지 필립포스 왕은 알렉산드로스를 당대 최고의 스승에게 맡겨 체계적인 교육을 통해 '대왕'으로 길렀다. 반면 고타마 싯다르타의 부친 숫도다나 왕은 선인의 예언처럼 혹시나 아들이 궁궐을 떠나 출가할까 두려워했기에 세상의 고통을 느끼지 못하도록 향락으로 포위했다. 태자 싯다르타가 계절마다 다른 궁전에서 지내며 맛있는 음식을 먹고, 젊은 여인들 품속에서 환락에 빠져 세상 고통을 맛보지 못하도록 한 것이다.

모든 향락을 끊고 철저히 절제의 삶을 익힌 알렉산드로스는 그 훈련의 힘으로 세계를 제패했다. 반면 싯다르타는 십 대 후반 우연히 성 밖에서 생로병사의 고통을 목격한 뒤, 삶에 대해 근본적인 의문을 갖기 시작한다. 그리고 오랜 고뇌 끝에 스물아홉 살에 늦깎이로 출가를 결행한다.

세속적으로 볼 때 알렉산드로스는 고국 마케도니아뿐 아니라, 세상에 그리스의 영광을 드날린 인물이다. 반면에 싯다르타는 고국인 카필라 왕국과 동족인 석가족에겐 무력하기 그지없는 존재다. 싯다르타의 고국인 카필라 왕국은 코살라국의 비유리 왕에게 멸망한다. 원한 때문이었다. 비유리의 어머니는 석가족 공주의 몸종이었다. 카필라국은 야만시 여기던 코살라국에

공주를 시집보내기 싫어 공주의 몸종을 대신 보낸 것이다. 이런 사실을 모르는 비유리는 태자 시절 외갓집이라고 찾아간 카필라성에서 석가족으로부터 어머니의 신분을 알게 되고, 평생 잊지 못할 수모를 당한다. 그래서 훗날 석가족의 씨를 말리겠다는 결심을 한다. 비유리 왕이 군사를 일으켜 석가족을 치러 나서자, 싯다르타는 이를 안타깝게 여겨 비유리 왕이 지나가는 길목을 세 차례나 막아서며 그가 돌아가게 한다. 그러나 네 번째에 이르러서는 카필라국이 치러야 할 인과응보임을 알고 이를 받아들인다. 그리고 동족이 비유리 왕이 이끄는 군사들의 칼에 죽어가고, 왕국이 멸망하는 모습을 지켜본다.

알렉산드로스보다 300여 년 뒤 인물인 예수도 싯다르타처럼 조국 이스라엘에 무력하기 그지없었다. 예수는 알렉산드로스처럼 서른세 살이란 젊은 나이에 죽는다. 그러나 알렉산드로스가 그 나이에 조국의 깃발을 세상에 꽂은 것과 달리 나라 잃은 조국에 독립의 희망조차 꺾은 채 죽어갔다. 예수를 '유대의 왕'이라고 생각한 이들은 그가 놀라운 권능을 발휘해 로마의 압제로부터 유대를 해방시켜 줄 것이라 믿었다. 예수가 로마군에 의해 십자가에 매달려 있을 때조차도 그가 기적을 일으켜 로마군을 무찌르고 새 세상을 열어주기를 열망했다. 구약시대부터 이집트에 노예로 끌려가 모세를 따라 해방을 꿈꾸며 가나안 땅을 찾아왔던 히브리(유대)인들에겐 노예 상태에서 해방시켜 주는 사람이 구세주임은 두말할 나위가 없다. 그러나 예수는 모든 기대를 저버린 채 힘 한번 제대로 쓰지 못하고 십자가에서 숨졌다. 그를 철석같이 믿었던 이들은 절망에 빠지고 말았다.

그런데 현세적 욕망을 이룬 알렉산드로스의 빛이 산산이 흩어진 것과 달리, 당대엔 무력했던 싯다르타와 예수의 빛이 2,000년 넘게 찬란히 비추고 있다. 아이러니가 아닐 수 없다.

우리에겐 얼마만큼의 땅이 필요한가

최초의 세계 군주, 세계주의의 염원을 기도했던 고대 디온(Ancient Dion)은 올림포스 설산에 둘러싸여 있다. 고대 올림포스 신들을 모신 신전 터는 10만 평도 더 되어 보일 만큼 드넓다. 신전이나 기도 터는 영험함이 입증됐다는 소문이 나야 이름값이 높아지는데, 이곳은 알렉산드로스가 승리를 기원하고 동방을 정복한 덕분에 유명해졌다.

디온에 들어서니 가장 먼저 알렉산드로스가 동방원정군을 이끌고 야영을 했다는 넓은 풀밭이 펼쳐져 있다. 그 위로 비가 내리기 시작한다. 하염없이 내리는 빗줄기에 젖은 풀 위의 물이 바지에 스며들기 시작한다. 야영지에서 100미터 정도 가니 제우스 신전 터다. 게시판에 알렉산드로스가 제물로 소 100마리를 바치는 장면을 그린 그림이 있다. 이미 피

알렉산드로스가 동방 침략에 나서기 전 승리를 기원하며 제우스 신전에 소 100마리를 죽여 바치는 그림.

올림포스 산에 둘러싸인 신전 터 고대 디온의 조각상들.

를 흘린 채 쓰러져 있는 소와, 도끼로 소의 머리를 내려치는 군사 앞에 서 있는 소들의 모습들이 처연하다. 죽음 앞에 선 이들의 두려움은 축생과 인간 모두 마찬가지다.

인간의 목숨에 대해 처음엔 어느 정도 숙고하던 알렉산드로스도 전쟁을 하면 할수록 사람을 죽이는 데 주저함이 없어졌다. 정복을 거듭할수록 탐욕자는 피에 점점 더 굶주리게 마련이다.

절대 권력은 더욱 절대화되어 결국 신을 꿈꾸게 되고, 반드시 부패한다. 알렉산드로스는 이집트의 파라오나 페르시아의 황제 같은 전제군주가 되었고, 마침내 모든 이에게 "나는 신이다"라고 선언했다. 그러나 그리스의 민주 시민 정신에 익숙해 종이 아닌 주인으로 살아온 측근들은 이런 모습을 받아들일 수 없었다. 그를 향한 비판이 시작되었다.

알렉산드로스는 이를 참지 못하고 자신을 비난하는 측근 크레이토스를 창으로 찔러 죽인다. 크레이토스는 자신을 평생 돌봐, 어머니나 다름없던 유모의 동생이었다. 아리스토텔레스의 조카 칼리스테네스도 알렉산드로스를 비난한다.

"마케도니아인조차 페르시아 식으로 꿇어앉아 절을 하도록 하는 게 말이나 됩니까."

결국 알렉산드로스는 스승 아리스토텔레스의 자식과 같은 칼리스테네스도 사자 우리에 넣어 죽인다. 틈만 나면 마케도니아로부터 독립을 노리던 아테네에서 목숨을 걸고 알렉산드로스를 변호해온 아리스토텔레스로서는 기가 막힐 일이었음에 틀림없다.

훗날 알렉산드로스가 서른세 살의 젊은 나이에 바빌론에서 갑자기 죽자,

아리스토텔레스가 사주해 독을 먹여 죽게 한 것이란 이야기가 작가들에 의해 회자된 것은 이런 사정 때문이다.

알렉산드로스는 마지막 정복지인 인도 인더스 강에 이르면서 더욱 광폭해진다. 여자고 어린아이고 할 것 없이 닥치는 대로 죽이며 광기의 살육을 이어간다. 그러나 결국은 보통 사람들의 복락도 다 누리지 못한 채 열병으로 너무나 짧은 생을 마친다.

알렉산드로스가 죽자 마케도니아 왕국은 혼란에 휩싸이고, 그의 정복지도 산산이 쪼개진다. 그의 동방원정으로 인해 그리스의 지적 유산이 세계로 전파되고, 동서가 소통되는 계기가 마련되었지만, 알렉산드로스가 영광을 드날렸던 마케도니아뿐 아니라, '그리스'는 2,000년간 사라져버렸고, 정복한 땅 가운데 한 조각도 그의 것으로 남아 있지 않다. 중국 최초의 통일 군주로 아방궁을 짓고 불로초를 구해 불사신이 되려 했지만 불과 쉰 살에 진시황이 객사한 지 4년 만에 무너져버린 진나라 제국처럼.

세상사 변화의 이치를 밝힌 동양의 《주역》에선 올라가면 내려오고, 내려가면 올라가는 도리를 말하고 있다. 그러니 올라가도 교만할 수 없고 내려가도 비탄에 빠질 필요가 없다. 그런데도 사람의 욕망은 올라감만을 바라고 내려가려 하지 않는다. 그래서 주식을 가슴께에 팔지 못해 모두 날리기도 한다. 고산 등반자 중 실족자의 대부분이 하산 때 생기는 것도 하산 또한 등산 이상으로 중요함을 간과한 탓이 적지 않을 터다.

절벽을 타고 오르다 굴러 떨어진 한 인간에 대한 하늘의 연민일까. 영웅의 야욕 아래 이유 없이 죽어간 수많은 민초의 설움일까. 디온엔 종일토록 눈물 같은 비가 내리고 있다.

▶ ··· 서양과 동양의 만남, 헬레니즘

헬레니즘이란 '헬렌(Hellen)'에서 나온 말이다. 헬렌이란 그리스인이란 뜻이다. 현 그리스의 정식 국가명도 헬레닉 공화국이다. 헬레니즘은 '그리스화'다. 알렉산드로스가 페르시아, 이집트, 인도 북부까지 침략하고 사망했지만, 그 여파로 거대한 세계가 그리스 문화의 영향을 받았다.

그 시기는 알렉산드로스가 페르시아의 왕 다레이오스를 격파한 기원전 330년부터 기원전 30년 안토니우스와 클레오파트라의 연합함대가 악티온(악티움) 해전에서 옥타비아누스에게 패하고 자살한 뒤 로마가 이집트를 병합한 300년간을 가리킨다.

알렉산드로스는 동쪽으로는 인더스 강으로부터, 서쪽으로는 그리스 및 이집트에 걸치는 대제국을 장악했다. 그는 그리스 문화와 동양 문화, 특히 페르시아 문화를 융합시킴으로써 세계 제국과 세계 문화를 실현하려 했다. 그가 제국의 수도로 정한 바빌론에서 급사한 후 부하들의 암투로 결국 아시아, 아프리카 그리고 유럽이 3분되었다.

이 시대 아시아와 아프리카 지방에선 그리스인들에 의해 그리스 언어와 문화가 확산됐다. 덕분에 이집트의 알렉산드리아, 시리아의 안티오키아, 소아시아의 페르가몬, 로도스 등이 세계 도시로 떠오른 반면, 아테네는 경제적 활기를 잃고 학문의 중심지로만 남았다.

헬레니즘은 기독교의 원류인 헤브라이즘과 더불어 유럽 문화사상의 양대

축이다. 즉 헬레니즘은 다신교적이고 인본주의적 경향이 짙어, 일신교이고 신본주의인 헤브라이즘과 비교된다. 알렉산드로스의 정복으로 인한 세계화는 기독교가 전 세계로 뻗어가는 고속도로가 되어주었다.

그리스와 인도의 만남으로 북인도엔 간다라 미술이 탄생했다. 이는 우리나라 석굴암 불상에까지 영향을 미쳤다.

지금까지 알렉산드로스로부터 시작된 서양의 침략사는 '세계화'와 '국제화'로 미화됐다. 이는 기독교의 세계화 선교를 위한 미화이기도 했다.

그러나 세계화 과정에서 야기된 폭력으로 각국의 고유한 문화와 인간성이 얼마나 파괴됐는지, 또한 자신들의 종교와 사상을 주입하기 위해 얼마나 많은 폭력이 동원되었는지에 대한 성찰은 부족했다. 서양 강국의 박물관에 가보면 얼마나 많은 문화유산을 훼손하고, 보물들을 가져갔는지 쉽게 알 수 있다.

반면 동양의 관점에서 보면 헬레니즘은 '그리스의 동양화(오리엔탈리즘)'라고 할 수도 있다.

순례 중 아토스 산의 밤샘 예배에서 인도 힌두교 아쉬람의 기도의식과 유사한 예배를 보고 놀랐다. 가톨릭이나 개신교와 달리 악기를 사용하지 않고 어두운 곳에서 고요하게 낭독하고 아주 단순한 찬송을 끊임없이 되풀이하는 모습이 힌두교 사원이나 불교 사찰의 예불과 유사했다.

알렉산드로스가 떠난 뒤 북인도에 세워진 나라의 그리스인 왕 메난드로스와 인도 승려 나가세나의 문답에서도 만물이 연관돼 있음을 깨우쳐준다. 나가세나가 "나란 없다"고 말하자, 메난드로스 왕은 "그럼 지금 내 앞의 당신은 누구냐?"고 따진다. 그러자 나가세나는 만물이 상관 지어져 존재하는 것이지 하늘에서 뚝 떨어지듯 홀로 존재할 수는 없다는 연기론을 설파한다.

과연 다른 것으로부터 영향 받지 않은 독자적 문화란 게 존재할 수 있을까.

chapter 4

그리스 신들의 산, 올림포스

: 신들의 질투와 분노는 인간적 욕망의 투사인가?

"그들은 인간이 저지른 추악한 죄악을
모두 신들에게 전가했다."

— 크세노파네스

올림포스 산 기슭의 게스트하우스에 막 짐을 풀고 나오는데, 제우스로부터 전령이 찾아왔다. 무지개가 갑자기 뜬 것이다. 하늘 구름 사이에서 레이저 빛 같은 무지개가 나와 살로니카 만의 바다까지 다리를 놓고 있다.

그리스 신화에서 무지개는 여신 이리스의 상징이다. 이리스는 무지개처럼 천상과 인간세계의 지상, 바다 속의 지하세계까지 두루 다니며 신들의 심부름을 하는 여신이다. 그래서 옛날부터 무지개를 신의 뜻을 인간에게 전달하는 사자(使者)로 여긴다. 우연치고는 절묘한 때의 출현이다.

올림포스 산 순례객들은 소도시 리토호로에 묵는다. 리토호로 광장에선 올림포스의 설경까지 잘 보여서 올림포스의 상징물이 따로 필요 없을지 모른다. 그렇다 해도 이 광장의 상징이 신들이 아닌 광장 옆에 서 있는 그리스 정교회라는 점이 무상하게 느껴진다. 정교회 건물의 위용에 비해 초라한 제우스 부조상이 올림포스 신의 위상 변화를 말해주는 듯해서다.

올림포스 산 트레킹은 5월부터 본격적으로 시작되어 그 전에는 여행안내 데스크도 문을 닫는다. 이런 까닭에 영어로 된 올림포스 산 지도 한 장도 구

올림포스 산 아래 도착하자마자 찾아온 무지개. 그리스 신화에서 무지개는 제우스의 사자인 여신 이리스의 상징이다.

하기 어렵다. 겨우 그리스어와 독일어로 된 지도를 얻어 올림포스 산으로 향한다.

　올림포스 산은 2,917미터, 그리스 최고봉으로, 빼어난 산세와 위용을 자랑한다. 고대 그리스인들은 최고의 신 제우스가 하늘에서 가장 가까운 산에 황금궁전을 지어 살고 있다고 생각했다. 지금은 에베레스트 산이 가장 높다는 것이 정설이지만, 절대적 신앙의 세계에서는 상대적인 비교나 검증 같은 것은 개의치 않는다. 그러니 굳이 올림포스 산을 오르면서, 올림포스 산이

번개신 제우스의 부조.

하늘 가장 가까이 있다는 건 오류라고 입에 거품을 물어 올림포스 신들의 부아를 돋울 것까진 없다.

예전엔 산 가장 아래에서부터 올라가야 했기에, 서 높은 곳에 사는 신들이 더욱 위대해 보였을 것이다. 지금은 굳이 산 밑에서부터 출발할 필요가 없다. 국립공원이지만 작은 차로가 나 있다. 지리산으로 따지면 길이 나 있는 성삼재 정도 높이다. 해발 1,000미터 지점쯤에 산장이 한 채 있는데, 그곳까지 택시로 갈 수 있다. 요금은 50유로. 우리 돈으로 8만 원 정도이니 적지 않은 금액이다. 하지만 신들에게 조금이라도 가까이 가는 헌금으로 생각하면 그 돈이 아깝지 않다. 더구나 그 길을 걸어 올라가자면 7~8시간은 족히 걸리는 먼 거리다.

신화의 시대는 힘에 의한 공포 통치

창자처럼 꼬불꼬불한 길을 돌고 돌아 30~40분 가량 오르니 산장이다. 거기서부터는 신들처럼 날든지, 걷든지 둘 중 하나다. 트레킹 철이 아니어서 사람의 그림자조차 보이지 않는다. 바위와 나무에 이끼들이 무성하게 자랐는데, 신들의 제물로 죽어간 수많은 소의 위장에 붙은 천엽 같다.

신화에 따르면 올림포스 신들의 궁전 아래 거대한 구름의 문을 여신들이 지키고 있다고 한다. 구름과 안개가 시야를 가로막는다. 시야가 어두우니 마음이 불을 켠다.

신들은 신의 음식인 암브로시아를 먹고, 신의 음료수인 넥타르를 마신다고 한다. 암브로시아를 구할 수 없으니 일단 초콜릿으로 대신한다. 암브로시아가 얼마나 맛있을지 모르지만 신들도 일단 초콜릿을 맛보면 황금궁전의 후식 메뉴를 바꿀지도 모를 일이다.

계곡에서 거센 물줄기가 내려오는데, 다가서기가 조금 겁이 날 정도로 물살이 거세다. 이곳에서 찾을 수 있는 넥타르는 계곡물 말고는 보이지 않는다. 다가가서 두 손바닥을 펴서 마셔보니, 시원하다 못해 얼얼하다. 올림포스 산은 국립공원일 뿐 아니라 생물권보호구역이기도 하다. 이곳엔 1,700여 종의 식물이 서식하고, 늑대, 곰, 스라소니 등도 산다고 한다.

계곡 옆에 벼락 맞은 나무가 유난히 많다. 반으로 댕강 부러진 나무들을 보니 《일리아스》에 그려진 제우스의 힘이 연상되어 섬뜩하다.

"나는 모든 것 중에서 가장 강하다. 한번 하늘에다 황금의 밧줄을 매어, 모든 신과 여신들이 이것을 붙잡고 매달려보라. 그래도 나 제우스 하나를 끌어

내릴 수는 없다. 그러나 내가 원한다면 언제라도 그대들을 끌어올릴 수 있다. 나는 그 끝을 올림포스의 끝에 매어 대지와 바다까지도 매달 수 있다."

이런 제우스를 화나게 하면 어떻게 되는지, 그리스 신화 속에서 제우스에게 죽어간 수많은 이를 떠올려보면 분명해진다. 제우스는 아버지를 몰아내고 천하의 지배권을 손에 넣었으며, 자신을 넘볼 것 같으면 자식도 잡아먹었다. 신들의 세계는 이렇게 출발했다.

선(禪)불교에서 관념적 타성을 타파하기 위해 '부처를 만나면 부처를 죽이고, 조사(祖師)를 만나면 조사를 죽인다'는 의미로 쓰는 '살불살조(殺佛殺祖)'가 그리스 신화에선 사실처럼 그려진다.

헤시오도스의 《신통기》에 따르면 태초의 카오스에서 가이아(땅)가 나왔고, 가이아는 우라노스(하늘)와 산과 바다를 낳는다. 이어 가이아와 우라노스가 결합해 티탄족, 키클롭스족, 헤카톤케이레스족을 낳는다. 여러 명의 부인을 둔 우라노스는 자식들을 싫어했다. 그러자 가이아는 자식들에게 복수를 호소했는데, 많은 자식 중 티탄족 크로노스만 이를 따랐다. 즉 우라노스가 가이아에게 접근하려 할 때, 크로노스가 언월도로 그의 성기를 잘라버린다. 이때 떨어져나간 성기는 바다를 떠돌아다니며 흰 거품을 만들어냈는데, 이 거품에서 '미의 여신' 아프로디테가 태어난다. 이로써 하늘과 땅이 갈라졌다고 한다.

그 뒤 크로노스는 누이 레아를 배우자로 삼아 헤스티아, 데메테르, 헤라, 하데스, 포세이돈, 제우스를 낳았다. 그런데 크로노스는 자식을 낳는 족족 삼켜버린다. 자식 가운데 한 명이 자신의 권좌를 빼앗는다는 예언 때문이다. 이런 까닭에 제우스가 태어나자 레아는 배내옷에 돌을 싸서 아이인 것

그리스 인생 학교
92

처럼 속인 후 크로노스가 삼키게 하고, 크레타의 한 동굴에 숨긴다. 이 동굴에서 제우스는 요정, 암염소 아말테이아의 손에 키워지고, 젊은 전사들인 쿠레테의 보호를 받는다. 쿠레테는 창검을 부딪치는 소리를 내어 제우스의 울음소리가 밖으로 새어나가지 않도록 했다.

장성한 제우스는 아버지와 싸워 아버지가 삼킨 형제자매들을 토해내게 한다. 그리고 형제들인 하데스와 포세이돈의 도움을 받아 아버지 크로노스를 타르타로스에 있는 감옥에 가둔다. 패권을 거머쥔 제우스는 지상을, 포세이돈은 바다를, 하데스는 지하세계를 다스린다.

부자간 살해 이야기가 그리스 신화에만 등장하는 것은 아니다. 동양에서도 고대에 큰아들을 죽여서 제사에 바치는 풍습이 있었다. 부족간의 전쟁과 약탈혼이 흔했던 고대엔 임신한 여인들을 데려온 경우도 많았기 때문에 그런 풍습이 나왔다는 설도 있다. 이와 관련하여 아리스토텔레스는 다음과 같은 분석을 내놓기도 한다.

"어머니가 아버지보다 자식을 더 사랑하는 이유는 아이가 자기 자식임을 더 확신하기 때문이다."

《구약 성경》에선 유대교, 기독교, 이슬람교 교인들의 공통 조상 아브라함이 아들 이삭을 여호와 신에게 바치려던 모습을 그리고 있다. 이삭 살해는 미수로 그쳤지만 《구약 성경》에는 그보다 더 오래된 인류 태초의 살인을 그린다. 아담과 이브의 맏아들인 카인이 시기와 질투 때문에 동생 아벨을 살인하는 장면이다.

신화시대에 살인은 흔하게 발견할 수 있는 소재다. 《구약 성경》의 출애굽기, 레위기, 민수기, 여호수아, 사사기, 사무엘 등에 보면 여호와가 다른 신

을 섬기거나 자신을 섬기지 않는다는 이유로 수많은 사람을 살육하는 장면
이 나온다. 그리스 신화의 제우스도 인간들이 마음에 들지 않으면 죽이고,
대홍수를 일으켜 멸망시키기도 한다.

히틀러나 스탈린, 폴 포트처럼 살육을 일삼은 독재자의 모델은 신화시대
의 신일 것이다. 캄보디아의 폴 포트가 아이들의 다리를 잡고 나무에 쳐서
죽이는 장면은 힌두 신화를 그린 사원 벽화 그대로 따라한 것이다.

구약과 신화의 시대는 힘에 의한 공포 통치의 시기다. 이런 폭압의 시대를
끝내고 새로운 도덕의 세계를 연 인물이 붓다와 공자, 소그라테스와 예수다.
붓다는 신에 의해서 인간이 심판 받는 게 아니라 스스로가 지은 행실에 대해
심판 받는다는 인과론을 설파한다. 공자는 수많은 위정자를 두 발로 찾아다
니며 공포정치가 아닌 어진 정치를 호소한다. 또 소크라테스는 음해를 받아
죽어가면서도 분노하지 않고 인간 영혼의 지고함을 보여준다. 예수는 수많
은 희생 제물을 받던 신들과 정반대로 자신을 제물로 내놓으며 용서와 사랑
을 설파한다. 이들 가운데서 낮은 곳에 머물렀던 예수는 기득권층을 비판하
며 그 사회에서 가장 소외된 이들을 도왔다는 점에서 혁명적이라 하겠다.

제우스의 바람기와 헤라의 질투

본격적인 산행이다. 신들의 낮잠을 깨워 화를 돋우지 않도록 아주 조심스럽
게 오른다. 30~40분 정도 올라가니 그곳에는 아직 눈이 쌓여 있다. 설산 트
레킹 준비를 해오지 않아 더 이상 오르기 어렵다. 그래도 조금만 더 올라가

면 거대한 황금궁전이 나올지 모르는데 이대로 발길을 돌리자니 아쉬워 눈 위를 걸어가 보지만, 장비를 제대로 갖추지 않아 좀체 나아갈 수가 없다.

어쩔 수 없이 발걸음을 돌리면서도 제우스와 헤라가 나를 허망하게 돌려보낼 리 없다며 실낱 같은 기대를 걸어본다. 아니나 다를까, 하산하는 길에 제우스에 이어 헤라까지 마중을 나온다. 오를 때는 잘 보이지 않았는데, 내려가며 보니 남성을 상징하는 듯한 바위가 위용을 자랑하며 우뚝 서 있다. 저 정도라면 제우스가 아니고는 넘보지 못할 자태다. 그곳에서 몇 발자국 떨어지지 않은 곳에선 입을 벌린 듯 가로로 쩍 갈라진 바위도 앉아 있다. 제우스가 '거시기'를 함부로 놀리지나 않는지 감시하는 헤라를 연상케 하는 바위다.

제우스는 여복이 넘쳤다. 타고난 복이라기보다는 끊임없는 개척 정신과 노력의 열매로 보이지만. 그의 첫 번째 여자 오케아노스(대양)의 딸인 '지혜의 여신' 메티스다. 그런데 제우스도 아버지 크로노스가 그랬던 것처럼 아들에게 왕위를 빼앗길 것이라는 예언을 듣고는 메티스를 삼켜버린다. 훗날 제우스가 두통으로 괴로워할 때 대장장이 신 헤파이스토스가 제우스의 이마를 도끼로 찍어 쪼갠다. 그러자 거기서 제우스와 메티스의 딸이자 도시국가 아테네의 상징인 여신 아테나가 완전 무장한 어른의 모습으로 튀어나왔다고 한다.

제우스의 두 번째 여자는 티탄족의 여신이자 '법률의 여신' 테미스다. 그녀와의 사이에서 계절의 세 여신, 에이레네(평화), 에우노미아(질서), 디테(정의)가 태어난다.

또 제우스와 다른 여신 사이에선 세 명의 우아한 여신 카리테스와, 아홉

남성성 짙게 우뚝선 바위.

명의 음악과 문예의 여신인 뮤즈가 탄생한다.

제우스는 자신의 영향력을 확대한다는 명분으로 수많은 여신과 인간에게 접근한다. 이런 까닭에 영웅들의 대부분은 제우스와 인간들 사이에 태어난다. 제우스의 바람기는 상대를 가리지 않았다. 상대에게 쉽게 접근하기 위해 변신도 일삼았다. 레다에게는 백조의 모습으로 접근해서 딸까지 낳았다. 그 딸이 바로 절세 미녀 헬레네로, 트로이 전쟁의 원인이 된다. 제우스는 페니키아의 왕 아게노르의 딸인 에우로페를 유혹할 때는 소로 변신한다. 그는

헤라를 연상케 하는 바위.

여자를 유혹할 때는 처녀와 유부녀를 가리지 않았다. 암피트리온의 아내 알크메네를 보고 반한 제우스는 암피트리온이 처갓집의 원수들과 싸우러 나간 틈을 이용해 접근한다. 그런데 알크메네는 남편 이외에는 거들떠보지도 않을 만큼 정숙한 여인이었다. 이에 제우스는 알크메네의 남편 암피트리온의 모습으로 변신해서 뜨거운 욕정을 불태운다. 그렇게 태어난 이가 지상에서 가장 힘이 센 헤라클레스다.

　제우스의 바람기가 이 정도이다 보니 헤라는 감시의 눈을 번뜩이지 않을 수 없었다. 헤라도 제우스 못지않은 성깔을 자랑하는 여신이어서 질투와 분노가 하늘을 찔렀다. 결혼의 여신인지라 제우스와 관계를 유지하기 위해 제우스를 어떻게 하지는 못하고, 그와 관계를 맺는 여신과 인간을 발본색원해 죽이려 했다.

올림포스 신들이 서로 죽이거나 질투하거나 또는 바람을 피우거나 강간하거나, 심지어는 근친상간이나 동성애를 하는 건 예사였다. 현명한 철학자들과 민주주의로 대표되는 그리스에서 실상 날만 새면 전쟁이 계속되고, 남성들이 여성들을 억압한 상태에서 첩을 거느리고 여자 노예와 창녀들과 자유롭게 정사를 하고, 잘생긴 소년들과 사랑을 나누는 소년애의 특권을 가질 수 있었던 가장 원초적 배경에는 그리스인들의 정신적 주(主)인 신들의 방종이 깔려 있다고 할 수 있다.

그래서 기원전 6세기 엘레야 학파의 태두가 된 음유시인 크세노파네스는 신들을 그렇게 '퇴폐적'으로 묘사한 것을 비난했다. 만약 소나 말이 신들을 그린다면 신을 소나 말처럼 그렸을 것이라면서 말이다. 그는 《일리아스》를 쓴 호메로스나 《신통기》를 쓴 헤시오도스에 대해서도 이렇게 비난한다.

"그들은 인간이 저지른 추악한 죄악을 모두 신들에게 전가했다."

마음대로 천하의 권력을 쥐락펴락하고, 인간을 종처럼 부리다 마음에 들지 않으면 죽이며, 아름다운 사람은 여자건 남자건 모두 마음대로 취할 수 있는 신의 행태는 인간적 욕망의 투사라는 것이다.

그리스의 신들만 그랬던 것은 아니다. 인도의 신들도 권모술수와 살육을 밥 먹듯이 하긴 마찬가지다. 인도에서 가장 인기 있는 영웅신 중 하나인 크리슈나는 부인만 1만 6,000명을 둔 호색한으로 그려지고 있다.

현대 사회에서 그런 신적인 힘을 지니고 폭력 세상을 이끄는 이들은 누구일까. 아무래도 네오콘이 첫손에 꼽히지 않을까 싶다. 유대인과 기독교 근본주의 결합쯤으로 볼 수 있는 네오콘은 '힘이 곧 정의'라고 신봉하는 이들이다. 미국에서 레이건 대통령을 거쳐 조지 부시 대통령 때 세력을 얻은 이들은 아프가니스탄과 이라크 등 국제사회 문제에 적극적으로 개입해 '절대선'을 지키겠다고 나서고 있다. 타인이나 타국을 '악'으로 규정해 서슴지 않고 죽이면서 말이다.

올림포스 산에서 만난 그리스 신화

제우스와 헤라를 닮은 바위 아래서 문득 정신을 차려 하산 길에 오른다. 제우스와 헤라의 비위를 건드려봐야 좋을 게 없다는 것을 누구보다 잘 알기 때문에 사뿐사뿐 걸어서.

미끄러운 이끼에 넘어지지 않게 조심하며 내려오다 연기가 모락모락 피어오르는 산장에 돌아오니, 여간 반가운 게 아니다. 벽난로 옆에 앉아 소시지와 홍차 한잔을 마시며 몸을 녹이니 온몸의 피로가 풀리는 듯하다. 산장 주인은 모처럼 산장을 찾은 친구들과 대낮부터 한잔 걸치고, 그의 아들 키리시스가 여자 친구와 함께 서빙을 하고 있다.

그런데 이 산장 안에 제우스를 비롯한 신들의 흔적은 찾을 수가 없을 뿐 아니라 심지어 그리스 정교회의 제단이 보였다. 제우스를 대신해 예수와 마리아의 성상을 모신 것이다. 키리시스에게 물었다.

올림포스 중턱에 있는 산장.

"올림포스 산인데, 올림포스 신상은 모시지 않고 예수상만 모시는가?"

그가 대답한다.

"올림포스 신도 사랑하지만, 예수와 같은 신앙의 대상은 될 수 없죠."

격세지감이 아닐 수 없다. 올림포스 신들은 2,000여 년 만에 자기의 근거지에서조차 예수에게 자리를 내준 셈이다.

그리스 신화에는 올림포스 산속 신들이 사는 곳은 바람도 없고, 비도 눈도 내리지 않은 채 눈부신 햇살만이 쏟아지는 축복의 땅이라고 전한다. 하지만 금방 비나 눈이 쏟아져 내릴 것처럼 날이 흐리더니 마침내 눈이 쏟아진다. 황금궁전이 비었다는 증거일까.

그러나 봄의 한가운데서 느닷없이 함박눈을 맞는 객에겐 신의 축복처럼 느껴진다. 올림포스 산장 창밖으로 함박눈이 축포처럼 쏟아진다. 치프로를 마시지 않아도 함박눈만으로 천상을 거니는 느낌이다.

고산의 변화무쌍한 날씨는 신들의 마음만큼이나 비위를 맞추기가 어렵다. 눈이 많이 내려 트레킹이 가능할지 걱정스럽다.

"이렇게 눈이 많이 내리는데 걸어서 내려가도 문제없을까요?"

키리시스는 거침없이 대답한다.

"노 프로브럼(문제없어)."

그러나 그가 말한 것과 달리 얼마나 '프로브럼'이 많았는지 모른다. 산장에서 출발한 시간은 오후 2시다. 4시간 정도면 충분하다는 키리시스의 말대로라면 오후 6시쯤 해지기 전엔 도착할 수 있을 것이다. 하지만 하산하면서 나는 확신했다.

'키리시스는 아마도 산장까지 차만 타고 다녔지, 한 번도 걸어서는 다녀

보지 않았을 것이 분명하다.'

산을 내려오는 데 6시간이 넘게 걸렸으니까. 산장에서 200미터 정도 내려가니 고대엔 호랑이가 쉬었을 법한 바위굴이 나온다. 하산 길도 산장에서 정상으로 향하던 길 못지않게 험하다. 하산로는 급경사로 내려가는 계곡 옆으로 나 있는데, 오솔길이 있던 쪽의 경사가 너무 급해지면 나무다리를 놓아 계곡 건너편으로 가도록 되어 있다. 워낙 경사가 심하다 보니, 협곡을 이쪽으로 건넜다가 저쪽으로 건넜다 해야 한다.

바위산인 올림포스 산에서 계곡을 건너다 신화 속의 한 장면 같은 바위를 만나는 일은 어렵지 않다. 마치 신화 속의 신들이 잠시 바위로 변신술을 부린 것만 같다. 그 가운데 굴러 떨어질 듯한 거대한 바위를 위로 올리는 것 같은 모습이 가장 인상적이다. 신화 속 시시포스처럼 말이다. 시시포스는 제우스에 반항했다가 커다란 바위를 산꼭대기로 밀어 올리는 벌을 받았다. 정상 근처에 다다르면 다시 아래로 굴러 떨어지는 형벌이 영원히 되풀이된다고 한다.

그렇다면 시시포스는 무슨 죽을죄를 지었기에 사형보다 더 지독한 벌을 받게 된 것일까. 제우스는 아이기나에게 반해 그녀를 어떻게 손에 넣을까 고민하다 독수리로 변신해 오이노네 섬으로 납치해 간다. 아이기나의 아버지인 '강의 신' 아소포스는 딸을 찾아 그리스 전역을 헤매다가 코린토스의 시시포스 왕을 만나 제우스와 딸의 행방을 가르쳐 달라고 사정한다. 아소포스가 아크로폴리스에 분수를 만들어 헌납하자 시시포스 왕은 제우스가 있는 곳을 가르쳐준다. 아소포스는 '딸 찾아 삼만리' 끝에 제우스에게 딸이 희롱당하는 현장을 덮친다. 이때 제우스는 아소포스에게 사과를 하기는커녕 화

올림포스 산의 디오니소스 동굴. 이 동굴에서 그리스 정교회의 성인 중 한 명인 디오니소스가 수도했다고 전한다.

가 난 나머지 벼락을 쳐 아소포스를 태워 죽인다. 그리고 자신의 행선지를
알려준 시시포스에겐 바위를 정상까지 끝없이 올리는 벌을 준 것이다.

시시포스라 명명할 만한 바위에서 멀리 떨어지지 않은 곳에 프로메테우
스라고 불릴 만한 바위도 있다. '먼저 생각하는 사람'이란 뜻을 지닌 프로
메테우스는 인간에게 하늘의 불을 주었다는 이유로 제우스의 분노를 산다.
그래서 바위의 쇠사슬에 묶여 날마다 낮에는 독수리에게 간을 쪼아 먹히고,
밤이 되면 다시 자라난 간을 또다시 먹히는 고통을 받게 된 것이다.

제우스는 자식에 의해 왕좌에서 쫓겨나는 운명이라는 예언을 들었는데, 그 자식이 누구인지 오직 프로메테우스만이 알고 있었다. 제우스는 프로메테우스를 바위에 묶는 형벌을 내렸지만, 프로메테우스는 이에 굴하지 않았다.

뿐만 아니라 제우스가 인간을 멸망시키기 위해 대홍수를 일으켰을 때도 이러한 사실을 가장 먼저 눈치 채고 사람들을 피난시켜 인간이 종족을 유지하게 한 것도 프로메테우스였다. 그는 신의 불을 훔쳐 인간에게 주었는데, 신의 상징인 '내면의 빛'을 인간에게 전해 인간도 신과 같은 빛과 깨달음을 얻게 한 상징으로 볼 수 있다.

디오니소스 홀리 케이브

프로메테우스의 모습처럼 보이는 바위를 뒤로한 채 약 3~4킬로미터를 내려오자 이제는 표지판도 보이지 않는다. 오솔길도 트레킹 철이 아닌 가을과 겨울 내내 거의 이용하지 않아서인지 세심히 살피지 않으면 분간하기 어려울 정도다.

잠시 뒤 '홀리 케이브(THE HOLY CAVE, 성스런 동굴)'란 푯말이 나온다. 올림포스 산에서 신들의 흔적을 보기 어려웠는데, 이제야 신이 살았던 장소를 발견했다는 기대를 하고 내려간다. 그런데 그게 아니다. 물이 콸콸 쏟아져 신비해 보이는 이 동굴은 그리스 정교회의 성인 중 한 명인 디오니소스가 수도한 '디오니소스 홀리 케이브'다.

동굴을 지나도 눈은 그치지 않고, 약 3~4시간을 내려와도 평지나 마을이

검은색과 형광빛 노란색이 어우러진 화려한 피부의 도마뱀.

좀체 보이지 않는다. 더구나 트레킹족조차 전혀 찾아볼 수 없으니 슬슬 두려움이 밀려오기 시작한다.

E4란 등산길 안내 표지판을 줄곧 따라 내려왔는데, 어느 순간 그 표시마저 끊긴다. 그 뒤 짐작만으로 하산 길을 잡은 지도 벌써 2시간이 넘었다. 계곡 옆으로 끝없이 내려가기만 하는데 제대로 방향을 잡은 건지 알 수가 없다.

등산 재킷까지 눈에 흠뻑 젖은 상태로 3~4시간쯤 지났을까. 이곳에 오기까지 하산 길에서 만난 생명체라곤 도마뱀뿐이다. 검은색과 형광빛 노란색이 어우러진 화려한 피부를 가진 도마뱀이 발 앞에 있어서 깜짝 놀란 것이 여러 번이다. 그 외엔 늑대도 곰도 스라소니도 보이지 않는다. 물론 신들도.

그때 모퉁이를 도는데 앞에서 검은 짐승이 다가선다. 곰이나 늑대인가 싶어 아연 긴장하는데, 꼬리를 흔드는 게 아닌가. 자세히 보니 검은 개다. 이 깊은 산중에 웬 개인가 싶었는데, 커다란 배낭을 멘 청년이 뒤따라 올라온다. 하산 길에서 처음 본 사람이다. 여간 반가운 게 아니다. 그런데 이렇게 늦은 시간에 산을 올라오다니, 어디까지 갈 것인지, 야영을 할 것인지 알 수 없지만 참 대담한 청년이다.

청년에게 아래 마을까지 얼마나 남았냐고 물으니 아직도 2시간은 더 가야 한단다. 생각보다 깊은 산이다. 지쳐서 힘은 들지만 그때부터 사뭇 다른 경치가 나타나 시선을 사로잡는다. 우람하고 위태로워 보이는 거대한 암벽들이 에워싼다. 이제 눈은 그쳤지만 비가 왔다가 바람이 불다가 안개가 몰려온다. 천변만화다. 옷도 흥건히 젖어버려 불안한 마음이 밀려온다.

지금도 번개가 치는 날이면 천벌을 맞지 않을까 두려움에 떠는 게 인간이다. 하물며 번개, 폭풍, 해일, 홍수, 지진, 일식 등 자연현상에 무지했던 고

올림포스 산 국립공원 입구를 알리는 푯말.

대 원시인들은 어떠했을까. 그리스인들은 번개를 제우스가 내려치는 것으로 생각했다.

기원전 6~7세기 자연철학이 출현한 이후에야 자연현상을 '신의 행위'가 아닌 '어떤 원인에 따른 현상'으로 규명하기 시작했다. 그러나 신화는 무의식 깊은 곳에서 아직도 인간의 사고를 지배하고 있다.

깊은 산속을 헤매다보니 산 아래는 다다르지 못할 것만 같았는데, 마침내 올림포스 산 국립공원 입구를 알리는 푯말을 보자 신을 만난 것보다 반갑다. 올라갈 땐 리토호로 광장에서 택시를 타고 출발했는데, 트레킹으로 내려오니 산기슭에 있는 게스트하우스가 바로 코앞이다. 젖은 채로 게스트하우스로 들어가는데, 서유럽에서 온 듯한 젊은 여성이 다가와 묻는다.

"내일 올림포스 산에 올라가고 싶은데 이런 날씨에 등산을 해도 괜찮을까
요?"

오늘 하산 때 고생한 것을 생각하면 권하고 싶지 않지만, 내 꼴을 보고도
그런 질문을 하는 걸 보면 기를 쓰고 갈 모양이다. 모든 걸 신의 자비에만
의존하지 않고 스스로를 도울 만한 강단이 보여서 내가 다녀온 방법대로 등
산길을 알려준다. 아름다운 그녀가 제우스의 먹잇감이 되지 않기를 빌면서.

그리스는 토착민, 외래인 그리고 수백 개의 도시국가가 난립해서 통일 국가가 존재하지 않았다. 그런데도 같은 신화를 같은 언어로 공유한 덕분에 '그리스인'이란 단일민족 의식이 가능했다.

그리스에서 사주 마신 백주 브랜드가 미토스(Mythos)다. 미토스란 그리스인들이 그들의 신화를 부르는 말이다. 맥주를 마시듯 그들은 옛날부터 '신화'를 마셔왔다. 그리하여 신화는 그들의 피가 되고, 살이 되고, 사상이 되었다.

'미토스'란 원래 '이야기'란 뜻이다. 인간은 이야기를 좋아한다. 나도 어려서부터 잠자리에서 어머니에게 이야기를 해달라고 조르곤 했다. 그러면 동화책 한 권 읽어본 적이 없는 어머니는 언제부터 담아두었는지 모를 이야기를 화수분처럼 쏟아냈다. 오랜 옛날부터 이야기를 만들고 이를 말해주고 듣는 것을 좋아했던 인간의 전통은 도서관 하나 없던 시골 소년인 내게도 어김없이 이어졌다.

이해할 수 없어 두렵고 불안한 영역을 '정리'해야 그나마 심리적 안정감을 갖는 게 인간이다. 하늘은 제우스, 땅은 데메테르, 바다는 포세이돈, 지하세계는 하데스, 이런 방식으로.

그리스의 이야기꾼들은 지혜는 아테나, 전쟁은 아레스, 사랑은 에로스, 아름다움은 아프로디테 등과 같이 인간의 감정을 이해하기 쉬운 형상으로 만들어냈다.

가장 유명한 이야기꾼은 《일리아스》와 《오디세이아》의 저자 호메로스(B.C 800?~750), 그리고 신의 족보를 정리한 《신통기》를 쓴 헤시오도스(B.C. 740년 ~670년경)다. 역사가인 헤로도투스는 이렇게 주장한다.

"그리스인에게 신을 만들어준 사람이 호메로스와 헤시오도스다."

왕들도 가부장적인 제우스와 전횡을 일삼는 신들을 백성들의 복종에 활용하기 위해 이런 신화를 고무시켰을 것이다. 무궁무진한 신화의 바다에서 노닐다보면 '도덕'이나 '에티켓' 이전에 감춰진 인간 무의식의 판도라를 열어젖힌 것 같은 재미가 있다.

이후에도 뛰어난 이야기꾼들에 의해 이야기는 더 풍성해졌다. 기원전 5세기 아테네의 공연장에서 신화를 각색해 유명해진 아이스킬로스, 소포클레스, 에우리피데스는 '3대 비극 시인'으로 불린다.

로마는 '제우스'를 '주피터'로, '아프로디테'를 '비너스'로 바꾸며 그리스 신화를 로마의 신화로 받아들였다.

현대적 관점에서 보자면 신화는 신의 전횡과 운명론이 당연시될 만큼 불합리하기 그지없는 세계이자 탐욕과 배타와 살상과 폭력이 난무하는 세계다. 이렇듯 원시적 신화 속에 잠자던 인간들의 '이성(로고스)'을 깨운 인물이 바로 소크라테스다. 공자, 붓다, 예수 같은 성인들도 신들의 세상이 아닌 인간다운 세상을 연 선구자들이라 할 수 있다.

철학자 에피쿠로스는 이렇게 말했다.

"철학의 목표는 신에 대한 두려움으로부터 해방되는 것이다."

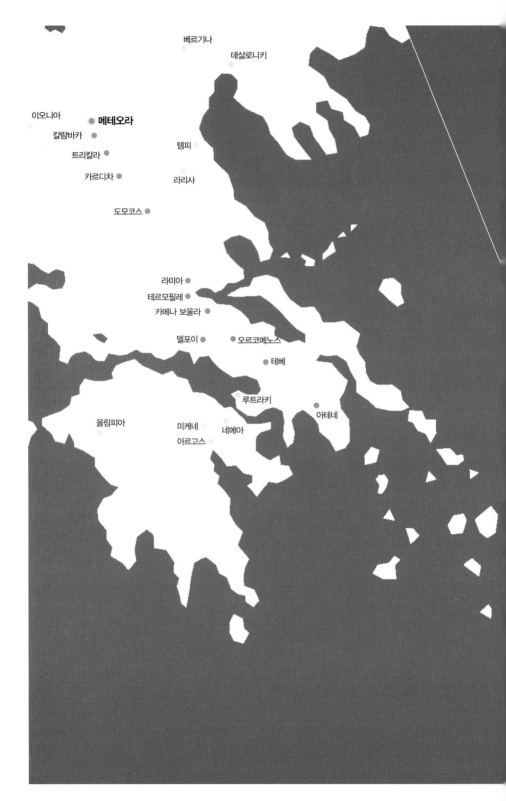

베르기나

데살로니키

이오니아

메테오라

칼람바카

템피

트리칼라

카르디차

라리사

도모코스

라미아

테르모필레

카메나 보울라

델포이

오르코메노스

테베

루트라키

올림피아

미케네

네메아

아테네

아르고스

chapter 5

하늘 위의 수도원, 메테오라

: 죽음은 필멸의 고통인가, 새로운 세계로의 통로인가?

"떠날 때가 되었으니, 이제 각자의 길을 가자.
나는 죽기 위해서, 당신들은 살기 위해서.
어느 편이 더 좋은지는 오직 신만이 알 뿐이다."

― 소크라테스

그리스 최초의 자연철학자 탈레스는 만물의 근원을 물이라고 생각했고, 대지가 물 위에 떠 있다고 주장했다. 또 영화 〈아바타〉에서는 바위산이 공중에 둥둥 떠다닌다. 다소 황당해 보이는 생각이기는 하나, 만약 현실세계에서도 중력의 영향을 받지 않고 자유롭게 공간을 옮겨 다니고, 비행기나 자동차를 타지 않고도 우주 공간을 오갈 수 있다면 어떨까. 공간뿐 아니라 시간의 경계를 넘어 이승과 저승, 과거와 현재를 오갈 수 있다면 또 어떨까.

그러나 시간은 말할 것도 없고, 만유인력의 법칙에 의해 무거운 것은 아래로 떨어지게 돼 있는 지구에서 공중부양 같은 건 영화나 사이비 구루들의 허풍 속에나 가능한 이야기다.

그런데 지구에도 '공중에 떠 있는 바위'가 있단다. 그리스엔 북한산 인수봉처럼 큰 바위들이 공중에 떠 있다는데, 바로 메테오라다. '메테오라(Meteora)'는 '공중에 떠 있다'란 뜻이 담겨 있다. 물론 말 그대로 대지와 떨어져 공중에 떠 있는 것은 분명 아니다. 하지만 메테오라를 일단 보고 나면 공중에 떠 있는 바위란 말에 시비를 걸기 어렵다.

메테오라, 하늘 위의 수도원 가는 길

올림포스 산에서 정오쯤 출발했는데, 버스를 세 번이나 갈아타고 메테오라 인근 마을 칼람바카에 도착할 무렵 해가 기울기 시작한다. 황량한 평야에 통 바위들이 수직으로 우뚝 서 있는 모습이 멀리서 봐도 심상치 않은데, 가까이 다가갈수록 그 풍광이 너무 비현실적이어서 도무지 실제 같지가 않다.

암벽을 좋아해 서울에 살면서도 바위산 아래만 찾아다니는 내게 이런 통 바위라니. 더구나 예약한 게스트하우스가 칼람바카에서 가장 큰 바위인 알 소스 바위의 턱 밑에 있다.

버스에서 내려 그곳까지 걸어 올라가느라 숨을 헐떡이는데, 털이 북슬북 슬한 검은 개가 다가온다. 처음 본 객을 주인 맞이하듯 반기며 설레발을 친다. 여간 넉살 좋은 녀석이 아니다.

검은 개가 방문을 가로막고 있어 "저리 좀 가 있어"라며 발로 밀친다. 두 손에 가방을 든 상태여서 발로 상대할 수밖에 없다. 다른 개 같으면 곧바로 되돌아갈 텐데, 이 녀석은 마치 곰 새끼마냥 왼발 오른발을 자유자재로 놀리며 내 발을 상대로 장난을 건다. 그래도 빨리 배낭을 방에 넣고 싶은 마음에 녀석을 피해 방에 들어갔더니, 재빨리 따라 들어오려고 한다. 얼른 문을 닫지 않았으면 녀석이 방 안까지 쳐들어왔을 것이다. 창문으로 내다보니 원망의 눈초리가 역력하다. 하지만 어찌하랴, 피곤함에 몸을 가누기조차 힘드는데.

"좀 있다가 놀아줄게."

이렇게 말하곤 침대에 잠시 몸을 뉘었다가 일어나 보니 녀석은 벌써 어디론가 사라지고 없다. 최고 미남신인 '아폴론'이란 이름을 붙여가며 불러도 기적이 없다.

　천하제일 바위 아래 게스트하우스는 비록 집은 낡았지만 40유로에 조식까지 제공된다. 게다가 손님들이 자유롭게 취사할 수 있는 부엌도 있다. 이번 여행 중 처음으로 부엌이 제공된 게스트하우스다. 드디어 컵라면이 아닌 냄비라면의 맛을 본다. 속이 후끈 달아오르고 이마에 땀이 나면서 기혈이 순환되는 것 같다. 내친 김에 아침에도 게스트하우스에서 제공한 빵을 제쳐두고, 누룽지를 끓여먹으니 세상에 부러울 것이 없다. 전날 슈퍼에서 산 소시지도 삶아 배낭에 넣고 나니 트레킹 준비도 완료다.

　메테오라는 아래쪽에서 걸어갈 수도 있지만, 메테오라 뒤쪽 산으로 연결된 도로를 통해 차로 가는 방법도 있다. 당연히 나는 두발로 걷는 쪽이다. 더구나 이 게스트하우스에선 몇 발자국만 옮기면 트레킹 코스로 이어지는 입구가 있다.

필자가 묵은 게스트하우스 앞에 펼쳐진 메테오라. 메테오라는 고독을 자처한 이들의 수도처다.

칼람바카의 아이들. 검정 복슬개 '아폴론'

은둔 고행자들의 고독 속으로 걸어들어가다

메테오라 입구 쪽으로 들어서는데 뒤쪽에서 예닐곱 명의 젊은이들이 다가온다. 같은 게스트하우스에 묵는 유럽인들이다. 그들 사이에 아폴론이 끼어있다. 이름을 부르며 달려갔더니 녀석은 골이 난 것인지, 아니면 다른 손님들과 동행하는 게 미안해서인지 담벼락 밑으로 피하면서 애써 고개를 돌린다. 녀석이 어제 장난을 걸어올 때 문을 닫아버려서 삐친 듯하다. 놀자고 애걸할 때 놀아주지 않은 인과응보다. 할 수 없다. 은둔 고행자들이 수도한 성소엔 고독하게 홀로 걸어가는 게 더 어울린다고 자위하며 걸을 밖에.

날은 화창하기 그지없다. 초입부터 바닥에 굴러다니는 돌 하나까지도 범상치 않다. 올림포스 산의 겉모습은 대단히 험준하고 위용이 넘치는 데 반해 바위 암질이 푸석푸석한데, 이곳은 다르다. 굴러다니는 돌조차도 단단한 암석이다. 그 가운데 알소스 바위를 닮은 돌덩이도 있다. 무척이나 닮아서 가져가고 싶지만 무게 때문에 그걸 들고 여행을 다니기엔 무리다. 언제 다시 메테오라에 오게 될지 모르지만, 나만이 아는 위치에 고이 모셔두었다.

메테오라는 고독을 자처한 이들의 수도처다. 거대한 바위 꼭대기들마다 수도원이 있는데, 현재 남자 수도원 다섯 곳과 수녀 수도원 한 곳이 있다. 수도원들은 400~500미터의 수직 바위 꼭대기에 있다. 새 이외는 어떤 짐승도 접근할 수 없는 곳이다.

지질학자들은 이 놀라운 바위 군이 지진으로 형성되었다가 풍화작용에 의해 칼로 벤 듯 깎였을 것으로 보고 있다. 하지만 그런 과학적인 설명보다는 제우스가 칼로 일도양단을 했다는 표현이 적절할 만큼 비상식적인 모습이다.

그리스를 여행하다 보면 만나게 되는 메테오라, 아토스 산, 산토리니처럼 절경을 자랑하는 곳들은 대부분 지진이 있었던 지역이다. 거대한 지진은 당대에 살았던 이들에겐 엄청난 재앙이었겠지만, 후대 사람들에게는 이토록 아름다운 절경을 남겨주었다. 수직 바위엔 벌집처럼 보이는 동굴이 있는데, 수도자들은 수십 미터, 심지어 수백 미터의 줄사다리를 타고 올라가 수도를 했단다.

신앙이란 도무지 무엇인가. 세상을 초월해 저 높은 곳을 향하는 인간의

신앙이란 도무지 무엇인가. 세상을 초월해 저 높은 곳을 향하는 인간의 이상은 어디까지 가 닿을까.

이상은 어디까지 가 닿을까.

첫 순례지는 '아기아스 트리아도스(Agias Triados) 수도원'이다. 벽 같은 수직 절벽에 수도관 파이프 같은 통로를 내놓았다. 계단도 1925년에서야 만들어졌는데, 130개의 계단을 올라가야 한다. 계단과 통로가 만들어지기 전까지 수도사들은 나무 사다리나 밧줄을 타고 오르내렸단다.

좁은 통로와 계단을 통해 수직 절벽 위로 올라가니 그 위는 평지처럼 평평하다. 신이 수도원용으로 제작한 모형 바위라고 해야 하지 않을까 싶다. 마당은 좁지만 정원은 생각보다 넓고, 어디선가 날아온 흙 몇 줌에 의지해 몇 그루의 나무도 버티고 서 있다.

출입구 옆쪽으로 돌아가니 굵은 동아줄이 기둥을 감고 있다. 수도사들이 절벽 위를 오르내릴 때 수도원과 세상을 연결해주던 유일한 끈이다.

수도원 내 한두 평 남짓한 방에 난 작은 창밖으로 새가 한 마리 날고 있다. 옛 은둔 수도사들은 감옥 같은 이 방에 스스로를 가두고, 자유롭게 나는 새를 보면서 무엇을 꿈꿨을까. 그리스 신화에서 하늘을 날고자 했던 이카로스처럼 하늘을 날고 싶었을까, 아니면 그런 마음마저 비워 허공이 되고자 했을까.

수도원 입구 반대쪽으로 나가보니 저 멀리 설산을 배경으로 칼람바카 마을이 바위군 틈에 앉아 있다. 설산과 마을과 수직바위가 트리오처럼 어울려 있다.

수도원을 내려오는 길에 다시 아폴론을 만났다. 녀석은 꼬리를 좀 흔드는가 싶더니 이내 고개를 돌려버린다. 어떻게 해야 녀석의 마음을 되돌릴 수 있을까. 점심 끼니용으로 싸온 소시지를 보여주며 부르자 처음엔 쑥스러운 듯 고개를 숙이더니 이내 다가와선 맛있게 받아먹는다. 그러곤 좀 더 없냐는 듯이 쳐다본다. 결국 남은 소시지마저 넘겨주지 않을 수 없다. 아폴론의 쩝쩝 소리에 맞춰 내 배에선 꼬르륵 소리가 난다.

이때 수도원 계단을 오르던 아폴론 일행이 개를 향해 손을 흔든다. 소시지에 정신 팔려 일행을 내팽개친 그가 무정하다는 듯이. 일행을 보더니 아폴론은 부끄러운 듯 도랑으로 숨는다. 개가죽만 뒤집어썼을 뿐 영락없는 사람이다. 이제 전날의 소원함을 풀고 아폴론과 즐거운 데이트를 해볼까 하는 생각도 잠시, 고개를 돌려보니 녀석은 어디론가 사라지고 없다. 꼬리를 흔들어봐야 내 배낭에서 더는 나올 게 없다는 것을 눈치 채고 튄 것이다.

삶이란 그런 것. 오고 감을 받아들이지 못하면 슬픔과 고독뿐이다. 수도사들이 바위 끝 삶을 산 것은 슬픔과 고독 속에 자기를 가두기 위함이 아니라 자기로부터 해방되기 위함이다. 그러니 나도 좀 더 대범하게 녀석을 보낼 수 있어야 한다.

낭떠러지 위 유일한 여성 수도원,
아지오 스테파노

아기아스 트리아도스 수도원에서 오른쪽으로 2킬로미터 정도 떨어져 있는

오른쪽 알소스 바위 아래쪽으로 칼람바카 시내가 보인다. 멀리엔 설산도.

'아지오 스테파노(Agiou Stefanou) 수도원'은 메테오라의 유일한 여성 수도
원이다. 남자 수도원보다 외부로 차단하는 장치가 훨씬 더 삼엄하다. 바위
건너 수도원으로 난 철 대문 통로 외엔 4면이 낭떠러지인데, 스물아홉 명의
수녀가 이 철옹성 속에서 살고 있다.

이 수도원은 8시부터 문을 열지만 12시면 문을 닫고, 오후 3시에 다시 열어 오후 6시에 폐쇄한다. 출입문 입구에 수도원 가게가 있는데, 아름다운 성화와 성물, 정교회 음악이 마음을 사로잡는다. 시간을 잊은 채 구경하다 보니 벌써 12시 종이 울린다.

한 수녀가 말한다.

"이제 순례자는 수녀원 안에 남아 있을 수 없습니다. 나가주세요."

이대로 나가면 순례 여정상 이 수도원을 다시 관람하긴 어렵다. 수도원처럼 규칙이 철저한 곳에서 예외가 있을 수 없다는 것쯤은 알고 있지만, 그래도 한줌의 자비를 기대하며 문지기 수녀에게 간청해본다. 무척 완고해 보였는데 무슨 생각에서였는지 출입문 쪽을 가리키던 손의 방향을 수도원 안쪽으로 돌리며 말한다.

"그럼, 빨리 돌아보세요."

아마 수녀원 안에 다른 순례자가 없었던 덕분에 특별히 아량을 베푼 모양이다. 철옹성에도 한 뼘의 여유는 있는 게다.

수녀원의 분위기를 충분히 느끼기엔 짧은 시간이었지만 단순하면서도 정갈하게 꾸민 분위기에서 세속적인 것과 절연한 그들의 마음가짐을 알기엔 부족함이 없다.

점심으로 준비한 소시지를 아폴론에게 줘버리고 나니 허기가 졌지만, 이곳에선 사먹을 수 있는 곳이 없다.

순례지로는 맨 오른쪽에 있는 이 수녀원에서 맨 왼쪽 끝에 있는 메갈로 메테오라(Megalou Meteorou)에 가고 싶은데, 걸어가면 한두 시간은 걸릴 성싶다. 어떻게 할까 고민하면서 수녀원을 나오는데, 한 남자가 차를 타고 가

메테오라에서 유일하게 여성 수도자들이 지내는 스테파노 수도원. 남자 수도원보다 외부로 차단하는 장치가 훨씬 더 삼엄하다.

는 모습이 보인다. 무작정 손을 드니 고맙게도 태워준다. 자신을 화가라고
소개한 그의 차는 낡아 너덜너덜했지만 아폴론 신이 천상세계에서 끌고 다
닌다는 빛나는 마차가 이렇게 멋지랴. 작은 배려가 무더위 속 지옥 트레킹
을 천상의 순례로 바꿔준다.

수도 성인들의 성화.

메갈로 메테오라 수도원의 유골더미

메갈로 메테오라 수도원은 14세기 이 지역 출신의 수도사 아사나시오스가
세웠다. 메테오라 최대 규모의 수도원이다.

아기아스 트리아도스 수도원을 오를 때보다 험준한 계단을 따라 한참을
올라야 한다. 거대 수도원답게 예전에 수도원에서 쓰던 나무로 만든 농기
구, 종이, 포도주 통이 수백 년 전 수도자들의 삶을 보여준다.

그 가운데 가장 놀라운 것은 관람객들이 오르는 계단 앞에 공개적으로 놓
여 있는 수도자들의 유골더미다. 유골이 수많은 사람이 오가는 곳을 마주하

고 있어서 섬뜩할 법하지만 신기하게도 통로 한 가운데 있어서 오히려 거부감이 느껴지지 않는다.

이들은 왜 잘 보이는 곳에 유골을 두었을까. 죽은 수도자들이 외롭지 않도록 배려한 것일까, 아니면 누구나 죽을 수밖에 없는 운명이기에, 죽음 이후의 삶을 생각하며 현실적 삶에만 애착하지 말 것을 말해주는 것일까.

한국인들은 세계에서 손꼽히는 종교성을 지니고서도 죽음에 대해 가장 부정적인 국민이라고 한다. 며칠 후면 죽음에 이를 것이 확실한 말기 암 환자조차 생을 정리하고 다음 생의 여행을 떠날 준비도, 작별인사도 제대로 못한 채 단 하루라도 더 살기 위한 몸부림을 치다가 마지막 순간을 마감하는 경우가 부지기수다. 이를 보고 외국의 한 저명한 신학자는 이렇게 꼬집었다.

"한국인들은 내세가 없는 민족이다."

죽음은 모든 것이 소멸되고 상실되는 벽과 같은 장애물인가, 아니면 현세의 고통으로부터 구원되어 보다 나은 곳으로 옮겨가는 통로일까.

죽음 이후의 세계에 대한 이야기는 가설뿐이다. 임사 체험을 했다는 증언들이 적지 않지만 그들의 경험마저도 자기의 기존 믿음에 따르는 경향이 짙다. 크리스천은 천국에 다녀오고, 불자는 극락에 다녀왔다는 식이다. 그래서 그 누구의 경험도 실체적인 사후세계를 다녀왔다는 객관적이고 실증적인 증거가 되긴 어렵다.

이처럼 알 수 없는 죽음 이후 세계에 대한 불안이 종교를 가능하게 한다. 전염병이 창궐해 많은 사람이 죽어갈 때 로마에선 가톨릭이 자리 잡았고, 같은 시기 병으로 사람들이 죽어가던 중국에선 사후세계보다 현실을 중시했던 유교 대신 현실 도피적 경향이 짙은 도교와 불교가 큰 세력으로 자리 잡았다.

내세를 부인한 영국 캠브리지대의 저명한 물리학자 스티븐 호킹이 만약 내세를 위해 현세를 희생한 순교자들을 보았다면 어리석다고 여겼을 것이다. 그는 죽음에 대해 이렇게 주장한다.

"천국은 없다. 사후세계는 죽음을 두려워하는 이들이 만들어낸 동화일 뿐이다. 또한 삶의 마지막 순간, 뇌가 깜박거림을 멈추면 그 이후엔 아무것도 없다. 인간의 뇌는 부속품이 고장 나면 작동을 멈추는 컴퓨터다. 고장 난 컴퓨터를 위해 마련된 천국은 없다."

사후세계의 뇌관을 터트린 인물은 그가 처음은 아니다. 100년 전 심리학자 프로이트도 이런 말을 남겼다.

"종교는 환상에 지나지 않는다."

심리학자나 인문학자로부터 "종교란 죽음이 두려운 사람들이 만들어낸 것"이란 주장을 어렵지 않게 들을 수 있다. 뇌 학자들은 임사체험에 대해 "자신의 마음이나 뇌에 새겨진 것의 투사일 뿐이다"라고 단정한다. 그 일체가 뇌의 작용뿐이라면 스티븐 호킹의 말이 더욱 설득력을 갖는다.

천국이 없고, 죽음 이후 보장된 '멋진 사후세계'가 없다는 것이 백일하에 드러난다면 종교는 역사적 유물이 될 수도 있다.

하지만 종교인들의 풍토가 아무리 한심하다고 해서 스티븐 호킹의 손을 무조건 들어줄 수는 없다. 그가 물리학자이긴 하지만 사후세계나 천국이 없다는 주장도 과학적 검증을 통한 보고서라기보다는 무신론이란 종교적 신념으로 보이기 때문이다.

메갈로 메테오라 수도원에 있는 수도자 유골들.

　죽음 이후를 경험했다는 수백만 임사 체험자들과 티베트에서 사후세계를 다녀온 이들을 일컫는 델록(Delog)의 기록들까지 스티븐 호킹의 말을 반증하는 자료들은 무궁무진하다.

　사후세계를 갔다느니, 영혼을 보았다느니 하는 모든 현상이 뇌가 작용을 일으켜 빚어낸 환상인지 아니면 임사체험자들의 증언대로 그런 사후세계가 실재하는지는 알 수 없다. 하지만 하늘이 푸르다는 사실을 알기 위해 온 하늘을 다 다녀봐야 하는 것도 아니다.

"매화나무 안에 담긴 생명의 실상, 즉 종자를 찾기 위해 매화나무를 쪼개고 쪼개봐라, 어디에 매화의 생명이 있는가."

옛 선사들은 매화나무를 다 쪼개봐도 생명의 실상을 찾을 수 없다고 해서 매화나무 자체에 생명이 없다고 부정할 수는 없다고 말한다.

우주를 샅샅이 다 뒤져도 자신의 눈에 띄는 신적 존재를 찾을 수 없다며 신을 부인하는 행위도 이렇게 반박할 수 있는 셈이다.

죽음이 알려주는 생의 비밀

기독교는 부활의 종교다. 예수가 죽게 되었을 때 가장 믿었던 제자들조차 그를 모른다며 부인했다. 그러나 제자들은 부활한 예수를 본 후부터 죽음을 두려워하지 않게 된다. 이런 상황을 우려한 로마 황제들은 원형 경기장의 맹수에게 예수의 제자들을 던짐으로써 그들이 살려달라고 애원할 것을 기대했다. 하지만 기독교인들은 노래를 부르고 자신을 박해한 자들을 용서하고 웃으며 죽어갔다.

19세기 무렵 우리나라에서도 천주교 4대 박해로 무려 1만~2만 명이 순교를 당했다. 이들은 죽음을 기꺼이 받아들이고 천국행을 선택했다.

삶 너머의 희망을 전해주는 듯한 수도자들의 해골은 수도원의 분위기를 어둡게 하는 게 아니라 오히려 어둠마저 밝히고 있다. 해골더미 바로 옆에 예배당과 마당이 있는데, 마당에선 한 수도사가 정원을 손질하고, 목수들은 수도원을 보수하고 있다. 선배 수도사의 해골 곁을 지나는 수도사들은 이렇게 말하는 듯하다.

"젊은 날 많은 일을 하셨으니 이젠 쉬면서 후배들이나 지켜보셔도 됩니다."

허리 구부정한 늙은 수도사도 벗들의 해골을 보며 미소를 머금고 지나간다. 어떤 해골들은 불그스름한 데 비해 어떤 해골들은 하얀색을 띠고 있다. 이를 보고 수도사들은 농담을 던진다. 어떤 수도사는 적포도주를 즐기더니 아직도 붉게 취해 있고, 어떤 수도사는 백포도주를 즐기더니 유골마저 하얘 졌다는 것이다. 해골조차도 여유 있는 유머로 응수하는 것만 같다.

태어난 자는 누구나 한 번은 죽는다. 예외가 없다. 하지만 죽음의 공포에 사로잡힌 사람은 한 번만 통과하면 될 공포의 문을 수백 번, 수천 번 통과하게 된다.

그렇다면 우리를 정말 고통스럽게 하는 것은 병과 죽음 그 자체일까, 아니면 이에 대한 거부에서 오는 걱정과 불안일까. 이와 관련하여 철학자 에피쿠로스는 말했다.

"우리들이 존재하는 한 죽음은 존재하지 않고, 죽음이 존재할 때 우리들은 이미 존재하지 않는다."

소크라테스가 사형선고를 당해 독약을 마시고 죽던 날이다. 어린 자식들을 데리고 온 아내 크산티페가 통곡하고 돌아간 뒤 제자들도 이별을 받아들일 수 없어 고통스럽게 울음을 터트린다. 그러나 얼마든지 벌금을 내거나 망명을 해서 살아날 수 있었는데 죽음을 택한 소크라테스만은 새로운 여행에 들떠 있었다.

"만일 죽음이 무감각 상태로 어지러운 꿈조차 꾸지 않는 잠과 같은 것이라면 죽음은 큰 소득이다. 여러분은 꿈조차 꾸지 않고 숙면의 밤을 보낸 날이 며칠이나 되는가. 그런 밤은 지극히 적다. 만약 단잠을 자게 된다면 얼마나 큰 소득인가. 그게 아니고 만일 죽음이 다른 곳으로의 여행이어서 호메로스나 헤시오도스와 옛 영웅들을 다 만날 수 있다면 나는 몇 번이고 죽고 싶다. 또한 죽어서 고통으로부터 해방될 좋은 때가 왔다고 확신한다. 그래서 나를 고발하고 사형을 선고한 이들에게 화를 내지 않는다. 그들은 내게 해를 끼치지 못하기 때문이다."

우리의 육신이 죽더라도 영혼은 불생불멸이며, 육신을 떠난 영혼이 가는 곳은 이 세상과 비교노 할 수 없을 만큼 아름답고 밝고 환한 곳이라고 찬미했던 그다.

소크라테스는 독이 든 잔을 태연하게 마시며 마지막 말을 남겼다.

"떠날 때가 되었으니, 이제 각자의 길을 가자. 나는 죽기 위해서, 당신들은 살기 위해서. 어느 편이 더 좋은지는 오직 신만이 알 뿐이다."

그리스는 신화나 철학의 나라가 아닌 기독교 국가 된 지 2,000년
이 다 되었다. 그 과정에서 신화는 미신으로 치부되어 신전은 파괴되었고,
그 흔적은 박물관에, 폐허의 부서진 대리석으로만 남아 있을 뿐이다. 신앙
을 저해하는 것으로 간주되기 십상인 '철학'도 지워지긴 마찬가지였다.

그리스는 알렉산드로스 이후 2,000년가량 로마와 비잔티움 제국과 오스
만(오토만)터키의 지배를 받았다. 1830년 지금의 '그리스'가 오스만 제국으
로부터 독립하기 전까지. 그리스를 지배한 비잔티움 제국과 오스만 제국의
수도는 이스탄불(비잔티움)이었다.

현 터키의 전신인 오스만 제국은 그리스인들에게 독립 투쟁의 대상이었
다. 따라서 적대감이 크다. 정교회 신자인 자신들과는 다른 무슬림이어서
더욱 그렇다. 오스만 제국으로부터 독립운동이 시작된 곳도 그리스 정교회
수도원이었다. 비잔티움은 동방정교회 국가인데다 그리스어를 쓰고, 모든
대학과 도서관에서 그리스의 원전을 가르치고 보존했다. 그리고 '고대 그
리스'를 계승했기 때문에 현대의 그리스인들도 '자기 국가'로 여긴다. 그리
스 어디를 가나 현대 그리스 국기와 함께 노란색 비잔티움 국기를 거는 데
서도 이를 알 수 있다. 현대 그리스인들의 성소는 고대 그리스의 상징인 파
르테논 신전보다 오히려 지금은 터키 땅 이스탄불에 있는 비잔티움의 상징,
성소피아 성당이다.

기독교는 그리스 신화의 시대를 끝냈고, 그리스인들은 이미 비잔티움 시대에 완전히 기독교화 됐다. 인구의 98퍼센트가 동방정교회 신자인 현대 그리스인들이 신화를 박물관에 가두고, 어디서나 비잔티움의 종교성을 부각시키는 이유다.

비잔티움의 역사는 330년 콘스탄티누스 1세 황제가 1,000여 년 역사의 서방 로마를 버리고 동방(아시아)으로 인식됐던 비잔티움으로 제국의 수도를 옮기면서 시작된다.

콘스탄티누스 1세는 로마에서 이미 17년 전인 313년 그간 박해했던 기독교를 종교로 인정해 신앙의 자유를 허용하는 밀라노 칙령을 반포했다. 다신론적인 기존 종교보다는 유일신교가 방대한 영토와 민족들을 하나로 묶는데 용이하다고 여겼던 그는 '예수가 인간이냐 신이냐'는 수많은 논쟁에서 후자의 손을 들어주었다. 그가 천도를 결행한 것도 새로운 종교와 함께 새로운 로마를 건설하기 위함이었을 것이다.

콘스탄티누스 1세가 기독교 공인과 천도를 선언함으로써 로마는 급속히 퇴락하고, 146년 뒤인 476년 멸망 후, 비잔티움의 황제에 대항하는 가톨릭 교회 수호자 정도의 위상만 남는다.

비잔티움은 황제의 이름을 따 '콘스탄티누스의 도시'란 뜻의 콘스탄티노플로 불린다. 콘스탄티누스 1세를 이어 2년 뒤에 등극한 테오도시우스 1세 황제(재위 379~395)는 기독교를 국교로 삼았다. 그리고 신전령을 몰수하고, 올림픽 경기를 금지시킨다.

테오도시우스 황제가 395년 사망하면서 열여덟 살의 장남 아르카디우스에겐 동로마(비잔티움)를, 열한 살의 차남 호노리우스에겐 서로마를 통치하게 하자 동·서 로마로 본격 분열된다. 서로마 제국은 이때부터 71년 뒤 역사의 무대에서 사라지고, 비잔티움 제국은 그 후에도 1,000년을 이어간다. 그런데도 동로마는 동방정교회와 한통속이라 여겨졌기에 가톨릭 중심의 서구 역사에서 의도적으로 배제되면서 제 대접을 받지 못했다.

그리스 문화를 정착시킨 비잔티움(동방) 교회는 라틴어를 쓰며 라틴문화를 이은 로마의 교황청과 대비된다.

양쪽 교회가 공식적으로 분열된 것은 비잔티움 교회의 총대주교와 로마의 교황이 서로를 동시에 파문한 1054년이다.

1453년 5월 29일 오스만 제국의 20대 무슬림, 술탄 메흐메드 2세에 의해 비잔티움 제국의 콘스탄티노플이 함락돼 멸망함으로써 중세가 끝나고 근세가 열린다.

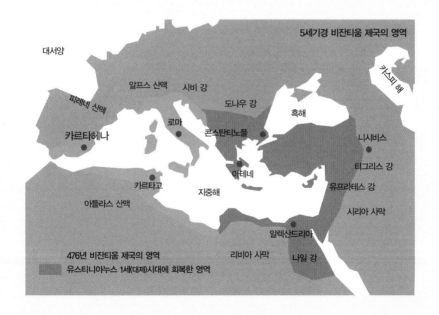

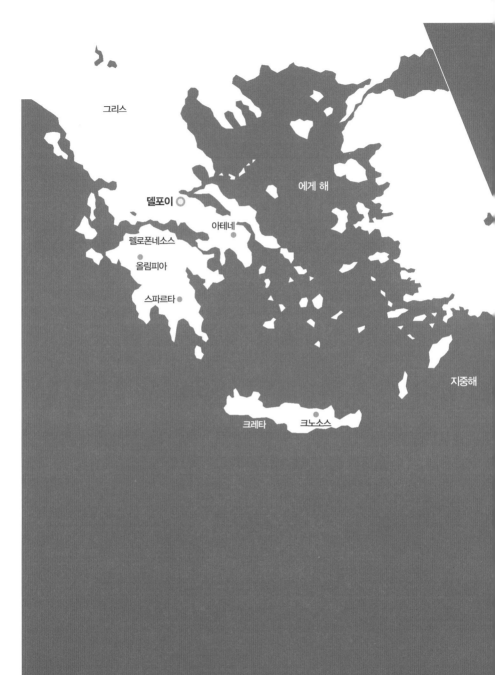

chapter 6

최고의 예언 신전, 델포이

: 미래의 비밀을 푸는 주인공은 누구인가?

　　　　　　　　　　　　　·

"당신 천성대로 살아야지,
다른 사람들에게 휘둘려 살아서는 죽도 밥도 안 돼!"

— 피티아

　　만약 우리가 한 달 뒤 또는 1년 후의 삶과 운명을 미리 알 수 있다면 어떨까. 내일 일을 앞서 안다면 불운을 피하고, 복만 챙길 수 있을까. 운동 경기와 선거의 승패도 뒤집고, 주가를 예측해 떼돈도 벌 수 있을까. 이런 예언 능력이 있는 사람은 어떤 인생을 살게 될까.

　　고대 그리스인은 아폴론을 '최고의 예언능력'을 지닌 신이라 믿었다. 그래서 아폴론 신을 대신한 무녀(巫女) 피티아가 미래를 보는 비밀의 열쇠를 가지고 있다고 여겼다. 이런 까닭에 피티아는 지금의 교황이나 달라이 라마 못지않은 명성을 누렸다. 아니, 영향력 면에선 이들을 훨씬 능가했다.

　　피티아는 옴팔로스가 있는 페르나소스 산 동쪽 기슭 델포이의 아폴론 신전에 머물렀다. 옴팔로스는 그리스인들이 '세상의 중심인 지구의 배꼽'이라고 믿었던 석물이다. 그리스 신화에 따르면 제우스가 동쪽과 서쪽으로 각각 날려 보낸 독수리가 지구를 한 바퀴 돌아 바로 이곳에서 만났다고 한다.

　　아테네에서 북서쪽 방향으로 170킬로미터 지점, 펠로폰네소스 반도와 본토를 가르는 바다를 지나 설산의 손짓을 따라 델포이의 고원으로 오른다.

바다와 델포이 사이에는 시야가 아득해질 만큼 드넓은 올리브나무 숲이 펼쳐져 있다. 올리브나무는 지중해 세계 사람들에게 생명수다. '올(all)+리브(live)'의 합이니, 이름만으로도 모두를 살리는 생명수가 될 만하다.

그러나 너와 내가, 내 나라와 네 나라가 공존하려는 생각을 가진 이들이 과연 이 올리브나무 숲을 지났을까. 그들이 신전에 바칠 금은보화를 싸 들고 간 것은 어떻게든 네 편을 죽이고 내 편이 살 수 있는 신탁을 얻기 위한 길이 아니던가.

무녀 피티아에게 운명을 묻다

고즈넉한 산간마을 델포이에서 10분 정도 걸으면 아폴론 신전 터가 있는 험준한 산이 위태롭게 서 있다. 90도에 가까운 직각 경사로에 바위들이 불규칙하게 얹혀 있다. 바위들이 금방이라도 길 아래로 쏟아져 내릴 것만 같다. 그리스 신화에 따르면 이곳은 아폴론이 괴물 여신 피톤을 죽인 뒤 아폴론을 숭배하는 성소가 된다. 과연 무시무시한 괴물이 살 법한 험준한 협곡이다.

아폴론은 지성과 재주, 용모를 모두 겸비한 이상적인 신이다. 많은 재능을 타고나서 음악, 시 등의 예술을 주관할 뿐만 아니라 의술, 궁술 등을 담당하는 신이니 도대체 못하는 것이 없는 팔방미신(八方美神)이다. 눈부시도록 아름답게 빛나는 존재라는 뜻에서 포이보스, 즉 '광명의 신'으로도 불린 아폴론은 그리스 문화의 정수인 젊음과 아름다움의 이상을 상징해 젊은

바다와 델포이 사이에 펼쳐진 올리브나무 숲. 올리브나무는 지중해 사람들에게 생명수다.

이라면 누구나 동경한다.

델포이의 아폴론 신전은 많이 허물어지긴 했지만, 2,500여 년이 지난 지금도 우뚝 서 있는 신전의 기둥과 극장 터가 옛 위용을 말해준다. 신전 터 입구에 팽이 모양으로 높이 1미터가량의 옴팔로스가 있다.

'세상에 이 보잘것없는 것이 지구의 배꼽이라니.'

하지만 그리스인들에겐 그리스 세계의 운명을 결정하는 곳이 세상의 중심이었음에 틀림없다. 실제 이곳 무녀의 말 한마디에 따라 그리스의 운명이 좌지우지되었다. 아테네가 페르시아 대군과 맞설 때도, 알렉산드로스가 동방원정에 나서기 전에도, 이곳에서 아폴론에게 자신들의 명운을 먼저 물었다. 무녀의 입을 통해 나온 말을 놓고 해석하며 각 나라는 전쟁을 해야 할지 말아야 할지, 어떤 전략을 구사해야 할지를 결정했다.

그리스 세계에서 무녀와 델포이는 그리스의 운명에 무척이나 중요한 구실을 했다. 그래서 기원전 6세기 무렵엔 그리스의 12개 도시국가가 인보동맹(隣保同盟)을 맺고 스물네 명의 대표단을 구성해 신전을 관리했을 정도다. 인보동맹의 목적은 신전이 무너지면 재건사업을 하는 데 있었는데, 이집트왕인 아마시스도 막대한 기부금을 낼 정도로 델포이의 영적 영향력은 대단했다.

무녀는 질문을 받으면 춤을 추며 무아지경의 황홀 상태에서 개인과 국가의 운명이 희극이 될지, 비극이 될지를 점쳤다. 그러면 말인지 신음인지 모를 그의 신탁을 델포이의 사제들이 해석했다.

"무녀의 가슴이 오르내린다. 그녀가 신음하며 흐느끼는 동안 신이 그녀에게 깊숙이 들어가 다른 모든 생각을 절멸시켜 미래의 통찰력을 스며들게 한다. 신의 황홀경에 사로잡힌 그녀는 인간의 모든 경험을 초월하는 수준으로 고양된다. 모든 시간과 공간과 하나가 된다. 그렇게 영원한 진리를 흘끗 보고 돌아와 인간의 의심을 풀어준다."

서정시인 핀다로스는 델포이 무녀의 공덕을 기리는 10여 편의 시를 써서 어떻게 아폴론과 무아경의 합일 상태로 들어가 예언하는지 말해준다.

나라의 운명을 쥐고 흔들었으니 자연히 세상의 돈과 황금이 그에게 몰려

페르나소스 산 동쪽 기슭
의 아폴론 신전 터. 고대
그리스인은 아폴론을 '최
고의 예언능력'을 지닌
신이라 믿었다.

(위쪽) 신전 터에 있는 우주의 배꼽 옴팔로스.
(아래쪽) 대부분의 유적이 계속되는 지진에 의
해 파괴된 가운데 아직 남아 있는 아폴론 신전
의 기둥.

들었다. 그녀는 델포이 사제 집단의 하수인에 불과했다는 설도 있지만, 그가 한때 왕 못지않은 명성을 떨쳤다는 것은 분명하다. 델포이는 그리스를 중심으로 한 고대사회의 영적 중심지였고, 모든 것은 아폴론을 대신하는 그녀의 입으로부터 시작되었다.

신탁의 해석, 나라의 명운이 바뀌다

무녀의 영적 능력을 보여주는 대표적인 일화가 리디아 왕국 크로이소스 왕의 시험이다. 지금의 터키 지역인 소아시아의 강자 리디아 왕국을 기원전 560년 쯤부터 지배한 크로이소스 왕은 지중해 세계의 여러 신전 가운데 가장 정확하게 '점을 치는 곳(신탁)'이 어디인지 알아내려고 시험을 한다. 왕은 가장 신뢰할 만한 신전 일곱 곳을 시험 대상으로 정했다. 이 일곱 신전의 무녀들에게 사절을 보내서 왕이 지정한 날에 다음과 같은 질문을 던졌다.

"내가 무엇을 하고 있었는가?"

사절들이 답변을 듣고 왔을 때, 왕은 델포이 신탁이 가장 정확히 맞췄다며 우승자로 선언했다. 역사가 헤로도토스가 인용한 델포이 무녀의 답변은 이렇다.

"나는 해변의 모래알을 세어 바다를 측량한다. 나는 벙어리의 말을 이해하며 벙어리의 말을 듣는다. 솥과 뚜껑이 모두 청동으로 만들어진 냄비 속에서 등딱지가 단단한 거북이가 양의 살코기와 함께 부글부글 거품을 일으키며 끓고 있는 냄새가 난다."

크로이소스 왕은 그날 바로 양고기와 거북이 찜 요리를 하고 있었다고 한다. 전혀 대국의 왕답지 않은 일을 하고 있었음에도 무녀가 정확히 묘사해 냈다는 게 역사가들의 전언이다. 왕은 감격한 나머지 금괴 117개와 금사자상, 금은 그릇과 같은 엄청난 선물을 델포이에 보냈다고 한다.

이후 델포이 무녀를 절대적으로 신뢰하게 된 크로이소스 왕은 다음 질문을 던진다.

"내가 페르시아를 공격해도 좋겠는가?"

무녀 피티아는 유명한 답을 남긴다.

"왕이 만약 페르시아로 진격한다면 강력한 제국 하나를 멸망시킬 것이다."

그러나 페르시아를 공격한 왕은 철저히 패배하고 불행한 최후를 맞는다. 이 예언에 대해 헤로도토스는 피티아를 옹호한다.

"무녀는 '왕이 페르시아를 진격할 경우 자신의 제국을 멸망시킬 것이다'라고 말한 것인데, 크로이소스 왕이 오해한 것이다."

오늘날 바티칸이 수많은 오류가 있음에도 교황의 무오류를 적극적으로 대변하는 것처럼, 고대 그리스에서도 피티아를 모욕하는 것은 신성모독으로 여겼다고 할 수 있다.

알 듯 모를 듯한 신탁을 해석하고, 그 결과에 대해 책임을 져야 할 자는 무녀인가, 아니면 의뢰인인가.

점쟁이 말을 듣다 망한 대국이 서양에만 있는 것은 아니다. 중원 역사상 가장 큰 대제국을 일궜던 진나라도 그런 예언을 믿다가 낭패를 본 경우다. 진시황 시절 진나라에는 '호(胡)'에 의해 무너진다는 소문이 흘러 다녔다. '호'란 '오랑캐'를 뜻하기도 한다. 그래서 진시황은 북방 오랑캐를 막는다며 역사상 최대의 사업을 벌여 만리장성을 쌓았다. 그럼에도 불구하고 진시황이 죽은 후 얼마 지나지 않아 진제국은 멸망하고 만다. 그가 대권을 물려준 막내아들 이름이 바로 호해(胡亥)다. '호'는 오랑캐가 아니라 자기 아들이었다. 이에 대해 조선 연산군 때 임희재는 이런 시를 남겼다.

> 불지화기소장내(不知禍起蕭墻內)
> 허축방호만리성(虛築防胡萬里城)
> 재앙이 담장 안에서 일어나는 줄도 모르고,
> 오랑캐를 막는다고 헛되이 만리장성을 쌓았네.

오이디푸스의 비극

개인이나 국가의 운명이 이미 정해졌다는 식의 운명론은 고대 비극을 통해 끈질기게 전해진다. 대표적인 게 오이디푸스다. 오이디푸스는 트로이의 전설과 함께 그리스 문학 가운데 가장 많이 회자되는 비극 공연의 단골 메뉴다.

비극은 델포이 무녀의 저주에서 비롯된다. 인근에 있는 테바이의 라이오스 왕은 델포이 신전에 왔다가 무녀로부터 기분 나쁜 예언을 듣는다. 아들을 낳으면 아들이 자신을 죽일 뿐만 아니라 가문의 멸망을 가져오리라는 것이다.

신탁을 들은 뒤 라이오스 왕은 왕비 이오카스테와 잠자리를 피했다. 그런데 이를 못마땅하게 여긴 왕비가 왕을 술에 취하도록 한 다음 동침하여 아들을 얻는다. 왕은 신탁이 실현되는 것을 막기 위해 아기의 복사뼈에 쇠못을 박아 키타이론 산에 버린다.

오이디푸스를 처음 발견한 목동은 자식이 없던 코린토스의 폴리보스 왕에게 데려다주고, 아이는 못 박힌 자리가 부어서 '부은 발'이란 뜻의 '오이디푸스'란 이름을 갖게 된다. 오이디푸스는 궁전에서 왕자로 자라는데, 장성한 뒤 사람들과 말다툼을 벌이던 끝에 출생의 비밀을 듣게 된다. 양부모로부터 친자가 아니라는 사실을 확인한 오이디푸스는 '나는 누구인가'라는 의문을 풀기 위해 델포이 신전으로 향한다. 이때 무녀는 그에게 이런 신탁을 내린다.

"아버지를 죽이고 어머니와 결혼하게 될 것이다."

이 예언을 듣고 누군들 기분이 상하지 않겠는가. 오이디푸스는 간신히 화를 참으며 신전을 내려오다 갈림길에서 두 사람과 마주친다. 이곳이 바로 운명의 갈림길이 될 줄은 꿈에도 모른 채. 오이디푸스와 마주친 둘 가운데 부하인 듯한 사람이 오이디푸스가 길을 비켜주지 않자 말을 베어버린다. 그렇지 않아도 화가 나 있던 오이디푸스는 자기 말을 죽인 사람과 상전을 그자리에서 죽이고 만다.

이후 오이디푸스는 테바이를 지나던 중 스핑크스를 만난다. 반은 사자, 반은 여자인 괴물 스핑크스는 테바이 사람들에게 수수께끼를 내 제대로 대답하지 못하면 잡아먹어 테바이 인들을 공포에 떨게 만든 존재다. 스핑크스의 수수께끼는 이랬다.

"한때는 두 발로, 한때는 세 발로, 한때는 네 발로 걸으며, 일반적인 법칙과는 반대로 발이 많을수록 약한 존재는 무엇인가?"

오이디푸스는 답한다.

"인간이다."

어린 시절엔 네 발로 기어 다니고, 커서는 두 발로 다니지만, 늙어서는 지팡이에 의지해 세 발로 걷는 게 인간이라는 것이다.

스핑크스가 또 다른 수수께끼를 냈다.

"두 명의 자녀가 있는데, 한 명이 다른 한 명을 낳으며, 이 한 명이 다시 다른 한 명을 낳는 것은 무엇인가?"

이에 오이디푸스가 대답한다.

"낮과 밤이다."

오이디푸스가 정답을 맞히자, 스핑크스는 바위에서 몸을 던져 죽는다. 테바이인들은 자신들을 괴롭히던 스핑크스가 죽자 기뻐하며 홀로 된 왕비와 오이디푸스를 결혼시키고 그를 왕으로 추대한다. 왕이 된 오이디푸스는 두 아들과 두 딸을 낳고 테바이를 잘 다스린다.

그러던 어느 날 테바이에 역병이 닥친다. 오이디푸스는 델포이 신전에 신하를 보내 해결 방법을 묻는데, 무녀는 뜻밖의 대답을 한다.

"선대 왕인 라이오스 왕이 죽은 이유를 밝히지 않으면 재앙은 그치지 않을 것이다."

오이디푸스는 무녀의 말에 따라 사건을 파헤치라는 명령을 내리고, 결국 사건의 진실을 알게 된다. 테바이에 오기 전 갈림길에서 자기가 죽인 사람이 바로 친부인 라이오스 왕과 시종이었고, 자신의 아내가 바로 어머니라는 사실을 알게 된 것이다. 오이디푸스의 충격은 이루 말할 수 없었다. 이때 왕비 이오카스테는 복사뼈의 상흔을 보고, 지금의 남편이 실은 자기가 낳은 아들이었음을 확인하고는 자결하고 만다.

서사시에서 오이디푸스는 이오카스테가 죽은 뒤에도 계속 나라를 다스리던 중 이웃나라와 전쟁을 치르다가 죽었다고 전한다. 그런데 소포클레스의 비극 《오이디푸스 왕》에선 오이디푸스가 비탄에 빠져 자기 두 눈을 찔러 맹인이 되어 딸 안티고네와 함께 유랑하다 죽었다고 한다. 그리고 그의 두 아들은 서로 싸우다 함께 죽어 비극을 더했다는 것이다.

심리학자 프로이트는 이 비극의 주인공의 이름을 따서 오이디푸스 콤플렉스 이론을 세웠다. 서너 살 아이가 아버지를 제지고 엄마를 녹차지하고 싶은 심리를 설명한 것이다.

아리스토텔레스는 《시학(詩學)》에서 이런 비극이 서사시보다 우월하다고 주장한다. 비극이 동정심과 두려움을 통해 유사한 감정을 해소시켜주는 카타르시스 기능을 해준다는 것이다. 하지만 비극은 신화와 마찬가지로 운명은 어찌해도 피할 수 없는 것이란 도그마를 각인시키는 건 아닌가.

신화의 세계에서도 출발부터 불운한 예언이 등장한다. 크로노스도, 아들 제우스도 자기 아들에 의해 왕좌를 뺏길 것이란 예언을 듣는다. 그로부터 죽고 죽이는 세상의 권력 쟁탈과 폭력이 시작된다. 호메로스는 《일리아스》에서 아킬레스의 말을 빌어 '인간은 괴로워하며 살도록 운명지워진 존재'라고 말한다. 만약 운명이 피할 수 없는 것이라면 이를 바꾸려는 노력이나, 하루하루 열심히 살아가는 것이 무슨 의미가 있겠는가.

혹시 오이디푸스의 기막힌 불행은 운명 때문이 아니라 무녀의 무절제한 저주와 이를 무조건 받아들인 인간의 무지 때문은 아닐까. 오이디푸스의 삶을 운명적 코드가 아니라 삶의 코드로 살펴보면 어떨까.

오이디푸스의 '부은 발'은 우리 모두가 갖고 있는 내면의 상처로 볼 수 있다. 누구나 자기만의 상처를 가지고 있고, 의식하든 의식하지 못하든 어린 시절에 받은 상처는 콤플렉스가 되어 삶의 길을 내디딜 때마다 두고두고 그 아픔을 되새기게 한다.

아이에게 가장 필요한 것은 절대적인 돌봄이다. 그래야 엄마와 애착관계가 형성되는데, 어린 시절 그 관계가 형성되지 않으면 사람을 잘 믿을 수 없게 된다. 노이로제와 불안 증후군이 잠복하게 된다.

그런데 오이디푸스의 부모는 어땠는가. 부모의 절대적인 보호가 필요한 어린 아들을 오로지 예언에 기대 무정하게 버렸다. 복숭아뼈에 못을 박은 게 아니라 어린아이의 마음에 대못을 박은 것이다.

상처를 이겨내기 위해선 어떻게 해야 할까. 상처가 우리의 전 존재를 덮어버리지 않도록 자신이 더 커져야 한다. 그리고 성장을 통해 독립적인 개체가 되어야 한다. 네 발로 기다가, 뭔가를 붙잡고 걷다가, 타인을 의지하지 않은 채 자신의 두발로 독립할 수 있을 때 비로소 스핑크스가 말한 '인간'이 될 수 있다.

불안을 잠재우기 위한 선택

'홀로서기'가 안 되는 인간은 절대적 의지처를 찾게 되고, 이들을 맹신자로 이용하려는 대표적인 곳이 사이비성 짙은 유사종교 집단이다.

그곳엔 놀랍게도 명문대 출신에다 내로라하는 직책의 인물들이 즐비하다. 그럴듯한 인물들을 내세워 의도적으로 과시하기 때문에 더 잘 눈에 띄기도 하지만, 실제 그런 사람들도 적지 않다.

사이비 종교에 가면 교주가 자신을 신격화하는 경우도 있지만 꼭 그렇지만도 않다. 심리적 허약자들이 교주를 완전한 신으로 만들기도 한다. 불안하기 그지없는 자신을 온전히 보호해줄 만한 전지전능한 신을 만드는 것이다. 그리고 그룹의 동료들끼리 교주의 위대성을 경쟁적으로 찬양하며 그 찬송에 자신의 믿음이 잘못됐을지도 모른다는 불안감을 묻는다.

자본주의 속성에 깊게 물든 종교는 현대인들의 불안심리의 틈새를 노리는 데 발빠르다. 그래서 불안을 제거해주겠다는 유혹에 이끌린 사람들은 천도재나 굿에 고액을 헌납한다.

또한 미신적인 종교일수록 '성직자는 전생에 쌓은 공덕이 많아 대우 받는 게 마땅하고, 천민들은 죄업을 많이 지어 고생을 겪는 것'이라는 운명론을 전파했다. 그러니 백성은 성직자와 왕족, 귀족들을 잘 섬겨야 한다는 것이다. 인과론은 후생을 위해 자신의 삶을 책임 있게 살게 하려는 애초의 의도와 달리 삶의 큰 고통을 겪는 이들이나 장애인들을 더한 고통에 빠뜨리는 반인권적 업보론이 되기도 한다. 이런 전후생론은, 돈과 권력과 명예가 타인에게 봉사하라고 주어진 것이라는 도덕적 의무론으로 보완되어야 하지 않을까.

사람은 자신의 불안을 제거하고 안전을 찾기 위해 자신과는 다른 능력을 가진 기이한 도인을 찾는 경향이 있다. 나도 방황하던 십 대 때부터 많은 도인들을 찾아다녔다.

그 후 내린 결론은 '기이한 곳과 기이한 인물의 이면엔 숱한 사기극은 있을지언정 인간의 도는 없다'는 것이다.

도는 특별하지 않다. 도는 지극히 당연하고 상식적이며 건강한 것이다. 그렇지 않다면 내 영혼을 훔쳐 꼭두각시로 만들기 위한 사냥술일 뿐이다.

질병에 대한 두려움, 죽음에 대한 공포, 실패에 대한 불안감 때문에 완전한 보호막에 들어가고 싶은 갈망과 탐욕도, 인간관계에 대한 집착과 피해의식 그리고 분노도 모두 '생각'에서 나온다. 내가 그리스에 온 것은 이런 생각을 더 굳건하게 하기 위함이 아니다. 신기루 같은 생각의 실체를 자각해 이런 생각들로부터 자유로워지고 싶어서다. 습관성 망상에 끌려다니지 않고 의도대로 이 마음을 길들여 잘 쓰며 조화롭게 살아가고 싶기 때문이다. 이것보다 우리 삶에 더 중요한 도(道)가 있을까.

그리스 운명을 쥐락펴락하던 신탁의 시대가 저물다

그렇다면 비상식적인 무녀의 예언 능력은 어디에서 나온 것일까. 19세기부터 신전을 발굴한 과학자들은 피티아가 머물던 방 '아티톤'과 그곳에 놓여 있던 옴팔로스를 주목한다. 이 일대의 단층과 지형을 수십 년간 세심하게 분석한 결과, 당시 무녀가 지층에서 올라오는 증기를 흡입했는데, 이 증기는 가스층에서 올라와 환각작용을 일으키는 에틸렌 성분을 지녔다고 보고한다. 땅 속으로부터 흘러나오는 아폴론의 '신비한 성령'이 실은 환각가스였다는 것이다. 만약 환각가스를 마신 피티아가 지중해 세계에서 권력자들과 국가의 운명을 점치고 결정한 것이 사실이라면 이성과 철학의 출발지라는 그리스의 명성에도 누가 되는 일이다.

하지만 무녀의 능력이 온전히 환각에만 의존했다고 단정할 수 있을까. 어느 세계나 나름대로 소란스러운 번뇌의 파고를 넘어서 비전을 보는 무녀나 사제가 있기 마련이다. 신화와 철학자들의 시대에 내공을 지닌 사제가 전무했다고 보긴 어렵다. 소크라테스와 플라톤의 말과 글에선 그런 신비가 물씬 풍겨난다. 그렇다고 무녀의 점이 매번 실제 신이 강림했거나, 현세를 초월해 시공을 넘나드는 초월적 능력의 소산이라고 보기 어렵다는 점을 환각가스가 말해준다.

경사진 신전 터를 지나 거친 숨을 몰아쉬며 중턱으로 가니 옛 경기장이 나온다. 기원전 586년부터 4대 범그리스 경기 중 하나인 피티아 경기가 열린 장소다.

경기장에서 내려올 때쯤 비가 흩뿌린다. 관람객들이 급히 아래쪽 박물관으로 들어가 비를 피한다. 아폴론 신전 옆 자그만 홈에 앉아 잠시 졸았다. 옛날처럼 가스는 나오지 않지만 졸음을 환각제 삼아 무녀의 춤사위 속으로 들어가 본다. 비몽사몽간에 30여 분이 지났을까, 갑자기 비가 그친다. 동시에 축복 같은 햇살이 쏟아지면서 안개가 걷힌 듯 정신이 맑아진다.

신전의 옴팔로스를 뒤로 하고 찾아간 곳은 델포이 마을에서 가장 유명한 기로스 피타 집이다. 돼지고기에 야채를 곁들여 부침개로 싸주는 이 간편한 그리스 고유 음식은 우리 돈 3,000원 정도로 싸면서도 감칠맛이 난다. 비가 올 때는 비를 피할 곳이 가장 중요하더니, 배고플 때는 이 기로스 피타집이 나의 중심이 된다. 사람 마음이 이와 같은데, 과연 어디에서 중심을 찾고, 어디에서 내 운명을 구할 것인가.

델포이 박물관안의 전시품들.
(위쪽) 대부분의 소장품들이 지진피해로 상처
를 입어 어딘가 한두 곳은 깨어지고 부서져
있다.
(아래쪽) 아폴로 신전 야외에 있는 것은 모조품
이고, 박물관 안에 있는 진품 옴팔로스

이 신탁의 땅도 그리스의 쇠퇴와 운명을 함께했다. 로마의 폭군 네로가 서기 66년에 델포이의 가장 멋진 보물 500점을 로마로 가져갔다. 이어 그리스 세계가 로마의 지배를 받는 2세기 무렵엔 로마제국에서 힘을 얻기 시작한 기독교 성직자들과 작가들이 그리스 신들을 모욕하고 조롱하기 시작했다. 무녀는 악마이며, 악마의 힘이 이교 신의 모습으로 위장하고 있다는 주장이었다. 그들에게 아폴론은 사탄일 뿐이었다. 무녀의 예언은 인간들이 유일신을 따르지 못하게 하기 위함이라며, 악마의 의식을 끝낸 것은 그리스도 덕분이라고 주장했다.

로마 황제 콘스탄티누스 1세가 밀라노 칙령을 발표해 기독교를 공인한 지 40여 년 후인 361년 크리스천이 아닌 율리아누스 황제가 잠시 등극해 그리스 신전들을 복구하려 애썼지만 그의 통치는 불과 2년을 넘기지 못한다. 이 황제가 델포이에 질문 사절을 보냈을 때 무녀는 이렇게 말한다.

"아름답게 공들여 지어진 신전들은 무너졌다오. 아폴론도 없고, 신성한 월계수 잎도 없소. 샘들은 이제 잠잠하고, 목소리는 조용하다오."

이어 391년 테오도시우스 1세가 델포이 신전 폐쇄를 명하며 1,000년간 그리스 세계의 운명을 쥐락펴락하던 화려한 델포이 시대는 막을 내린다.

종교란 세속적 권력을 얻을 때보다 오히려 세상으로부터 핍박을 받을 때 빛을 발한다. 즉 외부의 힘이 사라질 때 오히려 내적 진실의 문은 열리게 된다.

로마의 웅변가이자 정치가인 키케로(B.C. 106~43)는 무녀에게 묻는다.

아폴론 신전에서 800m 떨어진 아테나 신전. 종교란 세속적 권력을 얻을 때보다 오히려 세상으로부터 핍박을 받을 때 빛을 발한다.

"어떻게 하면 큰 명성을 얻을 수 있을까요?"

명성이 다해가고 있던 무녀는 최후의 비전을 전하듯 답한다.

"당신 천성대로 살아야지, 다른 사람들에게 휘둘려 살아서는 죽도 밥도 안 돼!"

　　그리스와 로마의 위인들을 알려면 가장 먼저 읽어야 할 책이 《플루타르코스 영웅전》이다. 이 책의 원제목은 《대비열전(對比列傳)》이다. 테세우스와 로물루스, 알렉산드로스와 카이사르, 데모스테네스와 키케로 같이 그리스와 로마의 정치가로서 서로 유사한 점이 있는 인물 스물세 쌍 마흔여섯 명을 대비했고, 네 명의 전기를 추가했다. 이 책은 헤로도토스나 투키디데스의 역사서와 비교해 객관적인 서술 면에서 가치가 떨어진다는 평을 듣기도 한다. 그러나 그의 저서를 읽다보면 철학과 인간 내면에 대한 깊은 성찰과 흥미진진한 전개에 푹 빠져들게 된다.

　　플루타르코스(46?~120?)는 그리스 지역이 로마의 속주가 된 지 100년이 지나 그리스 델포이 인근 보이오티아 지역 카이로네이아에서 태어났다. 유서 깊은 집안에서 자란 그는 스무 살 무렵인 66년부터 67년까지 아테네의 아카데미에서 소요학파 암모니우스에게 철학을 배웠다. 그리고 지금의 스페인, 이탈리아, 알렉산드리아, 이집트 등 지중해 연안의 여러 지방을 여행했으며, 로마를 두세 차례 방문해 강의도 하고 명사들을 두루 사귀었다.

　　생애 마지막 30년은 델포이의 아폴론 신전에서 신관으로 지내며 고향의 지방 행정관과 외교대사직까지 수행했다. 그러면서 전기와 에세이를 저술했다. 78편의 에세이와 대화편이 담긴 《윤리론집》엔 '수다에 관하여', '분노의 억제에 관하여', '친구와 아첨꾼을 구별하는 방법', '신벌의 지연에 관하여', '신탁의 쇠락에 관하여' 등과 같은 흥미로운 주제가 포함되어 있다.

당시 플루타르코스의 집엔 로마 전역의 유명 인사들이 찾아왔고, 그들과의 대화는 책에 기록되었다. 그가 신관을 맡은 것은 고대 그리스의 상징인 델포이 신전이 더 이상 황폐되어 가는 것을 막기 위해서였다고 한다. 이런 까닭에 고대 그리스의 정신문화에 통달한 지식인이자 신전 신관이었던 플루타르코스는 로마시대에 살았지만, '최후의 그리스인'으로 불린다.

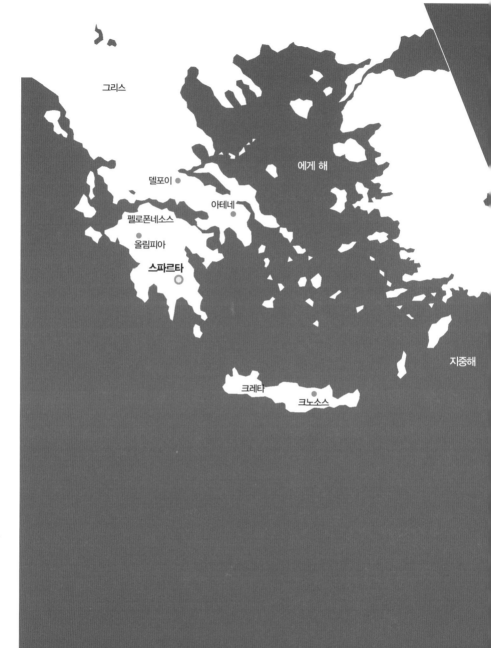

그리스

에게 해

델포이 ●

아테네 ●

펠로폰네소스
올림피아 ●

스파르타
○

지중해

크레타
크노소스 ●

chapter 7

이상한 이상 국가, 스파르타

: 국가는 누구를 위해 존재하는가?

"용감한 사람은 미래에 대한 청사진을 갖고
위험과 영광이 공존하는 세상을 향해 힘차게 나아간다."

— 투키디데스

"거길 뭐 하러 가려는 거지?"

"가봤자 별 볼일 없을 텐데."

테살로니키와 아테네에서 스파르타에 관해 들은 첫 반응이다. 고대 그리스에서 아테네와 함께 패권을 겨뤘던 스파르타는 현 수도인 아테네보다 세상에 더 강한 인상을 남겼는데 말이다. 그런데 '별 볼일 없을 거'라던 스파르타로 가는 길은 처음부터 '별 볼일'이 많다.

아테네의 버스터미널에서 스파르타 행 버스에 오르려는 순간, 십 대 후반으로 보이는 젊은이가 버스 앞에서 갑자기 쓰러진다. 잠시 기절한 것 같긴 한데, 쓰러질 때 머리를 부딪쳐 뇌진탕을 일으키지 않았을까 걱정이 될 정도다.

얼마 지나지 않아 젊은이는 언제 그런 일이 있었냐는 듯이 벌떡 일어난다. 아마도 간질 발작인 모양이다. 사람들이 자신을 쳐다보는 것을 오히려 이해하지 못하겠다는 표정으로 친구의 부축을 받으며 버스에 오른다.

2,500년 전 스파르타였다면 장애란 곧 죽음을 의미했다. 당시에는 아이가

불구이거나 기형, 간질병이 있거나 병약할 경우 타위게톤 산기슭에 있는 깊은 구덩이, 즉 내다버리는 곳이란 이름을 가진 '아포데타이'에 버렸다. 건강하지 못한 아이는 자신이나 국가를 위해 죽는 게 낫다고 생각한 것이다. 하긴 신들의 어머니 헤라는 아들인 대장장이 신 헤파이스토스가 추하고 허약하다고 올림포스에서 던져버렸다. 아리스토텔레스 같은 철학자도 불구자를 길러선 안 된다던 반인권적 시대였다.

갓난아기 때부터 최고의 전사 훈련을 받다

스파르타에서는 남자 아이가 태어나면 최고의 전사로 키우기 위해 일곱 살부터 부모와 떨어져 '아고게(agoge)'라는 소년학교에 들어가 훈련을 받도록 했다.

스파르타식 훈련은 태어나면서부터 시작된다. 갓난아기에겐 배내옷을 입히지 않았는데, 팔다리와 몸통을 자유롭게 사용하는 법을 훈련시키기 위해서였다. 또 아이들이 보채거나 울음보를 터트리거나 음식 투정을 못하도록 했다. 혼자 있는 것도 두려워하지 않도록 가르쳤다.

소년들은 아고게에서 달리기, 씨름, 검술, 승마, 수영 등 기초 전투훈련을 익혔다. 때때로 도둑질을 해서 허기를 달래게 했다. 만약 도둑질을 하다가 붙잡히면 죽도록 두들겨 맞았는데, 도둑질을 했기 때문이 아니라 미처 도망가지 못하고 들켰기 때문이다. 잡힐 만큼 민첩하지 못하고 서툴렀다는 이유에서다.

스파르타 가는 길. '별 볼일 없을 거'라던 스파르타로 가는 길은 처음부터 '별 볼일'이 많았다.

도둑질도 훈련의 일종이었고, 잡히는 것을 수치로 여겼다. 전해지는 기록에 따르면 한 소년이 훔친 새끼 여우를 외투 속에 숨겨오던 중 발버둥 치던 여우에게 물려 배가 찢기는데도 도둑질을 들키지 않기 위해 참다가 죽었다고 한다.

소크라테스의 제자였으나 아테네에서 스파르타로 건너가 장군으로 활약

했던 크세노폰은 스파르타의 교육에 대해 이렇게 말했다.

"스파르타의 교육 목적은 복종적이고, 존경할 만하며, 자제할 줄 아는 남자를 만드는 데 있다."

스파르타가 복종과 충성심을 갖추고 잘 훈련 받은 건강한 전사를 키우려고 한 까닭은 두 가지 이유에서였다. 먼저 외부의 적을 방어하고, 다음으로는 노예 헤일로타이를 강압적으로 다스리기 위해서였다.

어린 시절부터 훈련을 받은 아이는 열여덟 살이 되면 스무 살까지 어린 소년들을 지도했다. 스파르타의 훈련은 여기서 그치지 않고, 스무 살부터 10년간 군복무를 하며 체력을 단련했다. 이렇게 전사가 되어야만 비로소 시민권을 주고 결혼을 허용했다.

청년들은 결혼할 때가 되어도 주로 또래들과 한 숙소에서 함께 지냈다. 신부를 만나려면 밤중에 몰래 가서 잠시 보고 돌아와야 했다. 절제와 자제력을 길러 부부가 무절제한 교합에 정력을 소비하지 않고 오래도록 생식력이 넘치도록 하기 위함이었다.

나이 많은 남자는 멋진 젊은이를 발견하면 아내가 그와 잠자리를 하게 했다. 아이를 낳으면 자기 자식으로 삼기도 했는데, 스파르타를 위해 일할 건강한 아이를 얻기 위한 목적에서였다.

이와 같이 국가에 대한 스파르타인들의 집착과 헌신은 상상을 초월했다.

조직생활의 수용 조건

평일인 까닭에 버스 안은 거의 노장년층이다. 어느 나라를 가든 비슷한 풍경이 있는데 노장년은 앞좌석을 선호하고, 젊은이들은 주로 버스 뒤쪽에 앉는다는 점이다.

뒷문 옆에 자리를 잡은 후 잠을 한숨 청했다. 그런데 내 바로 뒷좌석에 앉은 젊은이가 휴대폰 통화를 시작하더니 갈수록 목소리를 높인다. 10분이 지나도, 20분이 지나도 통화는 끝날 줄을 모른다. 통화는 다음 터미널이 보일 때까지 1시간 넘게 계속됐다. 만약 고대 스파르타였다면 이 청년은 어떻게 됐을까.

고대 스파르타 남자들은 15명 가량씩 한 집단을 이뤄 공동으로 식사했다. 공동식사 단원이 되려면 기존 단원들의 심사를 거쳤다. 단원들은 각자 빵조각을 손에 쥐고 있다가 하인이 바구니를 머리에 이고 돌면 그것을 마치 투표용 조약돌처럼 말없이 바구니 안에 던져넣었다. 새로 들어오길 원하는 사람의 가입을 허용하면 그대로 넣지만, 가입에 반대하면 빵을 손안에서 찌그러뜨려 넣었다. 바구니 안에서 찌그러진 빵이 한 조각이라도 발견되면 신입 지원자의 가입은 거부당했다.

그러니 공용 장소에서 1시간 넘게 떠들어 남의 눈밖에 난 청년이 그런 조직에 받아들여지기는 어려웠을 것이다. 그러나 지금의 그리스인들에게는 공공장소에서조차 개인적인 자유가 더 중시된다. 서유럽이나 일본 등 선진국 국민들이 공용장소에서 남에 대한 배려와 예의가 몸에 밴 것과 다르다. 아니, 민주주의적 자유라기보다는 방종에 가깝다.

우리나라라면 고속버스 기사가 차 안에서 휴대폰 통화를 하거나 담배를 피우거나 음식을 먹지 못하도록 규제하고 있다. 하지만 펠로폰네소스에선 버스 기사에게 그런 건 별 문제가 되지 않는다. 기사가 전화통화를 하면서 식사를 하고, 담배까지 피우는 건 예사다. 곡예를 하듯 이런 행동을 동시에 해내는 기사에게 항의하는 승객도 전혀 없다.

강건한 스파르타 여인

중간 기착지인 트리폴리에서 뒷문 쪽으로 예순 살 가량의 여인이 올라탄다. 그런데 버스 계단을 오르지 못하고 쩔쩔 맸다. 몸무게가 130~140킬로그램은 돼 보이고, 배까지 덮은 젖무덤은 웬만한 성인 여성의 엉덩이보다 두세 배는 커 보인다. 옆에서 건장한 아들이 부축을 하는데도 좀체 한발을 떼지 못할 정도다. 여인은 몸무게뿐 아니라 무릎 관절염 때문에 아파서 발을 옮기기 어려운지 끝내 울음을 터트리고 만다.

내 앞에 앉아 있던 승객과 함께 여인을 앞에서 끌어 올리며 힘을 보탰다. 세 계단을 오르는 데 5분이 넘게 걸린다.

이 여인의 눈물을 보면서 강건했던 스파르타 여성들이 떠오른다. 고대 스파르타에서 여성은 전쟁터에서 남편과 자식이 죽어도 울 수 없었다. 죽음마저 명예로 여겨야 했다.

스파르타의 여성들은 고대 어느 여성들보다 강인했다. 대부분 고대 그리스 사회에서 여성은 노예나 외국인과 다름없이 교육의 수혜 대상에서 제외

됐다. 당시 여성의 역할은 가정과 자녀를 돌보고 음식이나 옷을 만들며 남자를 잘 내조하는 것이었다. 그러나 스파르타만은 예외였다. 여성에게도 정규 교육이 제공되었다.

아테네의 여성들이 남성들과 달리 거의 집에 틀어박혀 지낼 것을 강요받은 데 반해 스파르타에선 소녀들도 달리기, 레슬링, 원반던지기, 창던지기로 신체를 단련했다.

소녀들은 집안에만 갇혀 온실 속의 화초처럼 연약해지지 않기 위해 여성다움을 버렸다. 소년들과 마찬가지로 속옷 차림으로 서리를 행진하거나, 어떤 축제에선 젊은 남자들이 보는 앞에서 춤추고 노래했다. 여기엔 분명한 목적의식이 있었다. 자궁 안에서 태아가 뿌리 내릴 때 건강한 신체에서 더잘 자라게 하기 위함이었다. 스파르타식 훈련은 태어나기 전부터 시작되는 셈이다.

영화 〈300〉을 보면 스파르타에 온 페르시아 왕의 사자들이 말참견을 하는 레오니다스 왕의 왕비 고르고에게 "감히 여자인 주제에 어디에 나서느냐"고 힐난한다. 그때 고르고는 이렇게 대답한다.

"스파르타의 여인들만이 사내대장부를 낳기 때문이지!"

당찬 스파르타 여인의 자부심을 엿볼 수 있다. 그러니 고대 스파르타였다면 이 여인 같은 비만도, 울음도 용납되기 어려웠을 것이다.

버스는 이토록 별난 사람들을 싣고 분지와 산악지대를 넘는다. 멀리 설산이 보이고, 그 앞에 평지가 펼쳐져 있다. 천혜의 산에 둘러싸인 평야, 바로 스파르타다.

그리스 속 낯선 풍경

스파르타 버스터미널은 시내 외곽에 있다. 버스에서 내려 몇 명에게 길을 묻는데 영어가 통하지 않는다. 이렇게 기초 영어조차 통하지 않는 경우는 그리스에서 처음이다. 지도를 보고 가는 수밖에 없는데, 다행이 길을 찾아 가는 건 어렵지 않다. 다른 도시와 달리 길이 바둑판처럼 십자로 펼쳐져 있기 때문이다. 스파르타 시의 규모는 인구 2만~3만 명가량 되는 우리나라의 읍내 정도다.

약 20여 분을 걷다 보니 스파르타의 중심가에서 젊은이들이 카페에 앉아 커피나 맥주를 마시고 있다. 그런데 여러 명이 동시에 이방인인 나를 쳐다보는데, 어린 시절 시골에서 외국인을 본 듯 신기하다는 표정이다. 이것도 그리스의 다른 곳에선 볼 수 없는 스파르타만의 풍경이다.

호텔에서 짐을 풀고 가장 먼저 찾은 것은 영화 〈300〉의 주인공 레오니다스 왕이다. 그는 페르시아의 침략 때 시간을 벌기 위해 직접 결사대를 이끌고 테르모필라이의 통로를 지켰다. 평소엔 '애국'과 '정의'를 부르짖다가도 위기엔 외세의 강자에 빌붙기 위해 먼저 달려가거나 가난한 젊은이들만 전쟁터로 보내고, 자신의 자녀는 빼돌리는 현대 한국의 기득권층과는 아주 다른 모습이다.

그 레오니다스 왕이 도시 중앙로 끝에 칼과 방패를 들고 서 있다. 자신의 근위병 300명을 데리고 페르시아 대군과 맞서 싸우다 전멸한 전설의 왕(王)이다. 왕자 복근을 지닌 섹시남에다 죽음의 전선에 스스로를 내던지는 비극적 드라마의 주인공을 어느 누군들 존경하지 않을까.

동상 뒤엔 시민경기장이 있다. 잔디가 깔린 축구장과 트랙을 갖춘 운동장이다. 잔디 위에선 스파르타의 아이들이 공을 차고, 트랙에선 한 여성이 각선미를 뽐내며 조깅을 하고 있다. 트로이를 멸망에 이르게 한 헬레나도 스파르타의 여인이다. 스파르타의 여인들은 아름답기로 유명한데, 건강미까지 넘치니 돋보일 수밖에 없다.

경기장을 나올 무렵 해가 지기 시작한다. 하지만 내친김에 아크로폴리스란 푯말을 따라 경기장 뒤쪽 야산으로 올라간다. 늙은 올리브나무들이 서낭당 옆 당신나무처럼 을씨년스럽게 서 있고, 올리브나무와 풀숲에 방치된 유적들이 여기저기 흩어져 있다.

스파르타 시내의 건물 벽에 붙어 있는 영화 〈300〉 포스터. 스파르타 레오니다스 왕의 300인 결사대에 관한 영화다.

고대 스파르타 아크로폴리스는 생각보다 상태가 양호하고 규모도 크다. 대리석 돌기둥들은 쓰러져 있고, 계단의 상당 부분이 흙과 풀 속에 묻혀 있지만 복원한다면 그 어떤 고대 유적보다 멋질 것임에 틀림없다. 그런데 아테네의 유적들과 달리 초라하게 버려진 것은 역사의 뒤안길로 사라져버린 국가의 운명 때문일 것이다.

스파르타 시내를 걷다 보니, 축구공을 들고 가는 소녀들이 많다. 레오니다스 신전이 있는 곳엔 한 손에 깁스를 한 소녀가 아빠와 축구공 놀이를 하고 있다. 여기저기서 여자아

스파르타 시립경기장 앞에 있는 레오니다스 왕의 동상. 그는 페르시아의 침략 때 시간을 벌기 위해 직접 결사대를 이끌고 테르모필레의 통로를 지키며 싸우다 전사한 전설의 왕이다.

이들이 축구공으로 노는 것도 그리스의 다른 곳에선 보지 못한 모습이다.

운동하는 이들이 많은 것과 달리 레스토랑과 카페는 다른 도시에 비해 적

운동장에서 조깅을 하고 있는 스파르타 여성.

다. 그나마 문을 연 레스토랑도 손님이 별로 없어 한산하다. 반면 슈퍼마켓은 사람들로 북적인다. 스파르타 사람들은 레스토랑에 가기보다는 장을 봐서 직접 만들어 먹는 경향이 짙다고 여행 책에서 설명해 놓았을 정도다. 절제하기보다는 삶을 즐기는 걸 좋아하는 현대 그리스인의 일반적인 모습과는 달라보인다.

리쿠르고스 법

고대 스파르타 정신의 초석을 놓은 인물은 기원전 7세기 리쿠르고스다. 그는 고대 그리스 지도자 가운데 가장 고귀한 왕으로 추앙 받는데, 명예를 중시하고 사심을 버릴 줄 알았기 때문이다.

리쿠르고스는 왕이었던 형이 죽자 왕위를 물려받았다. 당시 형수는 임신 중이었는데, 그녀는 리쿠르고스가 자신과 결혼해 준다면 태아를 지워버리겠다고 했다. 그러나 리쿠르고스는 형수가 아이를 낳게 한 뒤 "왕이 태어났다"고 선언해 버린다. 조카 단종을 죽이고 왕위를 차지한 조선시대 수양대군과는 딴판이며, 주나라 주문왕의 아들 주공(周公)에 비견된다. 주공은 공자가 되살리려 한 주나라의 '예(禮)'를 세운, 공자의 멘토다. 아버지 주문왕으로부터 왕위를 물려받은 주무왕이 일찍 죽자 국사인 강태공과 함께 어린 조카 성왕을 잘 보필해 주나라를 반석에 올린 성자다.

리쿠르고스는 스파르타의 법을 만든 입법가다. 그는 말년에 법이 바뀌지 못하도록 꾀를 낸다. 즉 자신이 델포이 신전에 가서 신탁을 받아 돌아오기 전까지는 어떤 일이 있어도 절대 법을 바꾸지 않겠다는 맹세를 스파르타의 권력자들에게 받아낸 것이다. 그리고 스파르타를 떠나 델포이로 향한다. 그는 델포이로 가서 무녀로부터 "법이 훌륭해 국가가 그의 법을 유지하는 동안에는 더없이 추앙 받게 될 것이다"라는 신탁을 받아 고국에 보낸다. 그런 다음 스파르타로 돌아가지 않은 채 단식을 해 목숨을 끊는다. 자신이 돌아오기 전에는 결코 법을 바꿀 수 없다는 맹세를 지키지 않을 수 없도록 한 것이다.

고대 스파르타의 아크로폴리스 구역. 폐허로 방치되어 있는 이곳은 안으로 들어갈 수 없게 철조망이 쳐 있다.

이 지독한 스파르타인 덕에 스파르타는 이후 500여 년간 리쿠르고스 법
을 준수하면서 그리스의 도시국가들 가운데 일등국가의 명성을 유지할 수
있었다.

리쿠르고스 법은 독특하다. 토지를 모두 공동 출자해 다시 분배함으로써
평등사회를 만들고, 쇄국정책을 폈다. 검약과 절제의 스파르타인이 외국의

방만하고 무절제한 삶에 물들지 않도록 교류를 막았던 것이다.

리쿠르고스가 스파르타 시민에게 베푼 최고의 축복 가운데 하나는 여가다. 그는 시민들에게 기술에 종사하는 것을 금했다. 특히 부를 쌓기 위해 애써봐야 성과를 내기도 어렵고 부를 얻어도 별로 쓸데도 없는 사회를 만들었다.

흥미로운 것은 이에 대한 플라톤의 관점이다. 플라톤은 《국가》에서 귀족

계급은 재산을 사유화하지 못하고, 여자와 아이를 공유하며, 유아 때부터 아이를 교육하는 이상국가를 제시한다. 플라톤은 국가가 발생한 이유를 각 개인이 자족할 수 없기 때문에 다양한 직업들이 서로 보완하기 위함이라고 했던 인물이다.

특정계층이 아닌 모두의 평등한 행복에 집착한 그가 제시한 것은 공산주의였다. 그러나 이것이 너무 이상적이라고 여겼는지 최후의 저작 《법률》에선 차선책으로 법치 국가의 모델을 내놓는데, 독재국가로 볼 수밖에 없어 보인다. 양도할 수 없는 토지를 동등하게 분배하고, 경제 불평등을 억제하기 위해 교역은 최소한으로 유지하며, 남자는 서른 살에서 서른다섯 살 사이에 결혼해야 하며, 미풍양속 유지를 위해 음주와 공공 오락을 규제하고, 이를 달성하기 위해 국가가 교육과 출판 및 여론 수단을 완전히 통제한다는 내용이다.

그는 나이가 들면서 아테네식 자유의 낭만은 사라지고 더 보수화됐다. 한마디로 민주주의라고 버릇없이 구는 '요새 것들'이 못마땅해지면서 스파르타식 정치체제가 그리워진 것이다.

스파르타의 국립 고고학 박물관 마당에 놓인 목 잘린 조각상들.

정복자 스파르타와 노예 헤일로타이

하룻밤을 묵은 뒤 아침 일찍 북쪽 마을 외곽에 있는 아르테미스 오르티아 신전으로 향한다. 이 신전은 스파르타의 청년들이 결전의 의지를 다지던 정신 무장의 성소였다. 스파르타의 수호신인 아르테미스는 제우스와 레토의 딸이자 아폴론과 남매인 처녀사냥꾼인데, 산과 들에서 사슴을 쫓는 활의 명수다.

이곳도 폐허로 방치돼 있다. 철조망이 쳐 있고, 안으로 들어갈 수도 없게 자물쇠가 채워져 있다. 안에서 무슨 일이 있었는지 가르쳐주고 싶지 않다는 듯하다. 왠지 모르게 음습한 느낌이 든다. 알고 보니 디아마스티고시스란 의식을 치른 곳이었다. 디아마스티고시스란 젊은이를 단련시키기 위해 죽기 직전까지 채찍질해서 제단을 피로 물들이는 의식이다.

시청 중앙 분수대 옆에 있는 국립 고고학 박물관 마당엔 목 잘린 조각들이 8개쯤 서 있다. 영화 〈300〉에 나오는 전사들의 목 잘린 모습을 연상케 한다.

박물관 입구 양 옆에 헤라클레스 상이 서 있다. 맨손으로 사자를 죽였다는 헤라클레스를 스파르타인은 자신들의 조상으로 믿는다. 역시 힘과 전쟁을 숭상하는 이들답다.

박물관은 단층에 조촐하다. 아테네의 세계적인 고고학 박물관과 비교조차 할 수 없이 초라하다. 하지만 레오니다스 조각상을 비롯해 볼 만한 조각들이 있다. 스파르타 아크로폴리스에서 발견된 것들인데, 주로 전쟁 장면의 조각이다.

혹시나 하여 박물관에 근무하는 여자 직원에게 물었다.

"현재 스파르타인들은 과거의 스파르타 조상들을 자랑스러워합니까?"

그런데 그녀는 동료 직원과 말을 주고받을 뿐 답변을 해주지 않는다. 외국인들에게 호의적인 그리스의 타지방에선 보기 어려운 태도다. 뭔가 닫히고 폐쇄적인 모습을 한두 명에게서만 느낀 것이 아니다. 남의 집에 손님으로 갔다가 〈우리 집에 왜 왔니, 왜 왔니?〉란 동요를 듣는 느낌이라고나 할까.

무슨 이유일까. 기원전 404년 펠로폰네소스전쟁 때 최후의 결전인 이오니아전쟁에서 스파르타는 페르시아와 힘을 합쳐 아테네를 사실상 붕괴시켰다. 이로써 화려한 고대 그리스 황금기는 사실상 막을 내렸다. 따라서 주류인 아테네 쪽에선 스파르타를 '왕따' 시키는 기류가 있었는데, 이로 인한 스파르타인들의 피해의식이 2,400여 년이 지난 지금까지 느껴진다. 시간을 거슬러 펠로폰네소스 전쟁 시대로 돌아온 것만 같다.

하지만 스파르타인이 그리스 내에서 당하는 왕따는 고대에 피정복민인 헤일로타이가 스파르타 안에서 당한 것에 비할 바가 아니다. 스파르타엔 정복자인 자유민 스파르타인과 피정복자인 헤일로타이 외에 반자유민인 페리오이코이가 있었다. 스파르타는 기원전 8~7세기 2회에 걸친 메세니아전쟁 후 메세니아를 병합하고, 그 주민을 헤일로타이로 만들었다. 헤일로타이는 그리스 내 인근 도시국가의 주민이었으므로 그리스의 보편적인 상식으로 보더라도, 그리스인들이 야만인이라 부르는 외국인이 아니었다. 엄연히 자신들과 같은 '헬라스(그리스)인' 이었다. 그런데도 스파르타는 그들을 정복한 뒤 노예로 만들어 겉으로 표가 나도록 개가죽 모자와 가죽조끼를 입혔다. 그리고 반항하지 않아도 연중 일정한 수의 매를 때렸다. 노예임을 잊지 않도록 하기 위해서였다.

"스파르타인은 전쟁터에서 자신의 목숨을 기꺼이 내놓고 싸움으로써 최상의 봉사를 한 헤일로타이를 따로 모이라고 하며 해방시켜 주듯이 포고했다. 그들이 용기가 있지만 역설적이게도 이러한 용맹성 때문에 반역을 일으킬 수 있다고 생각해 시험을 한 것이다. 헤일로타이 중 2,000명 정도가 선

페르시아 전투에서 레오니다스 왕이 이끄는 스파르타군 300명은 테르모필레 협곡을 사수하다가 페르시아군에게 비밀 통로가 알려지는 바람에 모두 전사하고 말았다. 자크 루이 다비드의 1814년 작품.

발되어 머리에 관을 쓰고 해방된 것처럼 신전 주위를 돌았다. 스파르타인들은 그들을 인솔해 떠났다. 그러나 그들은 아무도 다시 돌아오지 못했다."

스파르타와 리쿠르고스를 찬양하는 대표적인 인물 플루타르코스도 이와 비슷한 이야기를 전해준다.

"스파르타는 때때로 젊은 전사들 중에 가장 뛰어난 크립테이아(비밀경찰)를 지방 각지로 파견한다. 이들은 단검과 필요한 만큼의 식량만을 갖고 낮에는 눈에 띄지 않게 인적이 드문 장소에 흩어져 몸을 숨기고 있다가, 밤이면 길에 나와 잡히는 모든 헤일로타이를 죽인다. 또한 종종 헤일로타이가 일하는 들판을 지나다가 그들 중에서 가장 건장하고 힘센 자를 죽인다."

스파르타의 지배층은 헤일로타이를 힘으로 잔혹하게 다스렸다. 그래서 절제하며 끝없이 훈련해 점점 더 강해져야만 살아남을 수 있었다.

잔혹한 역사의 그림자 또한 짙었다. 영화 〈300〉에선 꼽추 스파르타인 에피알테스가 등장한다. 그는 레오니다스 왕이 있는 골짜기로 통하는 길을 페르시아에 가르쳐준 반역자로 나온다. 에피알테스가 장애 때문에 버려지게 되자 차마 자식을 죽일 수 없던 그의 부모가 외국으로 도망가서 키웠다. 스파르타로부터 버림받은 사람이 결국 스파르타를 버린 셈이다.

스파르타에서는 에피알테스 같은 장애인이나 헤일로타이 같은 노예들은 인간이 아닌 쓰레기 취급을 받거나 개, 돼지와 같은 짐승으로 여겨졌다.

국가적 이상(理想)이란 명분으로 개와 돼지보다 못한 대접을 받은 이 불쌍한 영혼들을 무엇으로 달랠 것인가. 골짜기에 버려진 장애자와 죽어간 헤일로타이의 영혼들이 아직도 아픔에 울부짖는 것일까.

그리스 어디에서도 들을 수 있었던 자유로운 음악 대신 스파르타 시내를 휘젓는 것은 거센 비바람이다.

스파르타의 설계자 리쿠르고스는 스파르타에서 흥했던 음악과 예술을 없애버렸다. 3만 명의 시민이 네 배나 많은 반자유민 페리오이코이와 일곱 배나 되는 노예 헤일로타이를 다스려야했기에 음악이나 들으며 앉아있을 틈이 없다고 여겼을 것이다. 하지만 음악이 사라졌던 그 땅에서 그리스 여가수 아그네스 발차(Agnes Baltsa)의 〈기차는 8시에 떠나네〉가 빗물을 타고 가슴에 흘러내린다. 전쟁터로 떠나는 애인을 실은 기차를 보내는 여인의 아픈 가사가 노예 남편과 장애 아들을 떠나보내던 여인의 슬픈 곡조로 들린다.

"이 기차를 따고 떠나면 그이는 다시 돌아오지 못하리."

　　인류 역사는 살아남기 위한 전쟁의 역사라 할 수 있다. 고대 그리스는 철학과 학문 못지않게 전쟁과 폭력이 난무했다.

　기록되지 않으면 역사가 아니다. 실제 있었던 사건이라도 아무도 기록하지 않으면 기억할 수도, 교훈을 읽을 수도 없다. 고대 그리스엔 헤로노토스와 투키디데스란 탁월한 기자(기록자)들이 있었다.

　헤로도토스는 기원전 491~449년 당시 세계 최강 페르시아와 그리스 도시국가들 간에 벌어진 최초의 동·서 국제 전쟁인 페르시아 전쟁을 담은 《역사》를 썼다. 페르시아는 영토면적이 약 480만 제곱킬로미터(우리나라의 약 48배)인 최초의 제국이었다. 《역사》는 이 페르시아 전쟁이 끝난 지 18년이 지난 뒤 펠로폰네소스 전쟁이 발발한 기원전 43~425년까지 쓴 것으로 보인다.

　마라톤 전투나 영화 〈300〉에 나오는 테르모필레 전투, 세계 4대 해전으로 불리는 살라미스 해전 등이 모두 《역사》에 등장하는 전쟁사다.

　소아시아의 할리카르나소스 태생인 헤로도투스는 모함을 받아 아테네에 정착하기 전까지 반평생을 유럽과 아시아로 떠돌아다녔다. 《역사》에 20여 민족의 생활상과 사회 모습을 담아낼 수 있었던 것은 방대한 지역을 여행한 덕분이었다.

　로마의 정치가이자 문인인 키케로는 헤로도토스에게 '역사의 아버지' 란 칭호를 부여했다.

페르시아전이 끝난 지 46년만인 기원전 431년 델로스동맹의 맹주인 아테네와 이곳 펠로폰네소스의 맹주인 스파르타가 맞붙는 27년간의 내전으로 그리스의 황금기는 끝났다.

이런 내분의 시기에 한때는 단합해 세계 최강 페르시아 제국을 물리쳤던 단합의 역사를 되새기기 위해 쓰인 것이 투키디데스(B.C. 460~400년 무렵)의 펠로폰네소스 전쟁사다. 펠로폰네소스 전쟁으로 아테네는 몰락했으며, 이때 승리한 스파르타도 힘이 다하면서 그리스 전체가 쇠퇴한다. 북쪽에서 힘을 기른 알렉산드로스의 마케도니아에게 정복되고, 다시 로마의 손에 들어간 그리스는 1800년대 현대 그리스가 등장하기 전까지 역사의 뒤안길로 사라지고 만다.

아테네의 장군이던 투키디데스는 암피폴리스 전투에서 패해 추방된 사이 전쟁사를 쓰고 20여 년 만에 아테네로 돌아갔다. 긴 추방 기간에 그는 아테네와 스파르타 양쪽의 사료를 엄격한 기준으로 선별하여 수집하고 정리했다.

투키디데스는 역사의 흐름이 신이나 운명 같은 초자연적 존재에서 비롯된다는 생각에서 벗어났다. 호메로스나 헤로도토스와 달리 투키디데스는 우연을 제외하고는 인간의 의지만이 역사를 만들어간다고 보았다. 이런 실증적 역사관은 플루타르코스, 타키투스 등의 후배 역사가들에게 큰 영향을 미쳤다. 투키디데스는 새로운 역사를 살아갈 우리에게 말한다.

"용감한 사람은 미래에 대한 청사진을 갖고 위험과 영광이 공존하는 세상을 향해 힘차게 나아간다."

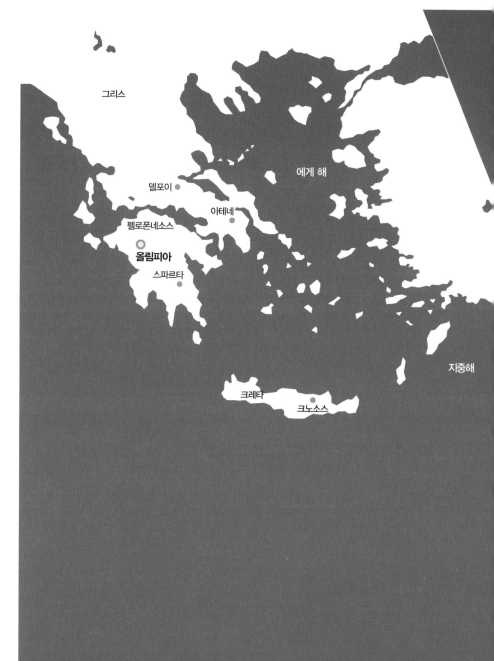

chapter 8

니체의 향연장, 올림피아

: 원하는 것을 얻기 위해 당신은 어떤 노력과 훈련을 하고 있는가?

"탁월함은 훈련과 습관이 만들어내는 것이다.
이것은 우리가 반복적으로 하는 행동의 결과다.
그래서 탁월함은 하나의 행동이 아니라 습관이다."

— 아리스토텔레스

삶에서 실제 거리는 별 의미가 없다. 항로나 해로, 고속도로만 잘 뚫려 있다면 거리를 얼마든지 단축시킬 수 있는 세상이다. 그런데 스파르타와 올림피아는 같은 펠로폰네소스에 있지만 직선길이 없어서 돌고 돌아야 했다. 2시간 거리를 8시간이 더 지난 밤 11시에야 도착하고 보니, 고대 올림픽 영웅들의 숨결이 밴 올림피아는 어둠 속에 잠들어 있었다.

다음날 아침에야 시야에 드러난 올림피아는 지금까지 보았던 곳들과는 다른 풍경이다. 어디서나 쉽게 볼 수 있었던 설산은커녕 수백 미터 정도의 산도 보이지 않는다. 조그만 동산이 있을 뿐이다. 우리나라의 풍수 관점에서는 큰 인물이 나려면 논두렁 정기라도 받아야 한다는데, 이처럼 산세도 강도 없는 곳에서 고대의 명사들이 총출동하는 최대 제전이 열렸다는 사실이 의아하기만 하다.

그런데 올림픽 구역으로 들어서보니 이런 생각이 금세 바뀐다. 그리스에서 가장 신성한 신전 터가 있던 구역답게 왠지 모르는 평화의 느낌이 넘친다. 그곳에 자라는 나무 한 그루, 꽃 한 포기에도 올림픽 선수 같은 생명력이 배어 있는 듯하다.

감각 있는 전시장, 올림피아 박물관

올림피아 박물관은 고대 유물들이 즐비한 그리스의 수많은 박물관 가운데서도 단연 돋보인다. 상당히 감각 있는 큐레이터가 있는 모양이다.

조각이건 공예품이건 유물만 달랑 전시해 놓으면 그 유물이 고대 신전의 어느 건물에 어떻게 배치되어 있었는지, 어떤 의미를 갖는지 알기 어렵다. 그런데 올림피아 박물관에선 유물이 있었던 곳을 대형 그림과 함께 전시해 유물이 당대 어떤 용도로 쓰였는지도 쉽게 파악할 수 있다.

유물의 보존 상태도 양호하다. 고대의 화려한 조각도 돋보이지만 이곳에서 특별히 눈에 많이 띄는 것이 투구다. 영화 속에서도 보았지만, 올림픽 마라톤 우승자 손기정이 되찾은 것과 같은 종류의 투구여서 눈에 익다.

올림피아 박물관에서 특히 많은 것이 세 발 달린 대형 솥이다. 세발솥은 그리스 신화에 자주 등장한다. 그리스 서사시에 따르면 코스 섬에 사는 어부들이 그물을 당기고 있는데, 밀레토스에서 온 나그네 몇 명이 보지도 않고 그물 안에 든 것을 샀다고 한다. 그물 안에는 황금으로 만든 세발솥이 들어 있었다. 전설에 따르면 그것은 헬레네가 트로이에서 귀향하던 도중 옛 신탁을 기억하고는 그곳에 던진 것이라고 한다.

처음에는 세발솥을 두고 나그네들과 어부들 사이에 논쟁이 벌어졌으나, 나중에는 그들의 나라가 싸움을 이어받아 전쟁을 하게 된다. 그러자 델포이

(위쪽) 올림피아 박물관에 전시 중인 투구들.
(왼쪽) 손기정이 베를린 올림픽 마라톤 우승으로 받은 것과 같은 모양의 투구.
(오른쪽) 세 발 달린 대형 솥.

의 무녀 피티아가 이렇게 선언한다.

"그 세발솥을 가장 현명한 자에게 주라."

세발솥은 맨 먼저 밀레토스의 탈레스에게 보내진다. 코스 사람들은 그 세발솥 때문에 밀레토스의 주민 전체를 상대로 전쟁을 벌이지만, 그것을 탈레스에게 선사하는 것에는 기꺼이 응한다. 적국이라고 하더라도 존경할 만한 자에겐 존경을 표할 줄 아는 게 고대 그리스 세계였던 것이다.

그 시대 현자들은 대중으로부터 존경 받을 만했던 모양이다. 세계 최고의 현자로 존경 받았던 사람도 만약 자기보다 더 현명한 인물이 있다는 사실을 알게 되면 기꺼이 세발솥을 다른 이에게 보냈으니 말이다. 세발솥은 돌고 돌다가 밀레토스에서 테바이로 옮겨져 그곳 신전에 봉헌된다.

다른 전승에서는 세발솥이 일곱 현인들 사이를 한 바퀴 돈 뒤에 다시 비아스에게 돌아오자 델포이로 보내졌다고 한다.

고대 신전 터, 올림픽의 흔적

박물관에서 나오면 바로 신전 터다. 신전 구역에 접어드니 융단처럼 깔린 푸른 풀 위에 흐드러지게 핀 벚꽃들이 찬란하다. 고대 올림픽 선수들 대신 나무와 꽃과 풀들이 자신의 기량을 뽐내고 있는 것 같다.

당시 올림픽에 참가했던 선수들이 연습했던 곳, 숙소, 목욕탕 등의 시설이 그대로 남아 있어서 둘러보는데 2~3시간은 걸린다.

이 신전 터의 위상은 애초엔 제우스 상에서 나왔다고 한다. 당시 제우스

올림피아 박물관에 전시된 제우스상 그림. 당시 제우스 상은 12m 높이의 상아로 돼 있어서 고대 7대 불가사의 중 하나였다.

상은 12미터 높이의 상아로 돼 있어서 고대 7대 불가사의 중 하나였다. 제우스 상은 누가 어디로 가져가버렸는지, 그 큰 물건이 아직까지 발견되지 않은 것도 불가사의하다. 더 이싱 제우스 상은 볼 수 없지만 그 자리는 여전히 올림피아 신전 구역에서 중요한 상징으로 남아 있다.

드넓은 신전 구역을 지나 동쪽 끝엔 고대에 올림픽 참가선수들이 달리기를 한 경기장이 나온다. 현대식 운동장 같은 계단식 관중석은 아니지만 경기장 모양은 요즘과 별반 다름이 없다. 이 스타디움은 동서 양쪽 거리가 192.27미터라고 한다. 전설에 따르면 영웅 헤라클레스가 단숨에 달릴 수 있는 거리란다. 몸에 거치적거리는 것 없이 모두 벗고 뛴다 해도 너무나 멀어 보이는데 말이다. 더구나 '단숨'에 뛰기엔.

이곳에선 더 이상 올림픽의 환호성도 들을 수 없고, 선수들의 탁월한 기량도 볼 수 없다. 하지만 재미있는 사실 하나가 상상력을 자극한다. 바로 올림픽 선수들이 팬티까지 홀라당 벗어젖히고 나체로 달렸다는 사실이다. 육체미를 뽐내는 팬티 차림의 보디빌더와 비키니 차림의 여배우가 익숙한 요즘조차도 나체 달리기는 좀체 보기 어려운 일이다. 그런데 고대 올림피아에선 실제로 팬티조차도 걸치지 않은 채 선수들이 운동장을 누볐다고 생각하니 우습다.

나체 관습, 문명인과 야만인의 경계

관광객들은 너나 할 것 없이 고대 올림픽 선수가 되어 달리고, 이를 카메라에 담아내기에 여념이 없다. 골인 지점에서 슬로모션으로 들어오는 모습만은 최고의 단거리 선수 '우사인 볼트' 같다. 고대 올림픽을 제대로 재연하려면 옷을 남김없이 벗어야 하지만 그런 관광객은 한 명도 찾아볼 수 없다.

일본의 스모 선수처럼 국부만을 가리는 허리옷을 입던 고대 올림픽 선수들이 그것마저 벗어버리고 전라로 뛴 연유에 대해선 두 가지 설이 있다. 기원전 720년 제15회 올림픽에서 스파르타 출신 선수 아칸토스가 장거리 달리기를 하던 중 허리 옷마저 귀찮다고 벗어버린 채 달려 우승한 데서 비롯됐다는 것이다. 또 아테네에서 달리기 경주 도중 한 선수의 허리옷이 흘러내려 넘어지는 사고를 당하자 사고 방지를 위해 선수들이 나체로 달리는 것을 허용하기 시작한 것이 기원이 됐다는 설도 있다.

어쨌든 나체로 운동하는 것에 대해 그리스인들의 시선은 자연스러웠다. 심지어 헤로도토스와 투키디데스는 운동하는 남자의 나체 관습을 그리스

고대 마라톤 경기를 묘사한 그리스 시대 물병. 올림픽 제전경기는 393년 제293회를 마지막으로 이듬해 그리스도교를 국교로 정한 로마제국의 테오도시우스대제의 이교 금지령에 따라 오랜 역사의 막을 내렸다.

인과 야만인을 가르는 경계로 보았다. 발가벗은 자기들은 문명인이고, 옷을 입고 운동하는 이민족은 야만인이라는 것이다.

고대엔 올림픽 경기를 기혼 여성들은 관람할 수 없었지만 미혼 여성들은 관람이 가능했다. 미혼 여성들은 멋진 청년들의 발가벗은 모습을 볼 수 있었다니 올림피아야말로 미혼 여성들의 천국이 아니었을까.

소크라테스나 플라톤조차 건장한 신체와 나체의 찬미자들이다. 그들은 신체가 잘 발달하지 않은 청년을 비판하며 "건장한 신체를 갖춘 청년만이 시민으로서 권리를 행사할 수 있다"고 했다. 하긴 소크라테스는 전쟁터에서 발군의 실력을 보인 전사였고, '골격이 크다'는 뜻의 이름을 얻은 플라톤은 제전에 레슬러로 출전하고, 세 번의 전투에서 공을 세워 포상을 받은 적도 있다. 철학자라도 책상물림이 아니라 신체와 정신의 조화를 이뤄야 했다.

당시 그리스인들은 운동해서 얻은 전사의 몸매와 황갈색 피부를 나체로 선보이는 것을 자랑스럽게 생각했다. 왕(王) 자 복근을 만드는 것을 청년의 로망으로 만든 것은 이미 고대 그리스에서부터 시작된 셈이라 할 수 있다.

조각 같은 신체에 대한 로망

나체는 올림픽에서뿐만 아니라 그리스 조각에서도 두드러진 특징이다. 그리스에 가면 어딜 가나 다 벗은 채 '물건'을 내놓은 건장한 남자 조각상을 볼 수 있다. 바로 쿠로스다. 그리스어로 '청년'이란 뜻의 쿠로스 입상은 그리스의 박물관에 가면 가장 쉽게 볼 수 있는 고대의 조각이다.

기원전 5~6세기에 조각된 쿠로스는 최고의 미를 다투는 에로스와 아프로디테, 아테나, 헤라와 같은 신들이나 제우스, 헤라클레스 같은 남성미의 상징인 신들보다 훨씬 많이 전시되어 있다. 박물관 내 쿠로스 상 크기는 제각각이지만 대부분 비슷한 모습을 하고 있다. 요즘 우리나라로 보면 원빈이나 장동건처럼 그 시대의 한 남성이 이곳저곳에 모델로 불려 다니지 않았을까 짐작된다.

쿠로스가 포르노 배우들처럼 특정 부분을 과대하게 키워놓거나 복근을 자랑하지 않은 것까지는 괜찮다. 허나 좋은 것도 한두 번이지, 기원전부터 현대까지 그리스를 살다간 수많은 인간 군상 중 몇 명만을 되풀이해서 보여주며, 그만큼은 되어야 남성이랄 수 있다는 건 그다지 반가운 일은 아니다. 크로스에 비견되는 여성상은 '코레'인데 남녀불평등하게도 나체가 아니다.

아름다운 신체에 대한 그리스 철학자들의 의견은 둘로 나뉘었다.

플라톤은 미인은 "천부적인 특권이다"라고 했고, 디오게네스는 "어느 편지보다도 뛰어난 추천장이다"라고 했다. 아리스토텔레스는 "신의 선물이다"라며 서로 찬사의 경쟁을 벌였다.

반면 소크라테스는 "단기간의 독재제다", 카르네아데스는 "호위병 없는 군주제다", 테오프리스토스는 "말없는 가운데 사람을 속이는 것이다", 테오크리토스는 "상아빛으로 해로움을 끼치는 것이다"라고 했다.

그리스어로 '아름답다'는 뜻의 '칼로스(Kalos)'는 외모뿐 아니라 성품까지 포함한 것이다. 겉모습만으로 아름답다는 칭송을 받을 수는 없는 일이다.

고대 그리스에서 추앙 받았던 것은 타고난 외모만은 아니다. 아름다움과 함께 중시되었던 것이 탁월함이다. 올림픽이야말로 아름다움과 탁월함을 뽐내는 경연장이었다.

탁월함은 하나의 행동이 아니라 습관

탁월성이 전수될 수 있느냐 여부는 고대 그리스의 주요 화두였다. 소크라테스는 탁월성은 전수될 수 없다고 주장한다. 탁월성이 가르칠 수 있고 배울 수 있는 것이면 테미스토클레스나 페리클레스 같은 영웅들의 자식들이 왜 그 모양이냐는 것이다. 끈기 있는 문답을 통해 그가 기교 있는 산파처럼 끄

집어내는 것은 소수의 천재들만이 아니라 누구나 내면에 갖고 있는 탁월성이다. 그는 기하학이라고는 듣도 보도 못한 노예소년에게 즉각 기하학을 터득시킴으로써 아무리 무지한 자에게도 내면에 지고한 지혜의 보고가 있음을 보여준다. 붓다가 깨달음을 얻은 뒤 "모든 중생이 지혜를 가지고 있는데도 이를 몰라 고통 받고 있구나"라고 한 일성과 다름이 없다. 누구나 동굴을 나가 광명 세상을 만날 수 있다는 희소식이 아닐 수 없다.

번뇌 망상을 쉬어버리면 이런 광명이 절로 드러난다. 하지만 범인들에겐 이런 수행의 여정이 아니라 성실한 노력의 여정이 부여된다.

고대 올림픽 최고의 스타는 소년 레슬러 밀러였다. 그는 올림픽에서 5회나 우승했는데, 우승한 뒤 황소를 등에 업고 트랙을 돌아 화제를 불러일으켰다. 그가 태어나면서부터 헤라클레스 같은 장사 였던 게 아니다. 그는 송아지가 황소로 자랄 때까지 매일 들어 올려 괴력을 길렀다고 한다.

세상 어디에 불 때지 않은 솥에서 밥이 되는 법이 있으랴. 영화 〈매트릭스〉에선 주인공 네오가 뇌에 무술 프로그램을 입력시켜 즉각 최고수가 된다. 의식이 몸까지 지배한다는 것을 단적으로 보여주는 이야기지만, 피와 땀이 요구되는 운동선수들에겐 꿈같은 이야기다. 종교계에서도 "한번 믿으면, 그것으로 구원이다"라거나 "한번 견성하면 즉각 부처"라는 게 기독교와 불교의 '정통'이 되어 있지만, 오히려 "행실이야 어떻든 믿거나 깨닫기만 하면 된다"는 식의 폐해를 낳고, 종교인들에 대한 불신만을 키우는 역효과를 불러온다.

다이어트도, 몸짱도, 정신적 성숙도 단숨에 이루려는 것은 탐욕이 아닐 수 없다. 누구나 단기간의 열성은 낼 수 있다. 그러나 지속적인 노력과 훈련은 강인한 의지 없이는 불가능하다.

　살을 빼고 싶은 강력한 욕구에 사로잡히면 고통을 감내하고라도 1주일간 다이어트를 할 수 있다. 하지만 그것이 중요한 것은 아니다. 얼마나 지속적으로 훈련해 식습관과 생활 습관, 운동 습관을 길들이냐가 관건이다. 그렇지 않다면 어떤 다이어트를 한다 해도 단기간에 원상회복돼, 고통을 무용한 것으로 만들고 만다.

　정신적인 성숙도 마찬가지다. 누구나 치유 프로그램이나 수행, 수도, 명상이나 정신 상담 프로그램에 참여할 수는 있다. 그런데 과연 단기산에 전문가들이 내 문제를 해결해줄 수 있을까.

　그것이 변화의 동기가 되고 단초가 될 수는 있지만, 삶의 가치관이 변화되어 사고와 행동이 바뀌지 않으면 우리의 몸과 마음은 옛 관성대로 조만간 회귀하고 만다.

　아리스토텔레스는 이렇게 말한다.

　"탁월함은 훈련과 습관이 만들어내는 것이다. 탁월함은 우리가 반복적으로 하는 행동의 결과다. 그래서 탁월함은 하나의 행동이 아니라 습관이다."

　훈련이 습관을 만들고, 습관이 성격을 만들고, 성격이 운명을 만든다는 말이다. "훌륭한 인간은 태어나는 것이 아니라 훌륭한 업과 습에 의해 만들어진다"는 붓다의 말과 다름이 없다. 시도 때도 없이 욱하는 성질이나 부정적 망상과 걱정의 습관에 주는 먹이를 줄여갈 때 악습의 무게도 줄어든다.

미지근한 영혼으로 탁월해지길 바라는가

고대 그리스에서 올림픽 제전이 열리는 3개월 동안 휴전을 하고, 전쟁을 벌일 수 없었다고 해서 올림픽을 평화의 잔치로만 여기기엔 석연치 않다.

올림픽에서 달리기, 씨름, 권투 등으로 우승한다는 것은 전사로서 능력을 입증 받는 것이었다. 스파르타인은 올림픽에서 우승하면 전투 때 왕 옆에서 싸울 수 있었다. 스파르타 청년들은 이를 가장 큰 특권으로 여겼다. 도시국가들은 올림픽을 이처럼 전사를 양성하고, 자기 나라의 위용을 과시하는 국가주의에 적극 활용했다.

고대 올림픽은 393년에 막을 내리고, 중단된 지 1,500여 년 만에 프랑스의 쿠베르탱 남작의 제창으로 1896년에 근대올림픽으로 부활했다. 근대에 참가국들은 국가의 위상을 높이기 위해 동물을 사육하고 훈련하듯이 엘리트 체육을 행했다. 1990년대 초반까지도 구 공산권 국가에선 건강에 악영향을 미치는 근육 강화제와 흥분제 등과 같은 금지 약물을 선수들에게 투입하기도 했다. 올림픽이 국가주의와 상업주의에 병든 것이다. 그래도 기득권의 카르텔이 강고해지고, 필부들이 그들 위로 뛰어오를 길이 갈수록 막혀버린 부익부 빈익빈의 자본주의 세상에서 올림픽은 몸으로, 자신의 노력으로 더 높은 곳에 이를 수 있는 최고의 기회임에 틀림없다.

고대의 스토아 철학자 에픽테토스는 평소 "행복은 끊임없는 욕망에 의해서 오는 것이 아니라, 자족에서 오는 것이다"는 신념을 가지고 있었지만 탁월해지려는 인간의 의지를 꺾지 않았다.

에픽테토스는 "자신의 특성을 보고, 자신을 신중히 파악하며, 일단 어느 길을 선택했으면 좌고우면하지 말고 최선을 다하라"고 조언한다. 그리고 올림픽 게임이 아니더라도 어딘가에서 뛰어야 하는 우리에게 묻는다.

"삶의 승리를 꿈꾸기 전에 먼저 자신의 강점과 약점을 명확히 평가했는가. 사람마다 특성에 따라 각각 제 할 일이 따로 있다는 것을 알고 있는가. 한 분야에서 성공하기 위해서는 어떤 능력이 요구되는 것과 똑같이 희생 또한 요구된다는 것까지도 아는가. 온갖 것에서 매력을 느끼며 이쪽저쪽을 기웃거리며 인생을 허둥대면서도 성공하기를 바라지는 않는가. 어떤 분야에서 능숙하게 되기를 바라면서도 마음 내키는 데로 먹고 마시고 놀아도 좋다고 생각하는가. 여전히 쉽게 분노하고, 실패자로서 신세 한탄이나 하는 해묵은 습관에 굴복하지는 않는가. 여러 갈망과 반사적인 반응에 계속 끌려다니고서도 성공의 행운을 기대하는가. 천박한 습관 하나도 벗어나지 못하면서 삶의 궤도를 고양시키려고 욕심을 내지는 않는가. 패배자가 될 수 있는 결과가 무서워 시작도 못한 채 좋은 결과를 기다리는 건 아닌가. 편하고 재미있을 때까지만 소일거리 삼아 만지작거리다 정작 제대로 뛰어들지 못한 채 무언가를 성취하길 원하는가. 익숙해지거나 힘겨워지면 이내 포기해버리는 미지근한 영혼으로 탁월해지길 바라는가."

에픽테토스까지 나서서 고무시킨 탁월함은 이제 상상을 넘어설 정도로 고무되고 찬양되어 현대의 경쟁 사회에서 최상의 미덕이 되고 있다.

현존하는 인류 가운데 지금까지 가장 빠른 100미터 기록이 9초대다. 치타는 3초대다. 그럼에도 불구하고 인간이 위대하다고 하는 것은 단지 능력이 탁월하다는 데 있지 않다. 아름다운 영혼을 가지고 있고, 그 탁월함을 이기적인 욕망의 추구에만 쓰는 대신 공익을 위해 쓸 수 있다는 기대 때문이다.

소크라테스는 말한다.

"돈만 있고 덕이 없는 것만큼 추한 것은 없다. 비겁한 사람이 신체적 아름다움만 있다면 비겁함을 더욱 드러나게 할 뿐이다. 또한 정의와 덕이 없는 지식은 지혜가 아니라 간사함이 된다. 출신과 부모 조상의 명성만으로 위세를 부리는 것만큼 수치스런 것도 없다."

누군가 얼굴이 탁월하게 아름답고, 건강하고, 유능하고, 공부를 잘한다는 것만으로 칭찬할 수 없는 이유다.

고시에 합격하거나 의사이거나 흥행 배우이거나 성공한 예술가이거나 사업가라는 이유만으로 칭송해서는 안 된다. 그가 자신의 탁월함을 누구를 위해, 어떻게 쓰는지 여부를 충분히 알기 전에는.

그리스는 3면이 바다로 둘러싸인 반도국가로 지형상 우리나라와 크게 다르지 않다. 인구는 1,100만 정도로 서울 인구 정도에 불과하지만, 국토면적(12만여 ㎢)은 남한(10만 ㎢)보다 조금 크다. 산지가 55퍼센트고 섬이 6,000여 개여서, 산지가 70퍼센트 가량이고, 섬이 4,000여 개 있는 우리나라와 비슷하다.

지금의 그리스 영토는 고대 그리스가 현 터키와 이탈리아, 지중해 연안까지 식민지로 가지고 있던 광대한 지역에 비하면 일부분에 불과하다.

고대 그리스는 적게는 200~300개, 많게는 1,500여 개의 도시국가들이 있었다. 통일성을 기하기 어려운 그리스를 하나로 묶어준 게 공통의 신들과 언어였다. 그들은 올림픽 축제의 장을 마련해 하나임을 확인했다. 그리스에서 스포츠 제전은 신들을 위한 종교행사 이후 벌어지는 여흥이었다. 그리스에선 4개의 제전이 열렸다. 4년마다 열리는 올림피아(Olympia)와 피티아(Pythia), 2년마다 열리는 이스트모스(Isthmos)와 네메아(Nemea)가 있었다. 올림픽은 기원전 776년 전후에 시작됐다.

도시국가들은 서로 전쟁을 일삼으면서도 올림픽 때만은 휴전을 지켰다. 이런 단결력은 그리스 외부로부터 오는 적과 대항할 때 힘을 발휘했다. 페르시아란 세계 최강의 적이 침입했을 때 도시국가들은 힘을 합쳐 그리스를 지켜냈다.

민족과 종교라는 이름으로 함께 제사를 지내고 스포츠 경기를 벌이고 마시고 노래를 불렀을 때는 찬란한 영광을 내뿜었다. 그러나 그리스 안에서 싸움에만 치중하면서 몰락의 길로 접어들었다.

아테네와 스파르타가 맞붙은 내전은 공통의 신도, 언어도 무색케 했다. 역사가 투키디데스는 외부와의 싸움인 페르시아전쟁보다 내전인 펠로폰네소스 전쟁이 훨씬 큰 고통을 가져다주었다면서 이렇게 썼다.

"헬라스(그리스)인들 자신들에게 함락되어 폐허가 되고 수많은 난민이 발생하고 전례 없는 인명이 손실됐다. 유례없이 격렬한 대지진이 발생했고, 일식이 자주 일어났고, 극심한 가뭄이 들어 기근으로 이어졌고, 역병이 엄청난 타격을 가하며 수많은 목숨을 앗아갔다. 모든 재앙이 헬라스인을 덮었다."

서로가 어우러진 축제를 버리고 전쟁을 택하자 신조차 그들을 버렸다. 기독교를 국교로 채택한 로마의 속국이 되어 그리스의 신전은 파괴되고, 1,000년이나 지속되던 올림픽도 기원후 393년 중단되기에 이른다. 축제는 그렇게 막을 내렸다.

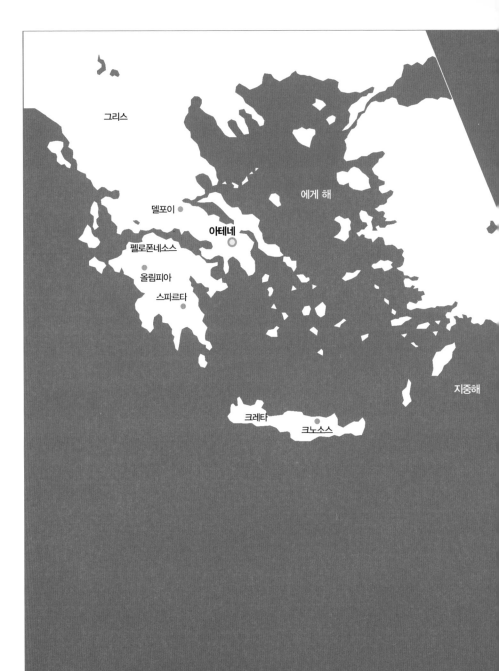

그리스

델포이

아테네

펠로폰네소스

올림피아

스피르타

에게 해

지중해

크레타

크노소스

chapter 9

인생 철학 교실, 아테네

: 당신은 온전히 당신 자신이었던 적이 있는가?

"지금 그대 안에 있는, 최상의 자아가 아닌
누군가가 되어 보려는 갈망을 이제는 멈춰라.
그것만큼은 네 뜻대로 할 수 있지 않은가."

― 에픽테토스

누군가 만약 내게 그리스에서 가장 빛나는 인물 중 한 명을 말해보라고 한다면 디오게네스를 꼽겠다. 알다시피 그는 '거지 철학자'다. 그러나 그가 거지이기만 하거나 철학자이기만 하다면 그토록 빛나는 사람이 될 수 없었을 것이다. 디오게네스는 거지였지만 왕보다 부자였고, 철학자였지만 사유만 하지 않는 실천가였다.

펠로폰네소스 반도에서 아테네로 돌아가는 길목인 코린토스는 디오게네스가 노숙을 했던 도시다. 그가 2,500여 년 전 알렉산드로스를 만난 곳도 바로 여기다.

"나는 알렉산드로스다."

"나는 디오게네스다."

집도 절도 없이 빌어먹고 사는 주제에 왕의 물음에 이렇게 당당하게 답할 수 있는 인물은 동서고금에 찾아보기가 쉽지 않다.

"당신을 위해 무언가를 해주고 싶은데, 원하는 게 없는가?"

"햇빛이나 가리지 말고, 좀 비켜주시오!"

알렉산드로스는 그리스의 패권자며, 그리스 세계에서 모든 이의 생사여탈권을 쥘 만큼 막강한 존재였다. 집도 주고, 돈도 주고, 노예도 줄 능력이 있었다.

그런데 디오게네스는 한몫 챙길 절호의 기회를 스스로 뻥 차버리고 있었다. 마치 '당신이 햇빛보다 더 귀한 걸 갖고 있는 것도 아니잖아!' 라는 듯이. 자기는 왕이 가진 것보다 훨씬 고귀한 것을 가지고 있다고 만족해하면서.

하늘을 지붕 삼고, 땅을 안방 삼아, 태양을 난로처럼 여기고 자신이 왕보다 더 부자인 듯 자족하는 거지를 보는 건 알렉산드로스에겐 고정관념이 깨지는 강렬한 경험이 아닐 수 없었다.

그래서 세상에서 누구보다 많은 것을 차지했지만 더 가지려는 욕망 때문에, 늘 부족하고 가난한 자신과 달리 자족하며 사는 디오게네스의 여유가 부러워 알렉산드로스는 말한다.

"내가 만약 알렉산드로스가 아니었다면 디오게네스가 될 텐데."

탁월한 인간의 특징은 허튼 생각, 허튼 소리가 없다는 것이다. 무엇이 가장 중요한 것인지를 간파하고, 덜 중요한 것들을 가볍게 버릴 수 있는 단호함이 있다.

디오게네스의 등불

드디어 아테네다. 과연 우리를 기쁘고 행복하고 평화롭게 해주는 것은 무엇인가. 우리가 좇고 있는 것들이 실제로 우리에게 행복을 가져다줄까. 이런 물음을 끊임없이 제기하고, 고뇌하며, 답했던 철학의 중심지다.

디오게네스는 아테네에서 대낮에 등불을 들고 다녔다. 눈을 뜨고 있으면서도 불안의 어둠 속에 갇혀 있고, 신성을 가지고 있으면서도 헛된 욕망에 사로잡혀 신성을 발현하지 못하는 인간들을 깨우쳐주기 위한 그다운 교육 방식이었다.

아테네의 심장부인 아크로폴리스의 동쪽엔 리시크라테스 기념비(Lysikrates Monument)가 있다. 기원전 335년 소년 합창대회의 스폰서들을 기념하기 위해 만들어진 탑이라고 한다. 이 탑이 등불처럼 생겼다고 해서 아테네인들은 '디오게네스의 등불'이라고 부른다.

이러한 사실을 미리 알고 숙소를 정한 건 아닌데, 숙소에서 불과 100미터 거리에 등불 탑이 있다. 아고라, 박물관, 공원 등 대부분의 유적지가 있는 아크로폴리스 쪽을 오갈 때마다 이 탑과 마주하게 된다.

숙소가 있는 플라카 지구엔 여행객, 상인, 노점상들로 늘 북새통이다. 그 속에서 세상 부러울 것 없이 늘어져서 잠을 자는 노숙자들을 쉽게 발견할 수 있다. 그들을 보면 약 2,500여 년 전의 디오게네스를 떠올리게 되는데, 당시 사람들은 이들을 '견유학파(犬儒學派)'라고 불렀다. '개 같은 철학자들'이란 의미다.

견유학파는 '행복은 외적 조건에 좌우되지 않는 삶에서 온다'고 보았다. 그래서 문명사회의 관습과 제도를 거부하고 단순 소박한 삶을 실현하려 했다. 디오게네스의 언행은 선불교의 선사들처럼 파격적이다. 선사들처럼 고함을 치고, 몽둥이질을 하는 건 아니지만 솔직성과 질박함에선 타의 추종을 불허한다. 동양의 선(禪)은 자신을 가두는 호리병 같은 관념의 벽에서 뛰쳐

리시크라테스 기념비. 비석이 등불처럼 생겼다고 해서 '디오게네스의 등불'로 불린다.

나오게 한다. 자신을 고통 속으로 내모는 마음이 원래 허상이었음을 자각함으로써 자유를 얻게 하는 것이다. 수천 년 전 옛사람들의 말을 앵무새처럼 흉내 내는 이들까지 선사로 자처하는 게 오늘의 현실이지만, 애초 따라쟁이란 위대한 선사와 거리가 멀다. 이런 측면에서 디오게네스야말로 진정한 선사라 할 수 있겠다.

디오게네스는 볕이 좋은 날엔 통 밖에 나와서 자위행위를 하곤 했다. 지나는 사람들이 보든 말든 개의치 않았다.

"음식은 남이 보든 보지 않든 먹으면시, 왜 자위행위는 숨어서 해야 하지!"

그러고는 이렇게 덧붙여 말했다.

"아, 이렇게 살가죽을 잡아당기는 것으로 배고픔마저 해소된다면 얼마나 좋을까."

플라톤은 그를 '미친 소크라테스'라거나 '개 같은 녀석'이라고 무시했다. 그것이 괴팍스런 디오게네스에 대한 아테네 주류 철학자들의 일반적인 견해였다.

그런데 폼에 살고 폼에 죽으며, 유희를 위해 일상적인 노동을 노예에게 의존하는 아테네의 주류에게 응수하지 않고 당하고만 있을 디오게네스가 아니었다. 디오게네스는 노예에게 자기 신발까지 신겨주도록 하는 아테네 철학자들과 시민귀족들을 향해 이렇게 힐난했다.

"왜, 아예 노예한테 코까지 풀어달라고 하지."

디오게네스는 가끔씩 조각상 앞에 서서 돈을 달라고 손을 벌렸다. 거절에 익숙해지기 위해서였다. 내가 원하는 대로 사람들과 세상이 움직여 주지 않는다. 자식을 불러도 대답하지 않을 수 있다. 거절과 냉담, 비판에 더 이상 마음을 상하지 않는다면 디오게네스 같은 평화를 누릴 수 있다.

고대 아테네를 설계한 솔론은 경제 민주화의 선구자

옛 도심의 신타그마 광장은 매일 의장대 사열대 시범을 보여주는 국회의사 당 앞에 있다. 아테네 시내를 일주하는 버스투어 출발지이기도 하다.

이 광장은 내가 이곳에 도착하기 며칠 전 일흔일곱 살의 은퇴한 약사가 머리에 총을 쏴 자살한 곳이다. 경제 위기에 따른 국가의 긴축 재정으로 연금이 줄어든 탓에 생활고에 시달리던 노인의 주머니에서 유언장이 발견됐다.

"정부가 살아갈 희망을 없앴다. 정의도 없다. 휴지통의 음식물을 찾아 나서기 전에 위엄 있는 최후를 맞는 것밖에 길이 없다."

노인이 자살한 자리엔 추모의 꽃다발이 놓여 있었다. 이 비극은 누구의 책임인가. 대부분의 유럽 국가들이 아프리카와 아시아 식민지의 자원을 약탈하고 노동력을 착취하여 부를 쌓은 것과 달리 그리스는 근대에 들어와서야 2,000년 만에 나라를 되찾은 신생독립국가였다. 게다가 오랫동안 수많은 전쟁을 치러야 했고, 인구 또한 1,000여 만 명에 불과해서 다른 유럽 국가들과 동일선상에서 경쟁하긴 어려울 터다. 어느 날 시작된 유럽경제통합과 유로화 사용은 우리로 치자면 시골 분교의 아이를 서울 강남의 8학군 학급에 집어넣고 경쟁을 시키는 것과 다를 바 없는 일이다. 그런데도 속 모르는 사람들은 비아냥거리며 말한다.

아테네 시가지 모
습. 속 모르는 사람
들은 비아냥거리며
말한다. "그리스는
먹고 놀기 좋아해
서 망했다." 하지만
가진 자들의 부도
덕을 꼬집는 소리
는 오히려 잘 들리
지 않는다.

"그리스는 먹고 놀기 좋아하고, 복지만 늘려서 망했다."

그리스는 원래 약체였던데다 가진자들이 자신의 책임과 의무를 방기한 탓에 위기를 맞았다. 고대 아테네만한 경제적 민주화도 이루지 못했기 때문이다.

고대 아테네를 설계한 솔론은 '경제 민주화'의 선구자였다. 그는 부채 말소 정책을 단행해 부채 때문에 노예가 된 이들에게 자유를 주었다. 또한 상공업을 적극 장려하여 평민들의 경제력이 신장될 수 있도록 했다. 이렇게 이룬 경제적 민주화가 바로 민주주의 발달의 초석이 되었다.

플라톤은 국가의 정의가 실현되기 위해서는 '지혜'를 가진 통치자 계급과 '용기'를 가진 방위 계급(군인), '절제'하는 생산자 계급(상민)들이 모두 제 구실을 잘해야 한다고 주장했다. 국가나 지배계급이 책무를 방기할 때 그 사회의 약자들이 가장 큰 고통을 받게 된다.

자살은 사회 안전망에 구멍이 난 데도 큰 원인이 있지만, 신자유주의 시대의 상대적 결핍과 박탈감에서 비롯된다. 특히 우리나라에서 늘어나는 청소년 자살은 '마음병'에서 기인하는 측면이 적지 않다.

'왜 나는 부잣집에서 태어나지 않았을까, 왜 나는 건강하지 않을까, 왜 나는 머리가 좋지 못할까, 왜 나는 성격이 이 모양일까, 왜 나는 무엇 하나 잘하는 게 없을까, 왜 나는 태어났을까, 왜 나는 가족과 세상에 짐만 될까.'

어느 날 이와 같은 의구심을 품고 소크라테스를 찾아온 청년이 있었다. 청년이 물었다.

"나처럼 아무것도 가진 게 없는 사람도 행복할 수 있습니까?"

소크라테스는 갑자기 청년의 머리를 물속에 처박은 채 힘껏 눌렀다. 살기 위해 발버둥치던 청년을 한참 만에 물속에서 꺼낸 다음 물었다.

"이 세상에 가장 소중한 게 무엇이던가?"

"숨 쉴 수 있는 산소입니다."

"황금덩어리가 소중한가, 산소가 소중한가?"

"그걸 질문이라고 하십니까."

"그러면 자네는 황금덩어리보다 소중한 것을 아주 많이 가졌군."

인간은 망각의 동물이다. 신선한 공기를 마시고, 볼 수 있는 눈과 들을 수 있는 귀와 걸을 수 있는 발과 같은 신체는 물론, 정신과 에너지와 시식노 활용하지 못한 채 늘 다른 것을 갈망하는데 에너지를 소진한다. 소크라테스는 말한다.

"갖고 있는 것을 활용할 줄 모르는 사람에게 세상의 황금덩어리가 모두 내 것이 된들 무슨 소용이 있을 것인가?"

삶의 의미를 찾는다면 남들은 하찮게 여기는 것에서도 보석보다 고귀한 가치를 만들어낼 수 있다. 과연 '내 삶'의 의미는 어디에 있을까. 다른 사람이 내 삶의 의미를 가르쳐줄 수 있을까. 내가 무엇에 의미를 두고, 어떻게 사느냐 하는 것은 전적으로 내 몫이다. 누군가에겐 조국과 봉사가 존재의 이유일 수 있다. 또 다른 누군가에겐 사랑하는 가족과 하루하루 누리는 소소한 즐거움이 삶의 의미일 수도 있다.

진정한 삶의 의미를 발견한 이들은 목표가 있기에 난관을 쉽게 헤쳐나간다. 갈 곳이 없는 항해사는 순풍이 불어도 방황하지만, 갈 곳이 분명한 항해사는 역풍이 불어도 이를 헤쳐 나가는 것처럼.

그리스 최고의 영웅을 탄생시킨 고난

나도 생의 의미를 잊고 표류한 때가 있었다. 죽으려던 위기의 순간도 있었다. 이를 극복한 순간은 어떻게든 벗어나려고 발버둥치던 문제를 동반자로 받아들이기 시작하면서부터였다. 자신의 장애를 혐오할 때는 어떤 외적인 상처도 이겨내기 어려워 세상으로부터 도망치고 싶은 마음뿐이었다.

하지만 내 약점을 인정하자 그 약점만이 전부가 아니고, 나에겐 더 많은 특성들이 있음을 알게 되었다. 우리는 한 그루 묘목이다. 연인을 대하듯이 자신에 대해서도 자비의 물을 듬뿍 줄 때 내 안의 자아도 건강하게 자랄 수 있다. 그래야 외부의 바이러스에 의해 쉽게 무너지지 않는다. 얕은 문턱에만 걸려 넘어져도 스스로 일어나지 못한 채, 일으켜주기를 바라는 세 살배기의 자기연민에서 벗어날 수 있게 된다. 우리가 원수처럼 여기는 장애가 실은 자기에게 주어진 비밀스런 소명과 의무를 깨닫게 하는 열쇠다.

그리스 최고의 영웅 헤라클레스는 태어나자마자 요람 속에서 살해 위기를 맞는다. 제우스가 다른 여자를 범해 아기를 낳자, 부인 헤라가 뱀 두 마리를 요람 속에 넣은 것이다. 아기는 두 손으로 뱀을 목 졸라 죽인다. 헤라클레스란 이름은 '헤라를 통해 영광을 얻었다'는 뜻이다. 그는 헤라를 통해 위기와 싸우는 법을 태어나자마자 터득했고, 영웅으로 거듭났다. 예수를 죽인 것은 십자가였지만, 그 십자가가 있었기에 예수는 '헌신과 사랑의 구원자'로 거듭났고, 부활의 신비를 보일 수 있었다. 그래서 삶에서 원수는 바로 은인이다.

진정으로 위대한 인간은 한 번도 쓰러지지 않는 게 아니라, 쓰러질 때마다 박차고 일어서서 훌훌 털고 가는 사람이다. 그렇게 마음이 가벼워지면 어떤 버거운 운명도 더 이상 우리를 희롱할 수 없다.

인간은 생각과 관점을 바꿈으로써 운명을 바꿀 수 있는 유일한 동물이다. 삶의 가치는 주어지는 것이 아니라 믿고 만드는 것이다. 또 삶의 가치를 찾은 뒤 사는 것이 아니라 일단 인생은 살 만한 가치가 있다고 믿으면, 그 믿음이 살 만한 이유를 만들어준다. 믿을 수 없을지라도 자신을 믿으면 그 믿음이 변화를 만들어낸다.

아리스토텔레스는 말했다.

"오늘 내가 죽어도 세상은 바뀌지 않는다. 하지만 내가 살아 있는 한 세상은 바뀐다."

아침이 오지 않을 것 같고, 깜깜한 밤이 지속되리라는 절망감은 가장 큰 어리석음이다.

그리스 헤시오도스의 신화에 따르면 판도라는 인류 최초의 여자다. 제우스는 프로메테우스로부터 인간들이 '하늘의 빛'을 받은 것을 징벌하기 위해 세상의 온갖 불행을 담은 상자를 보낸다. 질병과 통증, 폭력과 살인, 강간과 추행, 질시와 원망, 장애와 상처 같은 것들을 담아서.

판도라가 상자를 열자 모든 불행이 세상으로 퍼졌다. 놀란 판도라가 재빨리 상자 뚜껑을 닫았을 때 거기에는 오직 한 가지만이 남아 있었다. '희망'이었다.

개성과 인문학의 고장, 아테네

자살 노인을 추모한 후 버스에 오른 지 얼마 지나지 않아 도착한 곳이 플라톤이 설립한 지구 최초의 대학, 즉 아카데미다. 옆쪽으로 국립도서관과 아테네 대학도 보인다.

건물 앞 계단 위엔 소크라테스와 플라톤의 큰 좌상이 나란히 서 있다. 소크라테스 옆에서 근엄해 보이는 플라톤은 인간의 영혼을 동굴의 어둠 속에서 꺼내 실재를 직시하도록 한 '영혼의 교육자'다.

교육의 역할이란 현실을 회피하지 않고 직면하게 하는 것이다. 부모의 욕심대로 온실에 아이를 가둬두고 물주고 거름 주어 보기만 좋은 꽃으로 길러내는 것이 아니다. 판단력 없이 화려한 것에 쏠리기 쉬운 아이의 망상대로 분별없이 오가도록 내버려두는 것도 아니다. 세상이 천국이란 환상도, 지옥이란 두려움도 현실이 아니다. 고통스런 현실을 외면하지 않고 환상에만 젖지 않는 자를 길러내기 위해 플라톤은 동굴 속에서 나오도록 했다.

동굴 같은 주관의 틀에 갇혀 있는 사람이 객관의 세계로 나와 성숙해지고, 눈앞에 보이는 대로만 볼 줄 알았던 사람이 그 배경과 진실까지 깨닫는 안목을 갖는 게 교육의 힘이다.

플라톤의 제자 아리스토텔레스는 이렇게 말했다.

"어떤 생각에 동의하지 않고도 그 생각을 해볼 수 있는 것이 교육 받은 사람의 특징이다."

한마디로 제대로 교육 받는 자는 사고가 유연해져 역지사지(易地思之)하게 된다는 것이다. 이런 아테네 교육이 고대 그리스를 서양 문명의 꽃으로 만

아테네 중심가에 있는 지구 최초의 대학 아카데미의 모습. 오른쪽이 소크라테스, 왼쪽이 플라톤이다. 이두 철학자는 원시적 신화 속에 잠자던 인간의 이성을 일깨운 대표적 인물들이다.

들었다.

　교육의 첫 번째 목적은 자기의 길을 찾도록 돕는 것이다. 아이의 내적 본성이 발현하도록 해주는 것이다. 안타깝게도 내 어린 시절을 돌아보면 우리나라의 교육체제 아래에서 그런 도움을 받은 기억이 거의 없다. 그런 까닭에 내 길을 찾기까지 너무나 많은 좌절과 방황을 겪어야 했다. 학교 교육은 그때와 별반 달라진 게 없어 보인다. 열정을 불태울 특성을 발견하는 노력 없이 아이들에게 무조건 '열심히 해라'란 구호만 강요하는 현실이 지금껏 계속되는 게 놀랍고, 또 가슴 아프다.

다른 누군가가 되려는 갈망을 멈춰라

세상에서 우리 자신을 가장 큰 기쁨으로 몰아넣는 것이 몰두다. 2,200년 전 동양의 순자는 이를 '막신일호(莫神一好)'라고 했다. 즉 '한 가지 일에 몰두해 크게 성취하는 것보다 더 신명나는 일은 없다'는 뜻이다. 무엇엔가 미쳐 정신을 못 차리면 정말 미친 것이지만, 지속적으로 몰입하면 마니아가 되고, 고수가 된다. 모든 일의 성패는 얼마나 그 일에 열정적인가에 달려 있다.

　만약 내가 원치 않은 일을 하게 됐다고 불만스러워하고만 있다는 건 무엇보다 자신에게 못할 짓이다. 가치를 찾으면 기뻐지고, 기쁘게 하다 보면 정말 원했던 일을 할 기회가 주어진다. 무엇이나 먹을 수 있고, 무엇이나 할 수 있는 사람이 가장 강한 사람이다.

　내가 '종교전문기자'란 길을 간 것도 30대 후반이다. 자기의 장점을 조기에 발견하지 못했다고, 자기 분야에서 일찍 두각을 나타내지 못했다고 애태울 필요도 없다. 예나 지금이나 남의 눈치나 보며 나다워지는 것을 막는 것은 세간의 획일화된 사고의 틀이다. 그런 사고가 고대 그리스라고 없었을 리 없다.

당시 흔히 말해 '잘 나가던' 사람들이 두부 찌꺼기를 먹고 있던 디오게네스에게 말했다.

"왕의 말을 듣기만 했더라도 이 따위 형편없는 걸 먹고 살지 않아도 되련만……."

이 말에 디오게네스가 대답했다.

"이런 것도 맛있게 먹을 줄만 알면, 그렇게 꼬리를 흔들어가며 간과 쓸개를 다 내놓지 않아도 되련만……."

지혜는 부(富)를 더욱 아름답게 해주고, 가난조차도 부드럽고 여유 있는 것으로 만들어준다.

직업이나 지위 고하에 상관없이, 어떤 상황에서도 행복해질 수 있는 자가 가장 잘 사는 사람이다. 부자이면서도 겸손하게 나눌 줄 알고, 빈자이면서도 자기비하 없이 마음의 여유를 누릴 줄 아는 자 말이다.

한때 유명 종교인이 "무엇이 되느냐보다 어떻게 사느냐가 중요하다"고 말해 널리 회자된 적이 있다. 선승 고우 스님은 여기서 한 발 더 나아가 말한다.

"무엇이 되더라도 행복해야 한다."

그런데 불행히도 요즘은 무엇이 되든 불행한 이들이 늘고 있다. 특성도 개성도 열망도 다 제치고 남의 눈높이를 따라간 결과다. 자신의 열망을 무

시한 채 세상의 기준을 좇아 성적순에 따라서 직업을 선택하다보면 경제적
으로는 풍족해지더라도, 행복해질 수 없다. 남들은 부러워하는 위치에 있으
면서도, 정작 자기 일을 감옥살이처럼 느낀 채 고통을 감내하며 살아가는
사람들이 너무 많다.

　학자를 뜻하는 '스콜라(scholar)'는 그리스어의 '여유(skhole)'에 어원을
두고 있다. 여유를 찾아보기 어려운 요즘과 달리 고대 철학자들이 한가롭게

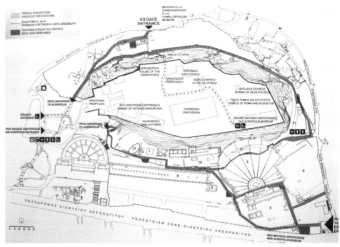

(왼쪽) 파르테논 신전 아래 있는 아크로폴리스 극장.
(오른쪽) 아크로폴리스 주변 조감도.

거닐었던 곳으로 향한다.

투어버스는 아고라에서 내린다. 어원이 '모이다'란 뜻의 아고라는 고대 그리스 도시국가의 중심에 있는 광장을 말한다. 그리스인이 민회와 재판, 상업, 사교 등의 다양한 활동을 했던 곳이다. 도시국가에서 신전과 주요 관공서가 있는 아크로폴리스가 정치와 종교의 중심지라면, 아고라는 일상적인 활동이 활발히 이루어지는 시민 생활의 중심지다.

디오게네스처럼 단순한 삶을 이어가려고 한 스토아학파들이 주로 토론하던 곳이다. 스토아학파의 창시자 제논의 스승은 크라테스다. 그는 전 재산을 시민에게 나눠주고 거지수도사로 금욕적 삶을 살았다. 넉넉한 집의 딸이던 그의 제자 히파르키아는 그를 연모해 자기와 결혼해주지 않으면 자살하겠다고 협박했다. 여자 부모의 간청으로 크라테스는 거지 전대를 풀어 앞에 던져 놓고 "이게 내 전 재산이니 다시 고려하라"고 했다. 하지만 히파르키아는 집을 나와 자신도 거지 옷을 걸치고 크라테스와 살았다. 둘은 남들의 이목 같은 건 상관치 않고 서로에게 성실하고 애정 넘친 삶을 살았다. 스토아학파를 이은 에픽테토스는 남들의 행복이 아닌 자신의 행복을 살라고 당부한다.

"그럴듯한 직함과 학위, 명예와 부, 멋진 외모와 유려한 말투, 명품과 매력적인 행동에 우리는 얼마나 쉽게 현혹되는가. 사회적으로 유명한 인사들과 공적인 인물들, 정치 지도자들과 부자들, 예술가와 지식인들이 행복할 거라고 지레짐작하지 말라. 남들과 견주어 자신의 성취를 보잘 것 없는 것으로 폄하하며 좌절하고 슬퍼하지 말라. 지금 그대 안에 있는, 최상의 자아가 아닌 누군가가 되어 보려는 갈망을 이제는 멈춰라. 그것만큼은 네 뜻대로 할 수 있지 않은가."

"그리스라는 경탄할 만한 민족이, 희망봉을 도는 항로를 발견한 것보다 훨씬 더 중대한 사고방법의 혁명을 가져왔다."

훗날 18세기 독일의 대표적인 철학자 칸트의 찬사다. 고대의 인도나 중국에도 철학은 있었지만 통상 고대 철학이라면 고대 그리스 철학과 이를 이은 고대 로마 철학이 철학의 조상으로서 위상을 독차지하다시피 한다.

철학의 탄생지를 보면 그리스인의 '발명품'이라기보다는 외지인과 '소통'이 낳은 선물인데도 말이다.

기원전 7~6세기 자연철학이 출발한 곳은 지금은 터키 땅인 에게 해 항구도시 밀레토스다.

에게 해는 이집트, 바빌로니아, 페르시아, 페니키아 등 오리엔트의 선진 문물과 활발한 해상 왕래가 이뤄진 장소다.

철학은 소크라테스란 인물의 출현으로 대전환이 이뤄진다. 탐구 대상이 자연에서 인간 영혼, 선, 덕과 같은 인간의 본성과 윤리적 문제로 바뀐 것이다. 소크라테스는 글을 남기지 않았기 때문에 플라톤과 크세노폰 그리고 희극작가 아리스토파네스가 남긴 글을 통해서만 알 수 있다.

영국 출신의 하버드 대학 철학교수 화이트헤드(1861~1947)는 말했다.

"2,000년 서양 철학사는 플라톤 철학에 각주(풀이)를 단 것에 불과하다."

'플라토닉 러브(플라톤식 사랑)'는 독신자이자 이상주의자인 그로부터 유래했다. 플라톤은 신비주의자다. 그의 묘사를 보면 감각과 마음이 쉰 상태의 황홀경을 체험한 것으로 보인다. 그는 이를 '이데아'라고 했다.

하지만 그의 수제자 아리스토텔레스는 현실주의자다. 직접 경험하지 않는 것은 믿지 않는다. 불교식으로 보자면 플라톤은 선승이고 아리스토텔레스는 학승이다. 플라톤은 인문적이고 아리스토텔레스는 과학적이다. 플라톤은 범인이 체험하지 못한 정신적인 상태를 체험했지만, 이것만 절대화해 민중의 다양성을 무질서라며 두려워했다. 그들 속에도 천심이 있고, 모든 생명에게도 지혜의 본성이 관통함을 가볍게 여긴다. 아리스토텔레스노 모든 바닷물을 마셔봐야 바닷물이 짜다는 것을 인정하는 것만큼 억지스런 면이 없지 않다. 그는 사실적 관찰자이면서도 여자는 남자보다 치아의 개수가 적다는 등 많은 실수를 범했다.

이상과 현실은 분리되지 않고 관통해야 한다. 정신은 하늘에 있되 땅으로 내려온 석가나 그리스도처럼, 고뇌에 찬 현실을 부둥켜안고도 마음은 천상을 노닐었던 소크라테스처럼 말이다.

아리스토텔레스는 철학에 대해 이렇게 설명한다.

"행복한 시절에는 아름다운 장식에 불과하나, 불행한 시기에는 피난처가 된다."

인생의 불안과 고통에서 피난처를 찾는 이들은 그래서 누구나 철학자가 된다. 그러나 영혼의 휴식을 얻기 전에 먼저 알아야 할 것이 있다. 소크라테스는 자신을 '신이 보낸 등에(gadfly)'라고 했다. '등에'는 쇠파리처럼 시끄럽고 톡 쏘는 곤충이다. 자장가를 불러주기는커녕 잠들거나 취해 있지 못하고 정신이 번쩍 들게 한다. 아테네시민들은 그의 경고음을 꺼버리고 편히

1510년경 그려진 것으로 전해지는 라파엘로의 작품, '아테네 학당'.

잠들고 싶어 그를 죽였다. 그래서 아테네의 황금시대는 내리막길로 접어 들었다. 삶에서 성찰의 등을 꺼버리면 영혼이 깨어날 길은 요원하다. 조직과 국가도 피곤하다고 경고등을 없애면 추락을 면키 어렵다.

헬레니즘 시기에는 아시아, 남이탈리아, 아프리카 북동쪽의 광대한 지역에서 그리스어와 라틴어로 그리스 철학이 펼쳐진다.

이 시대를 대표하는 철학이 스토아학파(stoics)의 금욕주의, 에피쿠로스학파의 쾌락(자족)주의, 회의학파 등이다.

아테네의 철학자들은 아테네가 알렉산드로스의 마케도니아와 로마에 먹혀, 자기들이 크게 기여했던 국가가 사라지자 철학의 관심을 '개인 구원'에 집중했다.

그리스

에게 해

델포이

아테네

소크라테스 감옥

펠로폰네소스

올림피아

스파르타

지중해

크레타

크노소스

chapter 10

매력남 소크라테스의 숲

: 당신은 당신 자신에 대해 얼마나 잘 알고 있는가?

．

"당신이 상대방에게 협조와 사랑을 기대하고 있을 때,
상대방도 당신에게 관심과 배려를 기대한다는 것을 잊지 말라."

— 크세노폰

그리스 청년 페이든이 숙소로 찾아왔다. 수도원공화국 아토스 산 순례에서 만났을 때 "아테네를 안내해주겠다"라던 말이 "언제 밥이나 한 번 먹자"는 한국식 공약(空約)인 줄 알았더니 진짜 온 것이다.

그와 함께 간 곳은 숙소에서 10분 거리에 있는 뉴아크로폴리스 박물관이다. 박물관은 아크로폴리스 안에 있다가 3년 전 밖으로 나왔단다. 금강산도 식후경이니, 박물관의 2층 야외식당에 자리를 잡았다. 코앞에 지혜의 여신 아테나를 모신 파르테논 신전이 파노라마처럼 펼쳐져 있다.

창녀를 사랑한 아테네 남자들

지상 최고의 건축물 중 하나로 꼽히는 파르테논 신전을 건축한 인물은 '아테네의 황금시대'를 이끈 페리클레스(B.C. 495~429)다. 페리클레스는 페르시아를 막기 위해 델로스동맹에 가담한 도시국가들에게 거둬들인 자금을

아토스 산에서 만나 함께 트레킹을 하고 아테네를 안내해준 그리스 청년 페이든.

자기 나라인 아테네를 치장하는데 써버린 아테네제국주의자다. 그러나 아테네인들에게 그는 32년간 집권하면서도 폭압이 아닌 민주주의로 아테네를 전성기로 이끈 영웅이다. 그래서 아테네 민중들은 그를 사랑했다.

페리클레스가 파괴된 아크로폴리스 신전 터에 지어 아테네 여신에게 바친 파르테논 신전은 '처녀'라는 뜻의 '파르테노스'에서 딴 것이다. 하지만 그는 '처녀'와 살지는 않았다.

아테네 최고의 영웅이던 페리클레스가 사랑한 여인은 밀레토스 출신 창녀, 아스파시아다. 그녀는 뛰어난 언변과 지성을 갖춘 인물로, 아테네 사교계의 여왕이 되었다.

페리클레스는 아이 딸린 여성과 결혼해 두 아들을 낳았는데, 결혼 생활이

그리스 인생 학교
230

아크로폴리스 정상에 위
치한 파르테논 신전 페
리클레스가 파괴된 아크
로폴리스 신전 터에 지
어 아테나 여신에게 바
쳤다.

원만하지 못했다. 그래서 아내의 동의를 얻어 아내를 다른 남자에게 보낸 뒤, 자신은 아스파시아와 살았다. 페리클레스는 하루에 두 번, 외출할 때와 돌아올 때 그녀와 포옹하고 입을 맞췄다. 이들은 2,500년 전에도 뜨거운 사랑을 거침없이 표현할 줄 알았던 개방형 커플이었다. 아스파시아가 페리클레스를 사로잡은 것은 성적 매력 때문만은 아니었다. 그녀는 아테네에서 가장 많은 연설을 해야 하는 페리클레스의 연설문을 직접 써줄 정도로 변증법과 수사학에 탁월했다.

용기 있는 자는 페리클레스만이 아니었다. 소크라테스도 '창녀 아스파시아'를 스승 삼아 '언어의 미술'을 전수 받았다.

페리클레스는 유명한 말을 남겼다.

"행복은 자유에서 나오고, 자유는 용기에서 나온다."

그렇다. 현실 정치인이면서도 창녀를 영부인으로 픽업할 수 있었던 페리클레스는 창녀를 스승으로 섬길 수 있었던 괴짜 소크라테스만큼이나 용기 있는 인물이었다.

델포이 신전의 세 가지 격언

문어요리와 스파게티를 먹는 사이 우리 주변에선 뭇 연인들이 페리클레스와 아스파시아처럼 밀회를 즐기고 있다.

페이든은 파르테논 신전을 가리키며 회상한다.

"어렸을 때만 해도 신전 안에서 축구를 했어요. 불과 몇 십 년 전까지만 해도 거의 방치 상태로 있었죠. 그리스 전통 신을 모신 신전을 미신으로 배척하던 교회가 그리스 전체를 장악하게 되면서 오히려 신전을 복원하기 시작했어요."

신들에 대한 대접도 세상의 변화에 따라 천지 차이만큼 달라진 것이다. 파르테논 신전은 비잔티움 제국 통치기엔 동방정교회의 교회가 되었다가, 십자군에게 점령된 후엔 가톨릭교회가 된다. 오스만투르크 지배 때는 또 이슬람 모스크가 되기도 한다. 신전은 신에 의해서 만들어지는 것이 아니라, 인간의 필요에 의해 만들어진 셈이다. 이 건물은 1687년 베네치아 공화국이 아테네를 점령하고 있던 오스만 투르크를 공격할 당시 탄약고로 사용되다가 베네치아 군의 포탄에 맞아 큰 피해를 입기도 했다.

페이든이 델포이 신전 기둥에 쓰여 있는 금언을 들려준다. 델포이의 아폴론 신전엔 고대 일곱 명의 현인이 남긴 금언이 새겨져 있다는데, 지금까지 '너 자신을 알라' 는 격언 외엔 사람들에게 거의 알려진 게 없었다.

'너무 과하지 않게, 너무 부족하지도 않게' 라는 말이 있다는 설도 있지만 책마다 내용이 다르다. 그래서 그리스어로 된 책에서 이것에 대한 설명이 있으면 나중에라도 알려달라고 부탁했더니 이를 잊지 않은 것이다. 페이든이 수첩에 써온 격언은 이렇다.

1. Know yourself. (너 자신을 알라)

2. All things in moderation. (중용을 지켜라)

3. Commitment brings misfortune. (집착은 불행을 가져온다)

일곱 현인이 남겼다고 해서 한 명에 하나씩 일곱 개의 격언이 있을 줄 알았는데 그게 아니다. 페이든은 델포이 신전 기둥에 쓰여 있던 건 이렇게 세 개였다고 한다. 세 번째 격언이 무슨 뜻이냐고 물었더니, "너무 안달복달하거나 과도한 책임을 지거나 집착하면 고통스러워지고 불행해진다"는 뜻이란다. 바꿔 말해 "불행해지지 않으려면 집착을 떠나 자유로워져야 한다"는 말일 게다.

나중에 자료를 찾다보니 세 번째 격언이 "Make a pledge and mischief is nigh(호언장담은 재앙을 부른다)"라는 주장도 있다.

만약 이 격언들을 우리 몸에 체화할 수만 있다면 '인간성의 모범'으로서 유교에서 말하는 군자가 될 수 있을 것이다.

소크라테스 철학의 출발점이 된 무녀의 한마디

페이든의 안내로 박물관을 돌아보고, 전망이 좋은 필로파푸(Filopappou) 언덕에도 올라간다. 박물관 옆에 바위로 된 언덕인데, 높이 40~50미터쯤 될까. 그 바위 위에 오르니 아테네 시내가 한눈에 보인다. 아크로폴리스와 신전들, 아고라 등 철학자들의 자취가 배어 있는 곳들이다.

페이든에게 소크라테스에 대해 물어보니 "잘 모른다"고 한다. 잘 알지도 모르면서 안다고 착각하거나 아는 체하는 것만큼 거짓은 없다. '잘 모른다는 것' 이야말로 "너 자신을 알라"는 소크라테스의 금언을 실천하는 첫걸음이다. 배움은 모른다는 겸허한 자각으로부터 시작된다. 그 열린 마음에 열정이 더해져 '지혜의 신성'이 더욱 발현되길 빌며 그와 '굿바이'를 한다.

페이든을 보내고 소크라테스의 숲으로 향한다.

소크라테스 철학의 실제적 출발점이 된 것은 델포이 신탁이었다. 소크라테스의 철학에 심취한 한 제자가 델포이에 와서 무녀에게 물었다.

"이 세상에서 소크라테스보다 더 현명한 사람이 있습니까?"

그러자 무녀는 대답했다.

"없다."

이 이야기를 듣게 된 소크라테스는 그리스에서 가장 지혜롭다고 생각하는 현자들을 찾아다닌다. 정말 자신보다 현명한 자가 없는지 알아보기 위해서였다. 그 결과 소크라테스는 현명하다고 자랑하는 이들이 실은 별로 아는 게 없음을 밝혀냈다. 이 때문에 그는 미운 털이 박혀, 누명을 쓰고 죽게 된다.

공원 숲속에 들어서니, 남자들이 끼리끼리 무리 지어 다니며 여성 관광객들을 흘긋거리며 쳐다보기도 하고, 남녀 커플끼리 손을 잡고 산책을 한다. 또 소크라테스를 닮은 듯한 노숙인은 벤치 위에 늘어져 있고, 그 옆엔 개 한 마리가 주인이 낮잠에서 깨어나기만을 하릴없이 기다리고 있다.

맨발에 단벌신사였다는 소크라테스도 저 노숙인과 별반 다르지 않은 모습이었을 것이다.

"아가톤, 날 좀 도와주게. 알키비아데스의 사랑은 내게 적잖이 부담이 되네. 처음 그와 사랑을 하게 된 순간부터 그의 시기와 질투 때문에 다른 젊은 이들은 쳐다보지도 못하고, 말도 한마디 건네기 어려웠네. 미친 듯이 화를 내고, 욕을 퍼부으며, 사납게 손찌검까지 하니 말일세. 좀 말려주게. 만약 그가 손찌검을 하려고 한다면 나를 좀 지켜주게. 그의 미친 듯한 행동과 지

소크라테스 감옥으로 가는 길 벤치에 누워 있는 노숙인과 개.

독한 애착에 정말 겁이 나네."

　질투와 시기심에 가득 차 앙탈을 부리는 연인으로부터 자신을 지켜줄 것을 호소하는 인물이 누구일 것 같은가. 소크라테스의 열광적인 추종자 플라톤이 《향연》에서 그린 스승 소크라테스다. 고대 그리스에서는 나이든 남자가 젊은 남자와 동성애를 하는 것이 보편적인 현상이었다. 잘생긴 젊은 남자만 보면 정신을 못 차리고 매력에 빠진 정치가와 철학자의 대화가 그리스 고전의 주요 메뉴다. 그리스에선 동성연애를 통해 성숙한 남자가 청춘에게 지혜를 전수하는 것을 당연하게 여겼다. 그러나 소크라테스는 상대의 육체만 탐닉하는 자는 연인이 언제나 자신의 노예 상태로 남아있는 것을 원하기에, 상대가 발전하고 성숙해지는 것을 원치 않는다고 경고한다. 현재의 남녀 관계에서도 새겨둘 만한 충고다.

추남 소크라테스를 연모한 미남 알키비아데스

알키비아데스는 아테네 최고 지도자 페리클레스의 조카이자 양아들이다. 장군이던 아버지가 전사하자 페리클레스가 키우게 되었다. 알키비아데스는 '그리스 최고 미남자' 이자 고대 올림픽의 마차 경주 대회에서 1~4위까지 휩쓴 당대 최고 스타였다. 아테네 최고 명문가에다 화려한 외모, 웅변가에 스포츠 스타이기까지 했으니 말해 무엇하리. 당시 아테네 사람들은 그의 손짓발짓 하나에도 죽고 못 살 정도로 열광했다.

그런 알키비아데스가 소크라테스를 죽도록 사랑했다. 알키비아데스는 《향연》에서 소크라테스를 자기 집에 초청했던 첫날밤에 대해 이렇게 고백한다.

"선생님은 괴물처럼 못생겼는데도 그의 말을 듣고 있노라면 나의 심장은 종교적 열광에 사로잡혔을 때보다 더 빨리 뛰고 얼굴엔 눈물이 흐른다. 그리고 선생님의 (자애로운) 성격과 자제력과 용기를 존경하고 사랑하지 않을 수 없다."

알키비아데스는 또 소크라테스와 참전했을 때를 회고했다.

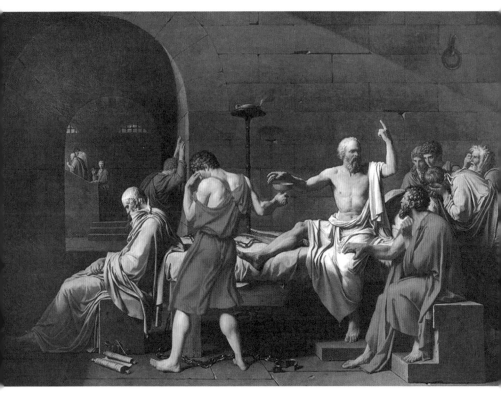

소크라테스가 감옥에서 죽기 직전 제자들과 이야기를 나누던 모습. 그림만 보자면, 머리가 하얀 노인임에도 훤칠하게 잘생기고, 자신감이 넘치며, 복근이 팽팽한 쾌남아다. 자크 루이 다비드의 1787년 작품.

"우리가 포위 당해서 식량 없이 지내게 되었을 때, 누구도 소크라테스만큼 잘 참지 못했다. 그는 강요에 못 이길 때만 술을 마셨는데, 아무리 마셔도 취하지 않았고, 내가 전투에서 부상을 입어 목숨을 잃을 뻔한 상황에선 곁을 떠나지 않고 나를 살려주었다."

"자신의 모습을 거울에 비춰보고, 아름답다면 그에 걸맞은 사람이 되고, 추하다면 교양으로 그 추한 모습을 덮도록 하라."

외모에 관심이 많은 청춘들에게 소크라테스가 한 말이다. 그의 탁월한 교양과 인품은 추한 외모를 덮고도 빛이 났다.

나 자신을 알아야 비로소 행복해진다

소크라테스의 청년 연인 알키비아데스는 가문과 재산, 외모, 말솜씨 등 당대 명성에 필요한 모든 것들을 갖춘 인물이었다. 그러나 남들이 부러워하는 것을 다 가졌다고 해서 행복이 보장되진 않는다. 오히려 자기다움 없이 이리저리 흔들린다면 인생은 부초 같은 꼴을 면치 못하게 된다.

페리클레스 사후 아테네의 지도자로 꼽히던 알키비아데스는 스파르타와 일전을 앞두고 국내에서 정치적으로 위기에 몰리자 스파르타로 망명한다. 그는 몇 년 뒤 아테네로 복귀했다가 훗날 또다시 정적들에게 탄핵을 당하자 이번엔 적국 페르시아로 망명해 생을 마친다. 아테네인들이 하나같이 열광하고 부러워하는 인물이었지만 파란만장한 삶이었다.

소크라테스는 행복해지려면 무엇보다 "너 자신을 알라"고 했다. 무지한 자신을 인정하라는 것이다. 이미 안다고 생각하는 한 탐구의 열정이 생기지 않고 결국 무지한 채로 남게 된다는 것이다. 열려야 배울 수 있고, 제대로 알게 된다.

소크라테스는 섣부른 지식을 가르치려한 소피스트들과 같은 교사가 아니었다. 그는 늘 초심자였고, 질문자였고, 탐구자였다. 소크라테스는 만티네이아라는 곳에서 온 '디오티마'란 여인에게 '사랑의 솜씨'에 대해 묻고 또

소크라테스가 투옥돼 독배를
마시고 죽은 감옥. 그 옆에서
한 젊은이가 한가로이 앉아 사
색에 잠겨 있다.

물어 배웠다. 또 '이스코마코스'를 찾아가 교육법과 건강법은 물론 아내를 어떻게 다루어야 하느냐까지 애타게 물으며 배운다. 이것이 예수, 석가, 공자와 함께 세계 4대 성인으로 추앙 받는 소크라테스의 자세다.

플라톤이 쓴 《알키비아데스》를 보면 소크라테스가 가문과 외모만 믿고 정치에 나서려는 알키비아데스를 꾸짖는 장면이 나온다. 아테네의 민주정은 정치인들에게 녹록하지 않았다. 민주시민들은 지도자들이 잘못해서가 아니라 독재를 할 가능성이 있다는 이유만으로 추방하고 죽였다. 그래서 살라미스 해전을 승리로 이끌었을 뿐 아니라, 전쟁이 아닌 통상과 교역의 확대로 부강한 나라를 만든 영웅 테미스토클레스도 추방을 당해 페르시아에서 자살로 생을 마감해야 했고, 희대의 정치가 페리클레스도 낙마의 위기에서 시민들에게 울며 빌어야 했다.

소크라테스는 그런 영웅들의 경륜은커녕 자신을 돌볼 능력도 없으면서 아테네와 세상을 돌보는 야심으로 자신뿐 아니라 아테네까지 망쳐놓을 셈이냐고 꾸짖으며 충고한다.

"자신을 먼저 돌보라. 자신을 돌보려면 자신에 대해 알아야 한다. 자기를 바로 봐야 세상이 보인다."

'나'를 모르면 세상을 행복하게 하기는커녕 '나'도 행복하게 할 수 없다. 집에서 기르는 애완견의 특성을 모르면 애완견을 행복하게 해줄 수 없는 것처럼. 애완견이 무엇을 겁내고 싫어하는지, 어느 때 행복을 느끼는지, 어떤 음식을 먹으면 쉽게 탈이 나고, 무엇을 먹으면 신나는지, 어떤 음악을 틀어주면 기분이 좋아지는지 알지 못하면 행복하게 해주기 어렵다. 자기 자신에 대해서도 마찬가지다.

실제적 행복을 위해서 무엇보다 중요한 것은 타인과 다른 '나'의 개성을 간파하는 것이다. 어떤 사람은 집을 떠나면 행복해 하는데, 또 다른 사람은 집을 떠나기만 하면 불안해할 수 있다. 한 사람은 카페에서 커피를 마실 때 최고의 행복감을 느끼는데, 다른 사람은 술집이 아닌 카페에선 아무런 행복을 느끼지 못할 수 있다. 어떤 사람은 고기만 보면 좋아 침을 흘리는데, 다른 사람은 산채 밥상에서 가장 큰 기쁨을 느낄 수 있다. 바로 우리가 서로 다르기 때문이다. 그 사소함이 기분을 좋게도, 나쁘게도 한다.

종교와 수행의 세계에서 자칫 자기다워지는 것을 에고를 강화시키는 것으로 받아들이기도 한다. 그래서 개성에 불친절한 경향이 강하다. 그러나 버려야 하는 것은 자신의 몸뚱이나 특성이 아니다. 사물과 상황을 바로 볼 수 없게 하는 편견이다. 타인이나 자연과 소통할 수 없는 꽉 막힌 마음이다. 다양한 측면을 보지 못하고 오직 한 측면을 집착하게 하는 고집스런 생각이다. 자기다움을 버려 버리면 어떻게 될까. 모든 색을 합치고 합치면 결국은 모두가 자기다움을 잃고 새까만 색이 되고 만다. 하지만 자기다움이 어우러질 때 빨주노초파남보 무지개빛이 찬란해진다. 개인도 사회도 각자 자기다움을 발현하고 이를 시기 질투심이 아니라 넉넉한 마음으로 봐 줄 수 있을 때 비로소 아름다워진다는 것은 말할 나위가 없다.

요즘은 물질적으로 가장 풍성한 시대에 살고 있음에도 개성을 스스로 포기하고, 대중 속의 모래알이 되기를 바라는 이들이 적지 않다. "꿈이 무엇이냐"라는 질문에 "세상을 바꾸고 싶다"던 젊은이들이 이제 "정규직"이라고 답한다. 고독하더라도 사자로 살아가기보다는 아웅다웅 하는 고양이로 살기를 바라며, 넓게 창공을 비상하는 독수리보다는 주어진 먹이나 편하게 먹는 병아리로 살아가길 원한다. 누가 굴레를 씌우기 전에 개성에 족쇄를 채워버린다. 야망은 포기할 수 있지만 자기다움은 포기할 수 없다. 자기다워짐이 아름다움이고, 타인을 존중하는 것이 평화다.

나만큼 상대도 관심과 배려를 원한다

자기 감정의 소음이 줄고 타심(他心)의 소리를 더 크게 들을 수 있을 때 관계가 원활해지는 것은 분명하다. 현대인들이 '관계'와 '소통'에 힘들어하는 것도 자기 속에만 빠져 있기 때문이다.

원만한 관계를 위해 자신을 포기해야하는 것은 아니다. 그보다 자기 밖에 설 수 있는 여유가 필요하다. 그리스어 '엑스타시스'는 '밖에 서 있다'는 뜻이다. 자신 속에서 빠져나올 때 황홀경을 체험할 수 있다. 그 축복은 혼자만의 것은 아니다. '자기'란 히스테리(자궁)와 동굴 속에서 나올 때 상대와 공명과 공감이 가능해진다. 미숙과 성숙의 차이는 주관 속에만 빠져 있느냐, '내 생각'에서 나와 객관적인 관점을 가질 수 있느냐의 여부다.

하지만 이런 관계의 상식조차 모른 채 청춘들은 짝 찾기에만 골몰한다. 인간은 누구나 성격과 기질의 특성이나 삶의 방향에서 크든 작든 차이가 있다는 것도 간과한 채 말이다. 개성과 기질적 차이를 바로 보는 안목도 없이 열정만 앞세우면 자신도 힘들고, 짝에게도 고통을 주게 된다. 다툼이나 속앓이, 또는 이를 극복하려는 수고에 에너지를 쏟아 부으며 청춘을 다 보내지 않으려거든 서로에게 맞는 짝을 만나는 게 무엇보다 중요하다. 하지만

나 또한 그저 사는 데만 급급해, 정작 이런 것들을 제대로 알지도 훈련받지도 못한 채 젊은 시절을 보냈다. 그렇게 남들 다 한다고 결혼을 했으니 이혼으로 이어진 것은 당연한 귀결이었는지 모른다. 그나마 서로가 남 보기만 좋은 쇼윈도부부로 살아가기를 거부한 용기를 낸 것과, 미성숙한 젊은 시절을 성찰하며 지지하고 응원하는 관계로 남을 수 있는 것만으로도 행운이라고 자위하기도 하지만 미숙한 지난 과거는 슬픔으로 남아 있다. 더구나 귀한 한 존재를 행복하게 해주지 못한 상처로 아프다.

그래서다. 부부관계에서만은 '소크라테스의 변명'에 박수를 쳐주고 싶지 않다. 소크라테스가 애초에 삶의 방향과 특성이 비슷한 짝을 만나거나, 페리클레스처럼 실패를 자인하고 서로 갈 길을 갔더라도, 아니면 가정엔 소홀하고 이상만 좇는 남편을 보며 괴로웠을 아내의 마음을 읽어주고 위로해주었더라도 크산티페가 희대의 악처로 남게 되었을까.

크세노폰의 《경영론》을 보면 소크라테스에게 아내는 훈육의 대상이지 동반자가 아니다. 소크라테스나 강태공, 공자 같은 이들을 천상에 보내는 대신 짝들을 지옥으로 보내는 건 온당치 않아 보인다.

기질적 차이가 극복되기 어려운 정도가 아닌 커플이라도 서로의 마음을 읽어주지 못해서 오는 어려움이 크다. 세상에서 가장 고마운 사람은 내 마음에 귀를 기울여주는 사람이다. 보통의 인간에게 필요한 것은 교주나 교사가 아니라 마음을 읽어주는 벗과 어머니 같은 연민이다. 그래서 플라톤은 말한다.

"남에게 친절하라. 그대가 만나는 모든 사람은 현재 그들의 삶에서 가장 힘겨운 싸움을 하고 있다."

인간은 아무리 가까운 사이라도 치명적인 말은 피해야 할 만큼의 배려와 아량이 필요하다.

누구나 욕하거나 비방하거나 강요하거나 때리거나 속이거나 미워하면 싫어한다. 반대로 존중해주고 사랑해주며 칭찬해주고 안아주며 진실하게 대해주고 따뜻하게 웃어주면 좋아한다. 내가 싫어하는 건 남들도 싫어하고, 내가 원하는 건 남들도 원한다. 싫어하는 것을 피하고, 원하는 것을 행하는 것만큼 좋은 관계를 지속시키는 비결은 없다. '좋은 관계'를 갖기 위해 소크라테스의 제자 크세노폰의 말을 기억힐 필요가 있다.

"당신이 상대방에게 협조와 사랑을 기대하고 있을 때, 상대방도 당신에게 관심과 배려를 기대한다는 것을 잊지 말라."

알키비아데스는 아테네 최고의 외모와 가문, 천재적 재능을 지녔지만, 원만한 관계 맺기엔 서툴렀던 것 같다. 더구나 자신의 이해관계에 따른 처신 때문에 "소크라테스로부터 모든 것을 배웠지만 그 도덕성만은 배우지 못했다"는 악평을 받기도 한다.

동굴 옆에 위쪽으로 올라가는 급경사로가 보인다. 동굴 감옥의 옥상 격인 언덕 위에선 청춘남녀가 열렬히 키스 중이다. 눈앞엔 파르테논 신전과 아테네의 옛 시가지들이 펼쳐져 있고, 근처는 잡풀이 우거져 있어 아베크족이 숨어서 키스를 하기엔 그만이다.

아테네의 뒷골목에선 부활절 맞이 잔치가 한창이다. 크리스마스를 맞은 서울 뒷골목의 모습과 다르지 않다. 레스토랑들은 야외에서 양을 통째로 굽는다. 1년 중 부활절에만 볼 수 있는 도심 풍경이다. 히말라야를 누비며 익숙하게 접했던 양고기 요리를 모처럼 맛보며 시원한 생맥주를 마신다. 생맥주 한잔에 온갖 시름을 잊고, 세상을 다 가진 것처럼 행복해할 수 있는, 나의 단순함이 더할 나위 없이 좋은 날이다.

아테네엔 플라톤의 아카데미, 아리스토텔레스의 리케이온, 에피쿠로스의 정원, 스토아학파의 스토아 등 많은 학교가 있었다.

아테네인들은 이런 학교들만이 아니라 아테네 자체가 모든 도시국가들의 모델이 될 민힌 '그리스의 학교' 라고 주장했다.

플라톤이나 크세노폰은 스승 소크라테스가 공포정치 뒤에 등장한 민주정에 의해 사형 당하자 민주주의에 대해 환멸을 나타냈지만, 아테네인들의 자부심은 대단했다.

아테네인들은 아테네가 이집트보다 1,000년 앞선 기원전 9600년 전 아테나 여신에 의해 세워져 법과 제도가 정비됐다고 주장한다. 국수주의적 이 주장도 자긍심의 표출로 볼 수 있다. 플라톤의 대화편과 투키디데스의 펠로폰네소스 전쟁사엔 전사자들을 위한 소크라테스와 페리클레스의 추도연설이 등장한다.

둘의 연설문은 모두 창녀 아스파시아로부터 원문을 받은 때문인지 아주 유사하다. 소크라테스의 연설이다.

"다른 나라마냥, 약자나 빈자거나 부모가 유명하지 못하다고 해서 아무도 쫓겨나지 않고, 그 반대라고 해서 존경 받지도 않는다. 권력을 가질만큼 현명하거나 훌륭한지 여부만 기준이 된다. 우리는 평등하게 태어났기에 법적 평등을 강제하고 있고, 덕과 사려에서 나오는 명성 이외의 다른 어떤 것 때문에 서로에게 복종하는 그런 일이 없게끔 만들어놓았다."

또 페리클레스도 유사한 자랑을 열거한 뒤 주로 스파르타와 비교해 아테네의 장점을 이렇게 연설한다.

"우리는 억압받는 자를 보호하는 법을 어기는 것을 치욕으로 간주한다. 교육체계도 남다르다. 스파르타인들은 어릴 적부터 용기를 북돋기 위해 혹독한 훈련을 받지만, 우리는 얽매이지 않는 삶을 살면서도 그들 못지않게 위험에 맞설 각오가 되어 있다. 우리는 고상한 것을 사랑하면서도 비용을 많이 들이지 않으며, 지혜를 사랑하면서도 문약하지 않다. 우리에게 부는 행동을 위한 수단이지 자랑거리가 아니다. 정치가들은 가사도 돌보고 공적인 업무도 처리하며, 주로 생업에 종사하는 사람들도 정치에 무식하지 않다. 무지하고 용감하기만 한 다른 국가 백성들과 달리 모험심이 강하면서도 사전에 심사숙고할 능력이 있다. 시민 개개인은 인생의 다양한 분야에서 유희하듯 우아하게 자신만의 특질을 개발할 능력이 있다. 따라서 우리 도시 전체가 '그리스의 학교'다."

그리스 철학은 국가를 위해 개인을 총동원하는 국가주의적 경향이 강하다. 그러나 개인의 행복과 국가의 성공이 별개일 수는 없다. 내적인 수행이 우선이냐, 외적인 제도 개혁이 먼저냐는 논의는 불필요하다. 둘 다 중요하다. 아테네는 둘을 함께 성취했다. 그들의 창조력은 놀라웠다. 아이, 이방인, 여성, 해방노예, 노예들을 제외하고 불과 3만 명의 시민이 이룬 정치, 철학, 문학, 예술의 금자탑은 어느 시대 어느 지역의 광휘로도 덮을 수 없을 만큼 찬란했다.

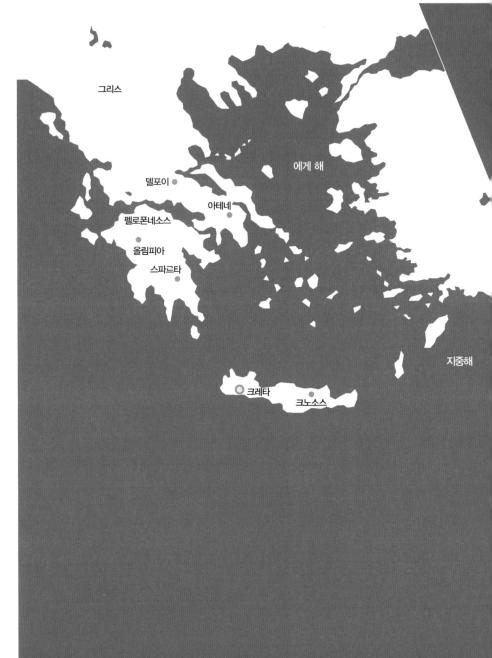

그리스

에게 해

델포이 ●

아테네 ●

펠로폰네소스

올림피아 ●

스파르타 ●

지중해

크레타 ◎

크노소스 ●

chapter 11

자유의 섬, 크레타

: 조르바처럼, 당신도 자유를 위해 삶을 바꿀 용기가 있는가?

．

"나는 아무것도 바라지 않는다.
나는 아무것도 두려워하지 않는다. 나는 자유다."

— 카잔차키스

아테네, 아니 그리스 본토와 작별할 시간이다. 비행기는 아테네를 힘차게 박차고 올라 해안선을 넘는다.

드디어 에게 해다. 그리스와 터키의 앞마당과 같은 넓은 바다에 붙여진 이 이름은 아테네의 영웅이자 테세우스의 아버지 아이게네스 왕에서 비롯된 것이다. 헤라클레스가 스파르타의 영웅이라면, 테세우스는 그에 비견할 만한 아테네의 영웅이다.

'에게 해'란 이름에 숨은 비극

테세우스는 아테네의 왕 아이게우스와 트로이젠의 왕 피테우스의 딸 아이트라 사이에서 태어나 외가에서 자랐다. 아이게우스는 아들이 태어나기 전 아내 아이트라와 작별하면서 자신의 칼과 구두를 바위 밑에 넣어둔다. 마치 주몽이 아들 유리왕을 위해 신표를 준 것처럼.

테세우스는 장성하자 신표를 꺼내 아버지를 찾아 길을 떠난다. 그는 지름길인 바닷길로 가라는 권고를 거절하고 험난한 육로를 택한다. 그가 '늘리는 자'라는 뜻의 프로크루스테스를 만나 처치한 것도 바로 이때다. 프로크루스테스는 여행자들을 결박해 침대에 뉘어 키가 침대보다 짧은 경우에는 몸을 강제로 늘여 침대에 맞도록 했고, 신장이 침대보다 길 경우에는 남는 부분을 잘랐다. 상대를 보지 않고 오직 자신의 잣대로만 세상과 사람을 재단하는 독재자처럼.

테세우스가 찾아간 아버지의 나라 아테네는 크레타 왕 미노스에게 조공을 바치는 신세였다. 미노스 왕에서 시작된 미노아 문명은 그리스 문명뿐 아니라 유럽 문명의 원조 격이다.

미노스는 위대한 문명을 낳은 왕이자 비극의 주인공이기도 하다. 그는 아내 파시파에와 사이에서 아리아드네, 파이드라, 안드로게오스 등을 낳는다.

미노스는 포세이돈에게 기원해서 수소를 바다 속에서 출현시킨 덕분에 왕위에 올랐다. 그러나 멋진 수소가 욕심난 나머지 약속을 지키지 않고 소를 포세이돈에게 바치지 않는다. 이에 화가 난 포세이돈은 미노스의 부인 파시파에가 수소를 사랑하게 만든다. 이로 인해 둘 사이에 반은 사람이고, 반은 소인 인신우두(人身牛頭)의 괴물 미노타우로스가 태어난다.

미노스는 명장 다이달로스에게 라비린토스란 궁전을 만들게 한다. 라비린토스는 한번 들어가면 나올 수 없는 미궁(迷宮)이다. 미노스는 이 미궁에 괴물 미노타우로스를 가둔다.

이즈음 올림픽에 출전한 미노스의 왕자 안드로게오스가 우승하자 화가 난 아테네의 아이게네스 왕이 왕자를 죽이는 사건이 발생한다. 아테네를 쑥

대밭으로 만들고자 전함을 몰고 간 미노스 왕에게 아테네가 9년마다 소년 소녀 14명을 보내겠다고 약속하자 미노스 왕은 철군한다. 그리고 미노스 왕은 아테네에서 보낸 죄 없는 소년소녀들을 미궁 속에 갇힌 미노타우로스의 먹이로 던져준다.

테세우스는 아버지의 인정을 받고 아테네 왕국의 후계자가 된다. 하지만 자신의 길을 스스로 여는 자만이 진정한 왕이 될 수 있다.

테세우스는 한번 들어가면 누구도 빠져 나오지 못한 채 괴물의 먹이가 되

에게 해에서 가장 큰, 제주도 4배
크기의 크레타 섬과 제우스가 태어
났다는 전설이 있는 이다 산 설봉.

는 미궁 행을 자원하고, 14명의 소년소녀들 속에 섞여 크레타로 떠난다. 그
가 헤라클레스와 함께 그리스 최고의 영웅으로 불리는 것은 진정한 리더인
때문이다. 리더십은 자기만 사는 게 아니고, '더불어 살아가는 기술'이다.
이기적 욕망에 사로잡힌 독재자와 달리 위인은 열정과 자기희생 속에서 탄
생하는 것이다. 조공 행렬은 죽음의 항해였기에 늘 검은 돛을 내걸었다.

"지금은 검은 돛을 달고 가지만, 반드시 살아서 흰 돛을 달고 돌아오겠습
니다."

테세우스는 아버지 아이게네스 왕에게 이렇게 말하고 크레타로 향한다. 흰 돛을 단 자기 배를 발견하면 승리의 표시이니 기뻐해달라는 말을 덧붙이면서.

테세우스는 온갖 난관을 헤치고 괴물을 처치한다. 아테네로 돌아가는 길에 테세우스는 흰 돛으로 바꿔 달겠다는 아버지와의 약속을 깜박한 채 검은 돛을 그대로 달고 귀항하고 만다.

멀리서 검은 돛을 본 아이게네스 왕은 아들이 괴물의 밥이 된 줄 알고 절망한 나머지 바다에 몸을 던지고 만다. 그래서 이 바다가 그의 이름을 따 '에게 해'가 된 것이다.

성급한 왕의 선택이 안타깝다. 지금 내 삶이 불행하다고, 자유롭지 않고, 장애가 생겼다고 서둘러 세상을 버릴 일이 아니다. 고통의 시간은 클라이맥스를 고조시키기 위한 연극의 서막인지도 모를 일이니. 섣불리 인생을 비극으로 결말 지어서는 안 된다.

'나는 자유다' 카잔차키스의 묘비명

에게 해를 가른 비행기 차창 밖으로 제우스의 영봉인 설산이 보인다. 높이 2,456미터 크레타 최고봉 이다 산이다. 아테네를 떠난 지 1시간만이다. 배로는 9~10시간을 달려야 할 거리다. 이다 산은 제우스가 태어났다는 곳이다. 제우스의 고향이 크레타인 셈이다.

이뿐만 아니다. 스파르타의 설계자인 리쿠르고스와 아테네의 입법가 솔

론이 모두 이 섬을 여행하고 감격을
받아 그리스의 위대한 도시국가를
구상했다. 크레타는 바로 그리스의
어머니다.

크레타 해안선을 따라가던 비행기
가 앉은 곳은 이라클리온 카잔차키스
공항이다. 이라클리온은 이곳 지명이
고, 카잔차키스는 이 섬 출신으로《그
리스인 조르바》를 쓴 소설가다. 크레
타의 관문에 신과 영웅들을 제치고
근현대 소설가의 이름을 딴 것이 흥
미롭다. 더구나 그리스 정교회의 나
라에서 정교회로부터 파문을 당하고,
붓다의 제자를 자처한 소설가를. 그
래서 크레타는 자유의 땅이다.

처음 찾아간 곳은 카잔차키스 무덤
이다. 시내 중심가에서 20분쯤 떨어
진 높은 언덕에 있다. 계단을 따라 언
덕을 올라가면 넓은 정원과 잔디밭이
펼쳐져 있고, 그 가운데 무덤과 표석
이 있다. 이라클리온 시내와 바다까
지 훤히 보이는 곳이다. 그래서 이곳

이라클리온 역사박물관 입구에 있는 목상.

크레타 출신의 대문호 니코스 카잔차키스의 무덤. 크레타 섬은 《그리스인 조르바》의 무대다. 생전에 카잔차키스는 자신의 묘비명에 이렇게 기록했다. "나는 아무것도 바라지 않는다. 나는 아무것도 두려워하지 않는다. 나는 자유다."

이 카잔차키스의 무덤이라기보다는 조르바의 무덤 같다는 착각이 든다.

카잔차키스는 그리스 정교회의 종교성이 깃든 작품을 적지 않게 썼다. 그는 《그리스인 조르바》에서는 2년 전부터 스승으로 모신 《붓다》를 집필하는 소설가이자 광산업자로 등장한다.

"나는 아무것도 바라지 않는다. 나는 아무것도 두려워하지 않는다. 나는 자유다."

생전에 카잔차키스가 써놓은 묘비명은 불교적 해탈의 경지를 표현하고 있다. 인간이 모든 몸짓과 말은 살고자하는 몸부림이다. 하시만 아무리 발버둥 쳐도 죽음을 피할 자는 아무도 없다. 이왕 죽을 운명을 받아들여 생사의 두려움으로부터 자유로워진 자야 말로 최후의 승리자가 된다.

이것은 카잔차키스가 아닌 조르바의 경지다. 만약 돈도 없고 무식하기까지 한 조르바가 돈 많은 지식인인 카잔차키스를 부러워해 그다움을 잃어버린 채 몸부림쳤다면 그는 자유인이 아니라 노예였을 것이다. 부자유는 결핍과 장애에서 오는 것만은 아니다. 결핍과 장애를 받아들이고 자기 자신으로 살아갈 때 드디어 자유로워진다. 자유엔 용기가 필요하다. 사방이 막힌 무문관에 들어가 수십 년간 명상하는 수행자도, 위험한 에베레스트 등정에 나선 자도 자신이 원한 것이기에 자유롭다. 자유는 행복의 전제조건이다. 자유가 없다면 행복도 없다. 자기가 원하는 대로 살지 못한 채 마음에도 없는 일을 억지로 하면서 행복해지기를 바랄 수는 없다.

인간은 운명의 굴레를 타고 난다. 하지만 붓다는 본래 자유로움을 자각하라고 한다. 대자유의 은총을 탁월한 수행자들이나 선택 받은 소수에게만 주지 않는다. 붓다의 깨달음 뒤 일성은 미물들에게조차 지혜와 덕이 두루 갖추어져 있다는 것이다. 길에서 여자만 보면 환장하는 조르바나, 길가에서 '그 짓'을 하는 개나, 물건을 내놓고 자위행위를 하던 디오게네스나, 온종일 암컷을 찾아 시끄럽게 울어대는 수컷 매미도 두말할 나위 없이 소크라테스와 같은 지혜와 덕을 이미 갖추고 있다는 것이다. 우리는 그런 지혜를 되찾아 자유로워져야 할 존재라는 것이다.

하지만 정작 붓다의 탄생지 인도나, 불교가 주요 종교 중 하나인 한국에서 붓다의 깨달음이 실현되고 있는지는 의문이다. 특권계급 브라만과 불가촉천민이 붓다의 출현으로 과연 사라졌는가? 붓다의 대각일성과 달리 4성제를 복귀시켜 승려는 브라만으로 군림하고, 예외적인 부유층과 권력자들을 제외한 불자 대중에겐 안하무인으로 굴지는 않는가. 카잔차키스가 일찍이 이를 알았더라면 어땠을까. 그랬다면 모태신앙의 수도자들을 경멸하고 불교를 그토록 동경한 태도에도 적지 않은 변화가 있었을지 모른다.

인류의 문명은 진화하고 있는가

크레타엔 이 무덤 말고 카잔차키스를 느낄 수 있는 곳이 또 있다. 이라클리온 역사박물관이다. 박물관 입구에 서 있는 오래된 목상이 인상적이다. 여신 상이 분명한데, 카잔차키스의 집에 있던 것이라고 한다.

역사박물관은 크레타의 역사를 보여주는 인물들의 방으로 구성돼 있다.

이들 가운데 가장 인기 있는 곳은 역시 카잔차키스의 방이다. 그의 서재와 침대, 사진, 그가 직접 그린 그림까지 전시돼 있어서 인간 카잔차키스를 제

역사박물관에 꾸며놓은 카잔차키스의 서재. 크레타의 역사를 보여주는 여러 인물들의 방 가운데 가장 인기 있는 곳이다.

대로 느낄 수 있다.

　신화나 미노스 문명과 관련된 유적들은 이라클리온 고고학 박물관에 있다. 기원전 2000년~3000년대 이 섬의 고대 미노아 문명인들이라고 해봐야 인구 몇 천, 몇 만에 불과했을 텐데 이토록 아름다운 예술품들을 만들어내다니 믿기지 않을 정도다.

　박물관을 수리하는 중이어서 일부 유물만 공개하고 있었지만 그들의 경지를 알기에 부족함이 없다.

　유럽은 제우스가 첫눈에 반해 크레타로 보쌈해온 '에우로페(그리스어 Europe)'를 어원으로 한다.

　제우스가 적당히 재미를 보고 떠나버린 뒤 에우로페는 크레타의 왕 아스테리오스의 아내가 된다. 고대엔 민주정이라는 그리스에서도 여자가 사람 대접을 제대로 받기란 쉽지 않았는데, 왕비의 경우는 달랐다.

　"쿠데타가 일어나도 왕비의 남편이 바뀔 뿐 세상은 그대로다."

　이 연극의 대사처럼 왕은 바뀌어도 왕비는 죽지 않고 건재한 경우가 많았다.

　제우스는 에우로페를 떠나면서 그나마 양심이 남아 있었던지 크레타를 지켜줄 청동 거인 탈로스, 사냥감을 절대로 놓치지 않는 사냥개, 과녁을 빗나가는 일이 없는 투창 등 세 가지 선물을 준다. 이 가운데 '청동 거인'이란 신화적 상상력이 흥미롭다. 지금으로 치면 영락없이 태권브이나 마징가 제트와 비슷한 로봇이니 말이다.

　그런데 신화에서 탈로스에 대해 묘사해놓은 것을 보면 신기하다. 탈로스의 몸에는 '불'을 상징하는 액체가 들어 있어서 청동임에도 움직일 수 있었다고 한다. 이때 액체는 기계를 움직일 수 있는 에너지인 석유가 아니고 무엇이겠는가. 이미 신화에서 기계문명을 움직일 동력에 대한 발상이 포함돼 있었다니 놀라울 따름이다.

들어가면 나올 수 없는 미궁에 얽힌 신화

이제 미노스 문명의 산실이자 테세우스가 향한 크노소스 궁전이다. 중앙광장에서 2번 버스를 타고 20분 가량 달리면 이라클리온 북쪽 66킬로미터 지점 구릉이다. 사방을 성곽이나 방패처럼 막아주는 가운데 넓은 분지가 있고, 미궁은 이 분지 위에 세워졌다.

1900년 영국의 고고학자 에반스가 발견한 뒤 발굴이 계속되고 있는데, 대부분이 돌집이고 기둥 정도가 남아 있는 실정이다. 이곳에서 발견된 아름다운 그림과 조각은 박물관으로 옮겨지고 모조품이 남아 있다는데 그래도 아름답다. 왕의 권위를 과시하기 위한 전시적인 벽화와 달리 천연색으로 바다에서 뛰노는 돌고래, 권투 하는 처녀의 모습이 전혀 다른 세계로 안내한다.

미궁은 여러 층으로 이루어진 지금의 구조물만 보아도 빠져나오기가 간단치 않아 보인다. 그리하여 한 번 들어가면 누구도 나올 수 없었는데, 유일하게 미궁을 빠져나온 이가 있다. 바로 테세우스다.

영웅에겐 늘 조력자가 나타나기 마련이다. 특히 그를 보고 반한 예쁜 여자라니, 그림이 그려진다. 영웅 테세우스를 위해 등장한 미인은 미노스 왕의 딸 아리아드네. 크레타 판 낙랑공주다. 테세우스를 보고 한눈에 반한 미노스 왕의 딸 아리아드네는 테세우스의 몸에 실을 묶어준다. 보통 한 번 들어가면 다시 빠져나올 수 없는 미궁에서 실을 따라 빠져나올 수 있도록

(위쪽) 크노소스 궁전의 돌고래 벽화.
(아래쪽) 물병을 나르는 여인 벽화.

미노스 왕이 지은 미궁. 미궁은 여러 층으로 이루어진 지금의 구조물만 보아도 빠져나오기가 쉽지 않아 보인다.

한 것이다. 몸에 실을 묶고 들어가 미노타우로스를 없앤 테세우스는 실을
따라 무사히 미궁 속에서 빠져 나와 공주와 함께 크레타를 떠난다.

　그리스에서 제우스는 통상 독수리로 상징되지만, 황소도 제우스를 상징
한다. 전사들이 황소의 피로 세례를 받은 것은 절대적인 힘을 얻고자 하는
열망 때문이었을 게다.

　그러나 절제되지 않은 욕망은 파멸을 불러오기 쉽다. '이카루스의 날개' 이야기가 이를 잘 말해준다. 미노스 왕은 왕비 파시파에가 소와 간음하는 것을 도왔다는 이유로 미궁을 만든 다이달로스와 그의 아들 이카루스를 미궁 속에 가둬버린다. 자기가 만들었음에도 결코 나갈 수 없다는 사실을 잘 알고 있던 다이달로스는 미궁 속에 날아 들어온 새들의 깃털을 모아 밀랍으로 날개를 만든다. 둘은 날개를 어깨에 달고 미궁을 빠져 나온다.

미궁을 나오기 전 다이달로스는 아들에게 신신당부한다.

"날개를 단 채로 너무 바다 가까이 가면 습기가 차 날개가 떨어지고, 너무 높이 날아 태양 가까이 가면 밀랍이 녹아 날개가 떨어질 것이므로 조심 해라."

한마디로 너무 낮게도 말고, 너무 높게도 말고 적절한 중용을 취하라는 것이다. 하지만 철없는 아이에겐 쇠귀에 경 읽기다. 이카루스는 너무 신이 난 나머지 하늘 끝까지 날아오른다. 오르고 올라 태양 기끼이 갔을 때 밀랍이 녹아내린다. 마침내 날개가 떨어져나가고, 이카루스는 최후를 맞이하고 만다.

훌륭한 지도자의 조건, 이성적 지혜와 사자의 용기

그리스 신화에서 반은 인간, 반은 짐승인 존재가 미노타우로스 외에 또 있는데, 케이론이다. 케이론은 '반은 인간, 반은 말'로 수많은 영웅과 현자들을 길러낸 스승이다. 대표적으로 의신(醫神) 아스클레피오스, 로마의 건설자 아이네이아스, 그리스 최고의 전사 아킬레스와 영웅 헤라클레스 그리고 영웅들의 두목 이아손 등이 있다.

이 대목에서 궁금해진다. 둘 다 반은 인간, 반은 짐승인데, 어떻게 한쪽은 천하의 못된 괴물이고, 한쪽은 현자와 영웅들의 스승이 될 수 있을까.

인간이 짐승과 다른 것은 머리로 생각하고 말하며 판단하는 이성을 가지고 있다는 점이다. 그리스 철학은 잠자는 이성을 깨우는 죽비다. 이성을 가진 인간과 달리 짐승은 본능대로 살아간다. 그런데 미노타우로스는 머리 부분이 소고, 허리 아래가 인간이다. 이성적 판단을 해야 할 두뇌 부분이 짐승이다. 반면 행동을 나타내는 아랫부분이 인간이다. 머리는 짐승인데 행동력을 나타내는 아랫도리는 나약한 인간인 것이다. 머리는 본능대로 하고 싶은데, 몸이 따라주지 않는다. 부조화의 극치다. 아랫도리로 짐승처럼 제대로 욕구를 해소하지도 못하니 광폭해질 수밖에 없다. 그래서 소년소녀를 질근 질근 씹는 것으로 화를 표출한다.

반면 케이론은 허리 아래가 튼튼한 말이니 쏜살같이 산을 달릴 수도 있고, 최고의 정력까지 발휘할 수 있다. 게다가 머리 쪽은 사람이니 이성적이다. 이성의 힘으로 본능적인 하체를 잘 조절하고 활용할 수 있는 최상의 조건인 것이다. 그리스 신화에 영향을 미친 이집트의 스핑크스도 마찬가지다. 왕의 상징인 스핑크스는 머리는 사람이고 몸은 사자다. 인간의 이성적 지혜와 사자의 힘과 용기를 함께 갖출 때 진정한 왕이 될 수 있다.

케이론에게 훌륭한 지도자의 자질을 배운 이들은 민첩하고 강한 말 같은 육체와, 이를 잘 활용하는 명철한 지혜를 동시에 터득하게 된다. 이아손도 당연히 그렇게 키워진다.

영화 〈반지의 제왕〉에서 반지원정대를 이끈 대장 아라곤을 연상할 수 있는 아르고호 원정 대장 이아손은 테살리아 지방 이올코스의 왕자다. 그러나 그의 삶이 순탄했다면 아르고호 원정대가 오늘날까지 아이들의 모험심을 자극하는 상징이 될 리 없다. 그의 아버지 아이손은 이복형제 펠리아스에 의해 왕위에서 쫓겨난다. 그의 어머니는 어린 이아손을 켄타우로스족의 현자 케이론에게 보내 양육을 부탁한다.

장성한 이아손은 왕위를 되찾기 위해 고국에 돌아간다. 펠리아스는 조카 이아손을 곤경에 빠뜨릴 심산으로 꼬드긴다.

"지상에서 가장 먼 콜키스에 가서 황금으로 된 양모피를 가져오면 왕위를 물려주겠다."

자신을 위험에 빠뜨리려는 속셈을 알면서도 이아손은 이 제안을 기꺼이 받아들인다. 결국 이아손은 50명의 원정대를 이끌고 콜키스로 간다. 테세우스처럼 이아손에게도 도움을 줄 낙랑공주가 나타난다. 그는 콜키스의 공주 메데이아의 도움을 받아 황금 양모피를 찾는 데 성공한다. 천신만고 끝에 귀환길에 오른 이아손이 맨 마지막에 들른 곳이 크레타 섬이다.

물도 바닥나고 지칠 대로 지친 일행은 크레타 섬에 상륙해 미노스 왕을 만나 물과 식량을 제공받을 꿈에 부푼다. 그러나 이게 웬걸. 막상 크레타 섬에 이르자 거대한 거인이 마치 불타는 청동 탑처럼 번쩍번쩍 빛을 내며 감시하고 있다. 청동 거인 탈로스다. 거인은 아르고호를 발견하자마자 단번에 계곡을 뛰어내려와 경고한다.

"이곳에 내리기만 하면 저승에 보내겠다."

다른 용사들이 "불처럼 뜨거운 청동 거인을 어떻게 이길 수 있겠느냐"고 두려움에 떨며 말릴 때 메데이아만 코웃음을 친다. 그는 탈루스의 몸이 액체로 된 불로 채워져 있지만 정맥만은 못으로 봉해져 있다는 비밀을 알고 있었다.

메데이아가 용사들의 도움을 얻어 크레타 섬의 해안가에 내리자 거인이 득달같이 달려와 위협을 한다. 메데이아는 동요하지 않고 '마법의 노래'를 들려준다.

"인생은 짧지만 달콤한 것. 그러나 영원히 살 수 있다면 훨씬 더 달콤하겠지요."

그는 청동 거인에게 영원히 살 수 있는 젊음의 묘약, 이코르를 몸에 넣어주겠다며 달콤한 노래로 유혹한다.

'영원한 젊음'을 선물로 주겠다는 유혹에 넘어간 대가는 컸다. 메데이아는 이코르를 넣는 척하며 정맥의 못을 뽑았고, 탈로스는 생명을 잃고 고철 덩어리가 되고 말았다.

좀 더 오래 살고, 좀 더 많은 것을 얻으려는 갈망이 자신을 태워 고사시키고 만 것이다.

세상을 바꾸기 전에 먼저 삶의 방식을 바꾸라, 조르바처럼!

조르바 같은 자유를 누리고 싶다는 이들이 점점 늘고 있다. 지식 속에만 갇혀 행동하지 못하던 이들이 굴레를 벗어던지고 조르바 같은 행동파가 되고픈 것이다.

욕망하되 욕망에 질식하지 않고, 자유를 만끽하고 싶은 게 인간의 마음이다. 크노소스 벽화 중엔 돌진하는 황소의 등에 뛰어올라 공중제비를 하는 처녀의 모습이 있다. 그녀의 날렵한 몸놀림에서 삶의 짐을 송두리째 벗어버리고 싶은 충동을 읽을 수 있다.

무언가를 열망하면 속에서 뜨거운 열기가 올라오게 마련이다. 자유에 대한 열망도 예외가 아니다. 자유를 꿈꿀수록 자신의 굴레가 더 답답하게 느껴진다.

해안가에 길게 쌓인 둑을 따라 고성으로 가는 500미터의 길을 걸으며 바닷바람을 맞는다. 그러다 바다가 보이는 레스토랑의 야외 탁자에 자리를 잡는다. 이런 날은 포도주보다는 독한 라키를 마셔줘야 한다.

세상을 바꾸기 전에 자신의 삶의 방식을 바꿀 용기를 갖기 위해서, 조르바 같은 자유를 원하는 자라면 그전과 다른 삶의 방식이 필요할 터다. 조르바처럼 적어도 뭔가를 버릴 정도의 용기가 필요하다. 조르바에겐 명품 옷도, 고정된 직업도, 아내도, 가족도, 집도, 돈도 없다. 소유한 것 가운데 무엇 하나 포기하지 않고 조르바의 자유를 누리려는 건 도둑의 심보다. 그 가운데 하나라도 없으면 못 살 것 같은 인간 군상과 달리 그런 것 없이도 평화롭게 잘 살아가는 그의 해탈에 숨이 탁 트인다.

저 밀려드는 파도는 말한다.

"오직 돈과 큰 집과 큰 자동차와 멋진 배우자와 호화로운 생활만을 동경하는 삶을 거부할 용기도 생각도 없이, 해안가 낚시꾼의 한중진미나 한가한 산책 같은 걸 동경하는 망상은 파도에 쓸려 보내라."

"자유롭게 오고가는 여행객을 보면서 에게 해의 코발트 빛 바다를 떠올리며 상념에 잠기거나 해안가에서 포도주에 바비큐를 즐기는 낭만을 그리는 쓸 데 없는 번뇌일랑 파도 거품처럼 녹여버려라."

"소박하고 소소한 일상의 여유와 친절한 삶을 제치고 탐욕의 삶을 선택했다면 그 길에만 더 충실해져라. 이아손처럼 거친 바다를 용기 있게 항해하면서."

어차피 삶은 이것 아니면 저것의 선택, 전진과 후진을 동시에 할 수는 없다는 이치를 알아야 하지 않는가.

사람들은 욕망을 그대로 품은 채 마음의 평화와 삶의 자유 그리고 행복을 원한다.

행복은 무엇이 된 결과로서 주어지는 것이 아니라, 과정인 지금 여기에서 좋은 것인데, 사람들은 자기가 꿈꾸는 삶을 사는 이들을 동경만 하고 그렇게 되기를 갈망만 한다. 하지만 자기가 아닌 누군가가 되려는 갈망이 과연 행복을 가져다 줄까. 크레타 섬 역사박물관 직원의 말이 정곡을 찌른다. 조르바를 좋아한다는 그에게 조르바의 삶을 동경하느냐고 물었더니 이렇게 말한다.

"조르바를 좋아하긴 하지만 조르바는 조르바, 나는 나."

사람들은 다시 태어나면 지금처럼은 살지 않으리라고 말한다. 남보란 듯이, 내 뜻대로 살아보리라고. 그런데 과연 그렇게 될까. 내일이 오면 그때도 타인의 삶이나 바라보며 내일이나 기약하고 있지는 않을까. 그래서 카잔차키스가 붓다만큼 따랐던 니체는 말했다.

"다시 태어나 살고 싶을 그런 삶을 살아라."

내일 말고, 지금 당장 여기서!

현대 사회를 노마드(유목민) 시대라고 한다. 한 곳에 정주하지 않고 가방 하나 들고 세계를 누비며 사업을 하고, 한 직장에 목매지 않고 옮겨 다니며, 첨단 통신기기로 시공간을 넘어 '순간이동'을 하기 때문이다. 예나 지금이나 삶의 짐이 무거우면 자유롭게 이동할 수 없나.

그런 자유로운 이동이 현대에만 있었던 게 아니다. 에게 해와 지중해 등 바다에 둘러싸여 살았던 고대 그리스인들은 해양 노마드였다. 그리스 문명은 이집트나 메소포타미아, 바빌로니아 등과 바다를 통한 교류가 활발했던 섬이나 해안에서 시작됐다.

에게 해에서 가장 큰 섬인 크레타에서 본격적인 문명이 태동한 것은 기원전 2600~1900년이다. 그리스 본토에선 인도 유럽인들이 이주해와 기원전 1600~1200년 미케네 문명을 연다. 이들은 펠로폰네소스 반도와 지중해 서안에 이어 크레타 등 에게 해의 섬들까지 장악한다. 기원전 1,200년경 지중해 일대는 청동기 시대에서 철기 시대로 넘어가며 놀랄 만한 '민족 대이동'이 일어나는데, 도리스인들이 그리스를 덮친다. 이로 인해 그리스는 기원전 1100~750년 암흑시대를 맞는다.

기원전 800년부터 도시국가들이 형성되고, 페니키아 문자를 도입 수정해 그리스 문자를 만들면서 알카익기(상고시대, B.C. 650~500), 황금시대인 고전기(B.C. 500~330), 헬레니즘 시대(B.C. 330~67)로 이어지는 화려한 서양 문명의 서막이 열린다.

　서양 문명의 원조인 그리스 문명은 오리엔트의 영향을 받았다. 오리엔트의 원조는 메소포타미아 남쪽 지방, 오늘날의 이라크 남부에서 일어난 수메르 문명이다. 기원전 3000여 년 전으로 거슬러 올라가는 최고(最古) 문명이다. 바빌로니아제국이 구약성서에 나오는 바벨탑을 지었다는 곳이다. 1분을 60초, 1시간을 60분, 1일을 24시간, 1주일을 7일, 1년을 12개월, 원주를 360도로 규정한 것이 수메르인들이었다.

　기원전 5세기 동방인 페르시아와 전쟁을 승리로 이끈 그리스는 자신을 길러준 동방과 이집트로 확장해간다. 크레타 등 에게 해의 모든 섬들과 키프로스, 이집트, 팔레스타인, 시리아, 메소포타미아, 소아시아, 마르모라 해, 흑해, 이탈리아, 스페인, 시칠리아, 북아프리카 등 방대한 지역에 그리스 도시국가들이 들어섰다. 그리스 본토와 에게 해로 국한되는 현 그리스는 고조선이나 고구려, 발해의 영광에 비해 초라하기 그지없는 남한과 비교할 수 있다.

　거대한 지중해를 둘러싼 이들 도시국가들은 그리스어를 쓰고, 그리스 신을 섬기며, 그리스 문학과 축제를 즐겼다. 무려 1,000년간 지중해는 그리스의 호수이자 서구 세계의 중심이었다. 알렉산드로스의 원정으로 인해 그리스화는 더욱 확산됐다. '헬라스(그리스)'란 이름이 지도에서 사라진 뒤에도 그리스 문명은 로마에 의해 이어져 유럽 문명의 모체가 되었다.

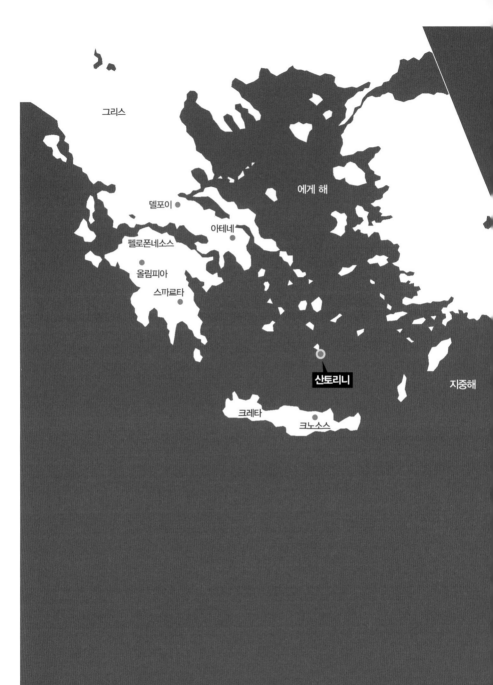

그리스

에게 해

델포이

아테네

펠로폰네소스

올림피아

스파르타

산토리니

지중해

크레타

크노소스

chapter 12

단순한 아름다움, 산토리니

: 삶에 지친 나 자신을 스스로 위로한 적이 있는가?

"아이들을 용서해라.
그들에게도 실수는 필요한 법이다."
— 에우리피데스

　자유, 아무리 찬미해도 과유불급이다. 하지만 너무 나가면 나간 만큼 업보를 감내해야 한다. 어제 크레타의 밤바다를 바라보며 독한 라키를 한 병다 비웠더니 속이 좋지 않다. 숙소에서 항구까지는 걸어서 20분 거리. 바닷가를 걸으며 바닷바람을 맞으니 속이 한결 낫다.

　항구에 가까이 가니 대형 선박들이 정박해 있는데, 타야 할 배 이름이 '헬레닉 씨웨이'. 굳이 번역하자면 '그리스의 바닷길' 정도랄까. 그리스인들에게 바다는 두려움의 대상만이 아니다. 오히려 탐험과 도전, 저항과 용기를 키워준 기회의 통로다. 아테네에서 크레타 섬까지는 비행기로 이동했기 때문에 에게 해서 처음 타는 배다.

　쾌속선은 에게 해의 진주 산토리니로 신나게 달린다. 2시간 반 만에 초승달 모양의 섬이 펼쳐지는데, 화산으로 형성된 절벽 단애 위가 설산처럼 하얗다. 그런데 산토리니에 착륙한 뒤에야 알게 된 사실인데, 그것은 눈이 아니라, 언덕 위의 하얀 집들이다!

　숙소 직원이 항구까지 마중 나와 있다. 섬의 중심지인 피라에 있는 숙소에 도착하고 보니 올림포스 산 리토호로 시의 게스트하우스 이후 가장 넓고 깨끗하다. 뿐만 아니라 하루 숙박료가 성수기의 절반인 38유로다.

짐을 풀고 전망을 살펴보니 바다가 보이는 건 아니지만 산토리니 어디든 갈 수 있는 버스 정류장이 5분 거리에 있다. 게다가 응접세트와 커피포트까지 있고, 친절하기까지 하니 더할 나위가 없다.

화이트와 블루의 세상, 산토리니

그리스의 수많은 섬 중 하나, 산토리니. 그 섬 안의 작은 마을 이아로 가는 택시는 말 잔등 위를 달리는 것 같다. 도로 위에 공을 두면 구르고 굴러 바다에 풍덩 빠질 것만 같은 경사다. 비스듬한 경사 아래로 넓게 들판이 펼쳐져 있다.

30분 만에 이아에 도착하니 산토리니의 상징인 돔형 푸른 지붕의 정교회 건물들이 등대처럼 눈에 띈다. 돔은 블루, 건물은 화이트다. 교회 건물만이 아니다. 산토리니는 온통 화이트와 블루 두 가지 색깔로만 이뤄져 있다.

지금 서울에선 찾아보기 쉽지 않은 달동네처럼 좁고 경사진 계단과 골목이 이어진다. 이런 곳에 깨끗하게 색칠을 하고, 아기자기한 카페와 상점이 하늘에 박힌 별처럼 촘촘하게 자리를 잡았다. 미로를 헤치고 20여 분 지나니 절벽 너머로 푸른 바다가 반긴다.

이아에 올 때까지만 해도 텔레비전 광고와 사진 속 풍경이 전문가가 손본 '화장발' 일 것이란 생각이 없지 않았다. 그런데 직접 와서 살펴보니 탄

크레타 섬에서 쾌속선으로 2시간 거리의 산토리니 섬에 있는 이아 마을 전경.
바다의 절벽 위에 위태롭게 장난감처럼 서 있는 흰 집들은 동화 속 '하얀 나라' 공주나 난쟁이들의 집인 듯 앙증맞다.

성이 저절로 터진다.

바다의 절벽 위에 위태롭게 장난감처럼 서 있는 흰 집들은 동화 속 '하얀 나라' 공주나 난쟁이들의 집인 듯 앙증맞다. 절벽 아래 쪽빛 먹물은 검게 그을려버린 삶의 어둠을 송두리째 잠재우는 순수의 자궁이다. 붉은 해를 안을 때 안개처럼 피어오르는 바다의 아우라가, 내 몸 속에서 아직도 녹지 않은 견고한 덩어리들을 오로라의 빛으로 산화시킨다.

이렇게 아름다운 곳에서 포도주를 한 잔 하지 않을 수 없다. 절벽 위 하얀 집에서 해물과 포도주를 주문한다. 메데이아가 청동 거인 탈로스를 유혹한 '젊음의 묘약' 이코르가 바로 이 포도주임에 틀림없다.

그리스 영웅들의 스승 케이론은 자신의 형 켄타우로스가 테살리아에서 라피타이족과 싸울 때 '그놈의 포도주'에 맛이 가 멸망을 자초했다고 한탄하는 노래를 불렀다. 하지만 닥치지 않은 화근이 두려워 미리부터 포도주의 유혹을 뿌리치기는 싫다.

안식월 기간에 그리스로 떠나올 때 벗들과 동료들은 "신세도 좋다"며 시샘 반 부러움 반의 시선을 보냈다. 마치 자신들은 가볼 수 없는 별나라라도 가는 것처럼.

10년 전쯤 회사를 1년 쉬고 인도 순례를 떠난 것은

좀 부담스럽다 쳐도, 같은 회사원이면 공평하게 주어지는 안식월을 이용해 왜 여행을 떠날 수 없는 것인지. 젊어서 여행 한번 못하고 꼭 신경통과 관절염으로 뼈가 성치 못할 나이가 되어서야 겨우 시간을 내 떠난 패키지 여행에서 다리 아프다며 버스에서 내리지도 않고 손사래를 칠 작정인가.

늘 휴식을 말할 뿐, 떠나지 못하는 사람들

4년 전 금융 위기 무렵이었다. 회사 경영이 어려워지자 회사에선 노조와 협의 끝에 전 직원이 최소 1개월에서 최대 3개월까지 휴직할 것을 권고했다. 아예 무급 휴직도 아니고, 기본급은 주는 조건이었다.

"월급 안 받아도 좋으니 한두 달만이라도 푹 쉬고, 여행이나 했으면 원이 없겠다."

이런 말을 입에 달고 사는 직장인들에겐 기본급까지 받으며 쉴 수 있는 절호의 기회였다. 더구나 회사는 "제발 최소한 한 달은 쉬어달라"며 직원들에게 휴직을 부탁했다.

회사의 경영도 돕고, 개인적으로 휴식도 취할 수 있는 기회를 마다할 내가 아니었다. 3개월을 쉬었다. 그 기간 동안 서울 성북천변에 다 쓰러져가는 조그만 한옥을 구해 아담한 정원이 있는 집으로 꾸몄다. 지인들이 와보고 어디서 이렇게 멋진 한옥을 발견했느냐며 좋아해주었다. '환희당'으로 명명된 이 집은 다양한 종교인과 수도자, 사상가들이 정기적으로 모여 지혜를 나누는 사랑방이 되었다. 그리스 철학자들의 향연을 서울의 사랑방에서 되살렸다.

한옥 수리 뒤에도 시간이 남아 흑산도, 홍도 등 남서해의 가장 먼 섬들을 찾아다녔다. 그리고 심산의 절벽 속에 있는 동굴에서 홀로 1주일간 참선을 하며 거칠어진 의식층 아래로 내려가 심연에 머무르다 돌아왔다. 소중한 시간이었다.

회사에 돌아와 보니 3개월간 쉰 사람은 나 혼자뿐이고, 1개월간 쉰 사람도 절반에 불과했다. 한국인들은 쉬고 싶어도 불안 때문에 쉬지 못하고, 쉬는 것보다 차라리 일하는 게 낫다고 한다. 쉬어야만 일할 수 있다는 것을 간과한 채, 쉼의 가치를 잘 인정해주지도 않는다.

종교인들은 남들이 쉬는 휴일에 교회나 성당 절에서 행사를 하기 때문에 더 쉬기 어렵다. 목사나 신부들은 주일이 지난 월요일을 휴일로 정해놓는다. 그런데 신자들이 이날마저도 쉬게 놔주지 않는다. 한 신자가 사제에게 말했다.

"신부님, 사탄은 월요일도 안 쉬는데요."

"그래서 사탄이 된 거요."

남 쉴 때 쉬지도 않고 일만 해서 악마가 되어버렸다는 우스갯소리다.

쉬는 데도 용기와 열정과 여유가 필요하다.

그토록 쉼과 여행을 입에 달고 살면서도 이를 실행하지 못하는 범생이들에겐 미안하지만 나만이라도 그들 몫까지 이아의 밤을 즐기고 싶다. 그동안 나도 공부하느라, 가출하고 방황하느라, 취직하느라, 20여 년간 취재하고 기사 쓰느라, 가족 부양하느라, 그리고 아픔을 이겨내느라, 또 조국과 민족과 인류의 앞날까지 걱정하며 나름대로 노심초사하느라, 눈 뒤집히게 변하는 21세기를 살아내느라 고생이 많았으므로. 이 시간만큼은 과거의 실수와 아픔에서 나를 해방시켜주리라. 그리스 비극시인 에우리피데스는 말했다.

"아이들을 용서해라. 그들에게도 실수는 필요한 법이다."

내게도 실수는 필요한 것이었다고 한 마리 애완견을 품에 안듯 '나'를 안고 쓰다듬는 순간, 뜨거운 태양도 마침내 열기를 식히며 심해 속으로 잠든다. 화(火)가 사그라지고, 입자가 산산이 부서지는 찰나에 터지는 오로라 빛 파동의 황홀경 속에서 절벽 위의 건너편 집 옥상 위에선 한 남자와 개가 낙조를 즐기고 있다.

블랙비치, 레드비치를 걷는 자유

다음날 모래가 검어서 '블랙비치'로 불리는 해변으로 향했다. 발바닥을 태울 듯이 뜨겁지만 그래도 싫지 않다. 자유는 시련조차 즐겁게 감당케 해주니까.

후두암 수술을 한 경동교회 박종화 목사의 말이 생각난다.

"먼저 목을 가로로 절개하고 암 덩어리를 제거한 뒤 손목의 살을 이식해 채웠어요. 새 살의 미세혈관과 목 안의 혈관을 하나하나 세밀히 연결했지요. 만일 몸을 움직여 이어진 미세혈관이 터질 경우 봉합한 목을 다시 열어야 했지요. 그래서 온몸을 묶어 목을 조금도 움직일 수 없었어요. 10시간이 넘는 대수술 후 가래, 통증, 불면으로 고통스러웠지만 몸을 전혀 움직이지도 못한 채 10일을 보내야 했어요. 병원은 특실이어서 호텔과도 같았고, 최

산토리니의 하얀 지붕 위에서
개와 망중한을 즐기는 남자.

산토리니의 낙조. 산다고 다 사는 것이 아니고, 손발에 족쇄가 채워져 있지 않다고 다 자유로운 게 아니다. 영혼의 자유를 실감하기 전에는.

상의 서비스가 제공되었지요. 하지만 그게 다 무슨 소용인가요. 그때 생각했어요. '굶주린 채 양말도 없이 눈길을 걸어야 할지라도 단지 걸을 수만 있다면 얼마나 좋을까, 억만금을 줘도 몸을 움직일 수 있는 자유와 바꿀 것인가. 아, 자유로운 것만으로 얼마나 좋은가!'"

우리는 중환자가 되어 묶여 있는 것도, 감옥에 갇히거나 가택연금을 당하고 있는 상태가 아닌데도 왜 답답하고 숨이 막혀 죽겠다고 아우성일까.

그러니 산다고 다 사는 것이 아니고, 손발에 족쇄가 채워져 있지 않다고 다 자유로운 게 아니다. 영혼의 자유를 실감하기 전에는.

모래 색이 붉어 '레드비치'로 불리는 해변으로 가는 길은 무척이나 한가해서 마치 무인도를 거니는 것 같다. 길인지 아닌지 구분할 수 없는 해안가를 따라 걷는데, 한 청년이 중년의 두 여인과 함께 다가온다. 남미 칠레에서 왔다는데, 엄마와 이모와 함께였다. 보기 드물게 아름다운 청년이다. 그렇다고 이 아름다운 곳에 어머니와 가족을 두고 왔다고 미안해하며 죄책감에 사로잡히고 싶진 않다. 좀더 가벼워진 삶의 자세로 함께할 기회는 앞으로도 있으니까.

레드비치는 아메리카 인디언들의 고향인 미국 브라이스 캐년이나 그랜드 캐년을 연상시킬 만큼 붉다. 그 아래서 커플들이 붉게 타오른다. 산토리니의 해변은 부력이 좋아서 웬만하면 가라앉지 않고 뜬다고 한다. 삶의 무게가 무거운 사람조차 삼키지 않고 띄워주는 고마운 곳이다.

되돌아오는 길, 한적한 바위에 한 여인이 서 있다. 가까이 다가가보니 앞에 액세서리를 펼쳐놓는데, 물건이 많지 않다. 레드비치에서 난 돌로 만든 반지와 그리스 동전으로 만든 기념품들로, 자연스런 물건들이다. 여인은 아테네에서 이 섬으로 와 산단다. 팔려고 안달하지도 않는 편안함이 일반 호객꾼들과 다른 매력이 있다. 돛을 단 조그만 배가 옆을 스쳐간다. 그 배처럼 가뿐해 보이는 여인이다.

레드비치 인근의 아크로티리는 발굴된 지 얼마 되지 않았지만, 고대 세계로 가는 비밀의 열쇠를 쥐고 있는 보고(寶庫)라고 한다. 현재 아크로티리에선 기원전 16세기쯤에 번영한 고대 도시의 건축물, 설비, 도구류가 계속 나오고 있다. 선명한 색채의 훌륭한 프레스코 벽화는 당시 문명의 찬란함을 보여준다.

유적들은 화산에 덮여 있었다. 산토리니는 기원전 1600년경 대지진이 일어나면서 화산이 분출해 고대 유적들이 파괴됐다고 한다. 파도 높이 200미터가 넘는 지진해일, 즉 쓰나미가 116킬로미터나 떨어진 크레타 섬까지 뒤덮었고, 산토리니에는 화산재가 50미터나 쌓였다고 하니 천지가 뒤집어지는 듯한 상황을 짐작할 수 있다. 이로 인해 산토리니 섬의 대부분이 물속으로 가라앉았으며 원형이었던 섬이 초승달 모양으로 변해버렸다. 그래서 바다에서 보면 이 섬은 단애의 절벽으로 이루어진 것처럼 보인다. 자연재해는 한 문명을 파괴하기도 하고, 새로운 문명의 시초가 되기도 한다.

아름다운 정경보다 매력적인 그리스인들의 정

아득한 과거의 전설을 상상하느라 시간 가는 줄 모르다가, 피라로 가는 버스 시간을 착각했다. 그 때문에 1시간 넘게 버스를 하릴 없이 기다리고 있는데, 한 젊은 여성 운전자가 "피라 방향으로 갈 사람 있으면 타라"고 한다. 이렇게 고마울 데가. 내게만 특별한 은총을 베푸는 줄 알았더니, 착각은 잠깐. 다른 여행객도 더 태운다.

여성 운전자는 이탈리아에서 온 여행 가이드란다. 뒤늦게 탄 청년은 브라질에서 온 여행객이다. 이탈리아 여성이 브라질에 가보았다고 하자, 브라질 청년은 이탈리아를 좋아한단다. 죽이 잘 맞는다. 피라로 가는 내내 정보를 주고받더니, 내리면서는 진한 포옹을 나눈다. 유쾌한 사람들이다.

목에 기브스를 풀고, 어깨에 힘을 뺀 나긋나긋한 여행객들을 보면 매사 얼마나 긴장하며 살아가는지 나 자신을 돌아보게 된다. 굳고 메마른 땅에서 식물이 자라기 어렵듯이, 딱딱한 매너와 표정 속에서 사랑과 평화가 싹트긴 어렵다.

오늘날 지구의 가장 심각한 문제는 기아나 빈곤이나 전쟁이 아니라 '긴장'이라고 주장하는 영성가도 있다. 지금 우리가 겪고 있는 모든 문제가 긴장 때문에 파생된다는 것이다.

가장 건강한 삶은 긴장과 이완이 적절히 배합된 상태일 것이다. 긴장 속의 노동은 휴식을 더욱 달콤하게 해주고, 이완은 에너지 넘치게 일할 수 있도록 도와준다.

그런데도 지금은 컴퓨터가 꺼지지 않고 계속 부팅되는 것처럼 휴식하고 숙면을 취해야 할 때조차도 쉬지 못하는 이들이 늘어가고 있다.

여유 있게 나누는 사람은 많이 가진 사람이 아니다. 쫓기는 듯한 마음의 긴장에서 놓여나 평화로운 사람이다. 지금까지 그리스를 여행하면서 그런 사람들을 적지않게 만났다. 어느 나라보다 아름다운 정경을 자랑하는 그리

(위쪽) 고대 세계로 가는 비밀의 열쇠를 가지고 있는 아크로티리 현장.
(아래쪽) 레드비치 인근의 아크로티리에서 발굴된 유물들.

스지만 그것보다 더욱 나를 사로잡은 것은 남다른 정(情)이었다.

호메로스는 《일리아스》에서 말한다.

"모든 나그네와 걸인은 제우스에게서 온다."

그리스인들은 내 어머니가 시골에서 여행객과 행상과 걸인들을 집에 들여 먹이고 재운 것과 다름없이 따뜻하게 맞아주었다. 그리스 신들의 고향이라는 올림포스 산이 있는 리토호로 시에서도 가피를 준 것은 신이 아니라 그리스의 평범한 아저씨와 아주머니였다.

알렉산드로스가 동방원정을 앞두고 기도한 디온에 가기 위해 리토호로 시에서 택시를 타고 갔을 때였다. 디온은 리토호로 시에서 10킬로미터 이상 떨어진 한적한 시골마을에 있어서 택시 없이는 오가기 어렵다. 디온과 박물관을 다 돌아보려면 2~3시간이 걸려 택시가 대기하기엔 너무 긴 시간이다. 이런 까닭에 2~3시간 뒤에 다시 와달라고 부탁한 다음 디온에 내리면서 택시비를 건네주니, 받지 않았다. 돌아갈 때 함께 받으면 된다는 것이다. 내가 디온 순례를 예상보다 일찍 끝내 다른 택시를 타고 가버리기라도 하면 돈을 못 받을 수도 있는데, 처음 본 이국의 손님을 믿어준 것이다.

뿐만 아니라 리토호로 시에서 묵었던 게스트하우스의 주인은 가정식으로 조식을 만들어주어 이국에서 아침을 맞는 기쁨을 배가시켜 주었다. 규격화된 호텔의 조식과 비교할 수 없는 최고의 아침식사를 제공하고서도 애초 받기로 했던 조식 값조차 받지 않았다. 그저 아침을 대접해주고 싶었다면서 웃을 뿐이었다. 분명 다시 방문할 가능성이 거의 없어 보이는 머나먼 동양 손님에게 이런 호의를 베풀다니 비즈니스 세계에선 찾아보기 어려운 일이다.

메테오라의 바위산 트레킹 때는 뙤약볕에서 걷는 게 쉽지 않은 탓에 세 번이나 차를 얻어 탔다. 지나가는 차를 보고 손을 흔들면 대부분 그냥 지나치는 법이 없었다. 그들은 아무 대가도 받지 않고 지친 여행자를 태워 행선지까지 데려다주었다. 하산 길에서 만난 가난한 화가는 내 행선지가 자기가 사는 카스트라키와 떨어진 칼람바카인데도 길을 돌아 태워다주는 수고를 아끼지 않았다.

아테네에서 만난 한 한국인 목사는 그리스인들의 배려가 20년 이상 자신을 그리스에 붙잡아두었다며 경험담을 들려주었다.

"그리스에 유학 와 살던 어느 날 아이가 경기를 일으켜 병원에서 약 처방을 받았지요. 그런데 동네 약국엔 처방 받은 세 가지 약 중에서 한 가지밖에 없었어요. 그 약사가 다른 약국의 위치를 가르쳐주는 정도의 배려 외엔 기대할 게 없었지요. 평소 잘 다니지도 않는 약국이어서 약사와는 안면도 없었어요. 그런데 약사는 제게 약국을 지키고 있으라고 말하더니 밖으로 나갔어요. 약국의 현금함을 잠그지도 않은 채로요. 그가 돌아온 건 40분이나 지난 뒤였어요. 처방전대로 두 개의 약을 들고서. 제가 산 약값이래야 1만 2,000원. 12만 원어치를 산 것도 아닌데, 약사가 인근 약국을 헤매고 다닌 끝에 약을 모두 구해온 겁니다. 아마 제가 같은 상황이었다면 아무리 잘해준대도 다른 약국에 전화를 해주는 정도지, 백 번을 생각해도 그 이상을 해주었을 것 같지는 않아요. 이 사람만 특별했던 것은 아니에요. 그리스에 살면서 은행, 동사무소, 이민국, 세무서, 학교 등에 볼일이 있어 갔을 때, 큰소리가 나거나 무슨 문제가 있어 보이면 좀더 직책이 높은 사람이 꼭 나와서 '도와줄 게 없느냐'고 물었어요. 그게 제가 22년이나 그리스에 눌러앉은 이유죠."

그런데도 국가 경제의 위기만으로 그리스인 전체가 매도당하는 것 같다며 그는 속상해했다.

산토리니가 에게 해의 진주가 된 까닭

첫날 이아 마을의 환상적인 낙조를 본 뒤 그 이상의 풍경은 없을 것이라고 여겼는데, 마지막 날 피라의 옛 항구 쪽 뒷골목을 걷다가 이아 마을 못지않은 절벽과 바다의 풍광에 또 환호하고 말았다.

이아 마을의 바닷가에서 마을까지 절벽엔 214개의 계단이 있는데, 피라의 바다 항구에서 위로 올라가는 계단은 무려 566개다. 항구에서 내린 여행객들을 태우거나 짐을 실은 노새가 줄지어 오른다. 이 보기 드문 풍경은 마치 사라진 신비의 땅으로 순간 이동을 하는 것 같았다.

어디선가 익숙한 음악이 들려온다. 우리나라에 와 올림픽공원에서 공연한 그리스 뉴에이지 음악의 거장 야니의 〈산토리니〉다. 뭔가 새로운 세상이 열리는 듯한 웅장함과 비장미가 배어 있다.

아테네 아크로폴리스에서 연주한 영상을 닳도록 보고 듣고, 내한 공연장까지 가서 감상한 그의 음악을 야니의 고향 산토리니에서 다시 듣게 되다니. 혼잡한 색들을 뚫고 무의식 깊숙한 푸른빛 고향에서 화산처럼 분출하는 생명의 함성 같은 리듬이다.

아름다운 산토리니의 절벽을 만든 것은 천지를 뒤흔든 지진과 화산이었다. 수억 년의 고정된 흙과 바위를 뚫고 나온 생명의 분출이었다. 산토리니엔 1956년에도 지진이 발생해 수많은 사람이 죽었다고 한다. 당시 피해를 입은 집들을 복구하면서 하양과 파랑의 단순한 색으로 섬 건물 전체를 단장했단다. 지금 내가 보고 있는 단순미는 아비규환의 재앙 뒤에 나온 것이다. 이루 말할 수 없는 재난이 아름다운 풍광의 산파 구실을 한 것이다. 재난과 죽음은 삶을 단순하게 만든다.

세상만사의 대부분이 죽음 앞에 서면 하찮은 것들일 뿐이다. 지금까지 수많은 임종자를 만났다는 서울 백주년기념교회 이재철 목사는 이런 말을 들려준 적이 있다.

"죽어가던 분들 중에서 살아생전에 더 많은 돈을 벌지 못해서, 더 좋은 직장에 다니지 못해서, 더 사업을 확장하지 못해서, 더 성공하지 못했다고 후회한 분들은 한 분도 없었어요. 대신 왜 좀더 일찍 용서하고, 화해하고, 사랑하지 못한 채 가져가지도 못할 것들에만 집착한 채 살았는지에 대한 회한뿐이었어요. 한 달만, 아니 하루만 더 살 수 있다면 그토록 쓸모없는 것들에 매달리는 짓일랑 절대 하지 않을 것이라고들 해요."

수많은 이가 마지막 순간 후회로 삶을 마감하는 건 쓸데없는 것에 대부분의 시간을 보내버렸기 때문이다.

물건을 살 때면
3단을 생각한다.

단순할 것
단단할 것
단아할 것

피라의 항구에서 내린 여행
객들 여행객을 실은 노새가
줄지어 오른다.

이아 마을의 레스토랑. 가장 건강한 삶은 긴장과 이완이 적절히 배합된 것이다. 긴장 없이 이완만 있다면 무력해지고, 이완 없이
긴장만 있다면 불안과 공포와 스트레스 탓에 살기 힘들 테니⋯⋯.

일을 할 때도

사람을 볼 때도

단순한가.

단단한가.

단아한가.

박노해 시인의 시 〈3단〉이다. 단순하고 단단하고 단아해지지 못하면 늘 헛된 욕망에 끌려다닐 수밖에 없다.

　피라 항구에서 계단을 따라 올라오는 노새들의 행진은 더할 나위 없는 정취다. 만약 현대 문명의 이기(利器)인 케이블카, 엘리베이터, 에스컬레이터 같은 기계가 그 자리를 대신했다면 산토리니의 현재 모습은 어땠을까. 지금처럼 어찌 에게 해의 진주가 될 수 있었을까.

　뭔가 기막힌 것을 선보이려는 작위 없이, 힘을 빼고 아주 단순하게 하양과 파랑 두 색만으로 이뤄진 산토리니 섬에선 현란한 온갖 색깔이 탈색된다. 단순하고 단단하고 단아하게.

▶ -- 잃어버린 고향, 유토피아

지구상에서 가장 흥미로운 전설의 땅이 '아틀란티스(Atlantis)'다. 이 섬은 플라톤의 《대화 편》에 언급돼 있다.

플라톤에 따르면 아틀란티스는 기원전 9,500년경의 문명국으로, 신전을 중심으로 동심원 구조의 도시가 형성되어 육로와 수로로 이어져 있으며, 금은보석으로 도로를 꾸민 지상낙원이다.

바다의 신 포세이돈에게 할당됐다는 아틀란티스는 포세이돈의 장남으로, 최초의 지배자 '아틀라스'에서 땄다.

아틀란티스는 '헤라클레스의 기둥(지브롤터 해협)'저쪽, 대서양의 거대한 섬으로 잘 정비된 사회 조직과 우수한 군사력을 자랑했고, 주민들은 풍부한 자원과 농산물의 혜택을 받으며 안정된 생활을 누리며, 주변 섬들은 물론 북아프리카와 이탈리아 일대까지 지배했다고 한다.

아틀란티스는 신화 상의 이야기로만 믿어져 왔으나 유적 발굴을 통해 트로이와 미케네 등의 존재가 역사적 사실로 바뀌면서 서양인들의 탐사 대상으로 떠올랐다.

일각에선 기원전 1400년경 화산 폭발로 침몰한 산토리니가 바로 아틀란티스일지도 모른다고 추측한다. 인근 크레타 섬의 탁월한 크레타 문명과 산토리니 일대의 키클라데스 문명이 발굴되면서 이런 설을 뒷받침했다.

오랜 세월이 지나 16세기 영국의 토머스 모어는 《유토피아》에서 '신비의

섬'을 소개한다.

그가 그린 유토피아의 폭은 산토리니보다 지나치게 크지만 산토리니 수도 피라에서 보면 작은 섬들로 둘러싸인 바다가 마치 호수처럼 보이고, 본토가 초승달처럼 생긴 것까지 소설 속의 섬과 유사하다.

그런데 플라톤이 《티마이오스》와 《크리티아스》에서 쓴 아틀란티스야말로 유토피아다. 그의 묘사를 요약해보면 이렇다.

"아틀란티스인들을 지배하는 것은 그들 내면의 신성(神性)이다. 그들은 진실되고 위대한 생각을 가지고 있어서 어떤 사태가 발생해도 서로에게 유연하고 슬기롭게 대처한다. 그들은 덕(德, arete) 이외의 물질적인 것은 하찮게 여겨 황금이나 재물이 많다고 우쭐해 하는 사람은 없다. 재물에만 집착하면 재물도, 덕망도 다 잃고 만다는 것이 그들의 생각이다. 그런데 언제부터인가 순수한 신성이 점차 사라지고 탐욕스러운 인간성만이 가득해지면서 볼품없게 변해갔다. 볼품없는 인간들은 재물과 권력만을 탐하며 살아가는 자들이 덕 있는 자들보다 훌륭하고, 행복하다고 여긴다. 이렇게 아틀란티스가 비참해지자 제우스가 벌을 내린 것이다."

현대의 우리도 유토피아에 살기를 열망한다. 우리를 지배하는 것은 덕인가, 아니면 권력과 돈인가. 플라톤이 말하는 인간성이란 동물과 대비된 장점이 아니라, 신과 대비되는 탐욕스러운 죄성이다.

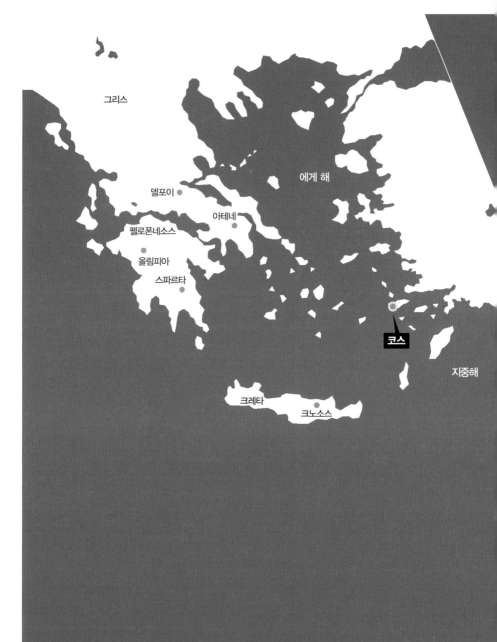

그리스

델포이 ●

에게 해

아테네 ●

펠로폰네소스

올림피아 ●

스파르타 ●

코스

지중해

크레타

크노소스 ●

chapter 13

히포크라테스의 고향, 코스

: 나를 위해 치유의 손을 내밀어줄 자 누구인가?

"인간에게 최선은 건강이고,

그 다음은 성격과 외모가 함께 아름다운 것이며,

세 번째는 정당하게 모은 재산으로 여유를 누리는 것이고,

네 번째는 친구들과 청춘을 꽃피우는 것이다."

— 시모니데스

새벽 1시 산토리니 항구를 출발해 밤바다를 달린다. 칠흑처럼 어둡고 막막하다. 그런데 저 죽음 같은 밤바다 속에서도 온갖 생명의 움직임이 계속되고 있다는 걸 생각하면, 내 몸에서도 전류가 흐르는 듯한 생명의 힘을 느끼지 않을 수 없다.

관심을 갖지 않은 학문 영역이 없을 정도로 전 방위 학자였던 아리스토텔레스는 한때 에게 해의 레스보스 섬에 살면서 해양생물을 관찰해 100여 종의 어류를 분류했다고 한다. 이에 150여 년 전엔 박물학자 에드워드 포브스(1815~1854)가 2500년 전 아리스토텔레스가 관찰한 해양생물과 비교하려고 어류 채집에 나섰다. 수심이 깊어지면서 생물이 줄어든다는 사실을 발견한 그는 깊은 바다엔 생물이 살지 않는다는 결론을 내렸다. 그 당시만 해도 생물학계는 그의 가설을 당연하게 받아들였다.

그러다 1860년대 설치한 전보 송신용 해저 케이블을 수리하기 위해 바다 속에서 케이블을 끌어올리면서 심해동물을 발견하게 되었다. 그때부터 포브스의 가설은 뒤집어지기 시작한다.

암흑세계 생물의 생존 제1법칙

깊은 바다는 우리가 상상도 하기 어려운 세상이다. 햇빛은 수심 200미터가 넘으면 거의 들어가지 못할 뿐만 아니라, 수심 1,000미터가 넘으면 한 점의 빛도 와닿지 않는다고 한다. 햇빛이 없기 때문에 눈이 있어도 앞을 볼 수 없고, 광합성을 하는 식물도 없으며, 태양열이 전달되지 않아 수온은 얼음처럼 차갑다.

그뿐 아니다. 수압은 10미터 당 1기압씩 증가하므로 엄청난 힘을 견뎌내야 한다. 바다 속 5,000미터면 손톱 위에 승용차 한 대를 올려놓은 압력이 가해진다.

생물의 생존 환경이 어렵다는 것은 먹잇감을 발견할 확률도 그만큼 적다는 이야기다. 그런데도 혹독한 상황에서 심해동물들은 살아남기 위해 최적화하여 변화하고 적응해간다.

가령 올빼미물고기는 작은 빛으로도 먹잇감을 찾을 수 있도록 몸에 비해 눈이 매우 크게 발달하고, 투명오징어는 적의 눈에 띄지 않도록 몸이 투명하게 진화한다. 풍선장어는 아무리 큰 먹이도 일단 삼킬 수 있게 입과 소화 기관을 몸의 몇 배로 늘릴 수 있다. 심해어 가운데 도끼고기처럼 이빨이 길고 삐죽하게 생긴 것은 한번 문 먹잇감이 이 사이로 빠져나가지 못하게 진화한 것이다. 그렇게 열악한 환경에 적응해가며 심해에서 살아가는 생물이 무려 1천만여종이나 된다고 한다.

신기한 것은 심해동물의 90퍼센트 이상이 암흑을 비추기 위해 스스로 빛을 낸다는 사실이다. 아귀 같은 물고기는 몸의 일부에 발광 박테리아를 키

코스 섬 해안가를 둘러싸고 있는 성벽.
중세에 이 섬을 지배한 십자군 기사가 세웠는데, 16세기에 터키 군에 맞서 외벽을 더욱 견고하게 쌓았다고 한다.

위 빛을 낸다고 한다.

"빛이 없다면 스스로 빛을 만들라."

이것이 암흑세계 생물의 생존 제1법칙이다. 도움을 받을 수 없는 암흑 속에서 스스로 살 길을 열어가는 심해생물의 강인함, 밤바다에서 생존의 힘을 새겨본다.

히포크라테스 나무

코스 섬 항구에 도착한 것은 아침 7시. 항구 앞엔 지금까지 본 어떤 돌담보다도 견고해 보이는 커다란 성벽이 둘러싸고 있다. 애초 중세에 이 섬을 지배한 십자군 기사가 세웠는데, 16세기에 터키 군에 맞서 외벽을 더욱 견고하게 쌓았다고 한다.

그도 그럴 것이 코스 섬 코앞이 바로 터키다. 터키의 보드룸과 5킬로미터밖에 떨어져 있지 않아 육안으로도 잘 보인다.

해안가 성벽 옆엔 잠실올림픽경기장 2~3개 넓이로 보이는 호수 같은 내항이 있고, 그 둘레를 깔끔한 건물들이 둘러싸고 있다. 산토리니가 원색으로 펄럭이는 치마를 입은 뇌쇄적인 여인이라면, 코스 섬은 단정한 교복을 입은 여학생이라고나 할까.

길이 42킬로미터, 폭 8킬로미터로, 시내는 산과 들을 뺀 항구 주변이니, 우리나라의 읍내 규모도 안 된다. 그런데도 호텔로 향하는 길가엔 멋진 레스토랑, 카페, 옷 가게 등 있을 건 다 있다. 사람이 너무 붐비는 곳은 숨 막히지만, 카페와 도서관 같은 문화는 향유하고 싶은 내게 이곳은 맞춤형 소도시다.

보통 우리나라 시골이나 섬마을에 가보면 나이 지긋한 노인들 외엔 젊은이나 아이들을 찾아보기 어려운 것이 현실인데, 이곳은 다르다. 아테네인보다 더 세련되고 여유 있어 보이는 젊은이들과, 아이를 대동한 부부가 자전거를 타거나 조깅을 하거나 해변 일광욕을 즐기는 모습이 자주 눈에 뜨인다.

소도시에 걸맞지 않게 꽤나 큰 규모의 호텔에 짐을 풀고 광장에 나오니, 아침의 고요함과는 또 다른 도시의 풍경이 펼쳐진다. 광장 주위 레스토랑의 야외 테이블엔 시민들이 모두 나온 듯 손님들로 빼곡하다. 광장에서 햇살과 함께 약간의 소음을 즐기면서 수다를 떨고 점심을 즐기는 얼굴들이 은빛 물결처럼 반짝인다.

아고라를 통과해 해변 쪽으로 나가면 '히포크라테스 나무'라 불리는 플라타너스 한 그루가 서 있다. '의술의 아버지' 히포크라테스(B.C. 460?~377?)가 이 나무 아래에서 학생들을 가르쳤다고 한다. 플라타너스는 수령으로 볼 때 200년 이상은 살기 어렵기 때문에 고대의 나무가 아직도 살아 있을 것으로 보이지 않지만 마을 사람들은 이 나무를 히포크라테스 나무로 믿고 있다. 나무 몸통이 텅 비어 여러 개의 철 받침대가 없으면 도저히 지탱할 수 없을 것 같은 모습인데도 크고 무성한 가지를 펼쳐 보이고, 줄기와 잎은 생기가 넘친다. 이 나무에서 채 100미터도 떨어져 있지 않은 저 깊은 바다 속 혹독한 조건에서 스스로 빛을 발하는 해저 생물들처럼.

히포크라테스 나무 아래에는 환자가 아닌 동물 그림을 담은 피켓이 세워져 있다. 아픈 개와 새 그림이다. 동물보호단체에서 세워둔 모양이다. 하긴 히포크라테스는 조상의 은인인 개에게 은혜를 갚길 원할지도 모르겠다.

히포크라테스의 조상은 의신(醫神) 아스클레피오스다. 그리스 신화에 따르면 그는 태양신 아폴론의 아들로 아기 때 개의 보살핌을 받았다고 한다.

아스클레피오스와 히포크라테스에 관한 좀더 상세한 흔적을 살펴보려면 시내에서 남서쪽으로 3킬로미터쯤 떨어진 교외로 나가야 한다. 그곳에 의신 아스클레피오스에게 제사를 지낸 신전이 있다. 히포크라테스는 이 신전에 병원을 짓고 후학들을 길러냈다.

서기 554년 신전이 무너지기 전까지 치료를 받기 위해 인근 섬에서 환자들이 몰려왔다는 기록이 있다. 신전엔 거대한 기둥과 초석들이 그대로 남아 있다. 그 주변에선 인부들이 무성한 잡초들을 깎고 있는 모습을 발견할 수 있는데, 잡초들이 잘 자란다는 것은 왕성한 생명력을 보여주는 증거다.

죽음에서 부활했다는 아스클레피오스의 신적인 가피를 비는 것일까. 외지인들로 보이는 사람들이 마치 기도하듯이 신전 주위를 돌고 있다. 자세히 보니 허리가 구부정한 노인들이다. 나이를 먹는다는 것은 노쇠해 가고 병들고 죽음에 가까이 다가간다는 것을 의미한다. 쉽게 반겨지지 않는 사실이다. 허나 이를 거부하면 할수록 더욱 고통스러워지는 것은 '필멸'이 인간의 숙명인 까닭이다.

히포크라테스 나무라 불리는 플라타너스. '의술의 아버지' 히포크라테스가 이 나무 아래서 학생들을 가르쳤다고 해 붙여진 이름이다.

건강을 자신한 뒤 찾아온 통증

동서양을 막론하고 건강은 행복한 삶을 위한 전제조건이다. 고대 그리스의 서정시인 시모니데스는 '최상의 행복'에 대해 이렇게 정의했다.

"인간에게 최선은 건강이고, 그 다음은 성격과 외모가 함께 아름다운 것이며, 세 번째는 정당하게 모은 재산으로 여유를 누리는 것이고, 네 번째는 친구들과 청춘을 꽃피우는 것이다."

동양에선 예부터 다섯 가지 복으로 장수, 부유함, 건강하고 평안함, 좋은 덕, 건강하게 살다가 자연사하는 것을 꼽았다. 부유한 것과 덕을 쌓는 것 말고 다섯 가지 중 세 가지 복이 건강과 관련된 것이다. 천하를 얻는다 하더라도 건강을 잃는다면 무슨 소용이 있겠는가.

세상을 호령한 왕도 섭생하지 못하면 죽음을 피할 길이 없었다. 우리 안방 사극에서 가장 익숙하게 보는 조선시대 왕들도 마찬가지다. 조선왕조 500년 동안 스물일곱 명의 왕 가운데 일흔 살을 넘긴 왕은 태조, 중종, 영조 세 명뿐이다. 그 가운데 두 명은 이십 대에, 여덟 명이 삼십 대에 요절했다. 대부분이 병 때문이었다. 건강을 잃으면 왕의 지위조차 아무 소용이 없으니, 건강보다 소중한 게 무엇이겠는가.

나는 어린 시절엔 몹시 허약한 몸이었다. 그러나 나름대로 우리 고유의 수련과 참선 등을 통해 몸이 많이 좋아졌다. 하루에 잠을 4시간만 자고도 에너지가 넘쳤다. 그래서 건강에 대해 과신한 게 화를 불렀다. 5년 전 마음과 몸을 동시에 혹사하면서 대상포진을 앓았다.

이후 후유증으로 4~5년간 등에서 열과 통증이 시도 때도 없이 발생하곤 해 고통을 당했다. 양방과 한방 진료 어느 곳에서도 효험을 보지 못하다 보니 스스로 치유법을 찾아 나설 수밖에 없었다. 이것이 몸에 대한 이해와 치료법에 대해 좀 더 고뇌하는 계기가 되었고, 내 경우 제도권 진료보다 자석 치료, 체조, 걷기, 명상, 섭생 등이 더 효과가 있었다.

히포크라테스는 "우리가 먹는 것이 곧 우리 자신이 된다"고 말했다. 그만큼 먹는 게 중요하다는 이야기다. 나도 몸과 마음 건강을 위해 오래 전부터 유기농산물을 애용하긴 했지만, 외식을 많이 했기 때문에 효과를 거두기가 쉽지 않았다. 그러나 몸이 아픈 이후엔 외식을 가급적 자제하고 유기농 위주의 식사를 하려고 노력했다. 이런저런 노력 덕분에 후유증이 어느 정도 개선되었다.

히포크라테스는 우리 인체가 불, 물, 공기, 흙 등 4원소로 되어 있고, 인간의 생활은 그에 상응하는 혈액, 점액, 황담즙, 흑담즙 네 가지에 의해 이루어진다고 주장했다. 그는 네 가지가 조화를 이룰 때 건강을 유지할 수 있고, 조화가 깨질 때 병이 생긴다고 강조했다. 물론 그의 이론이 지금까지 그대로 받아들여지는 것은 아니다. 그러나 내겐 아무런 도움이 되지 않던 현대의학보다 설득력 있게 다가온다.

히포크라테스는 병이 났을 때 발생하는 열을 치유로 향하는 하나의 과정으로 봤다. 병적 상태에서 회복해가는 것을 '피지스(physis)'라고 부르며 "병을 낫게 하는 것은 자연이다"라고 주장했다. 병을 치료하기 위해서 피지스를 돕거나 적어도 이것을 방해하지 않도록 했던 것이다.

약물을 투입하거나 외적인 자극을 주기보다는 자연스런 치유를 위해 명상, 맨발 걷기, 금식으로 몸의 균형과 조화를 돕는 방식은 어쩌면 가장 히포크라테스적인 것일지 모른다.

4~5년간 비싼 수업료를 치르며 깨달은 것은 자기 몸을 책임져줄 사람은 결국 자신이라는 상식이다. 그러기 위해서는 가장 먼저 자신의 건강을 위해 실질적인 투자를 해야 한다. 예를 들면 몸에 좋을지 나쁠지 모를 건강식품을 먹기보다 자신의 체질을 정확히 분석해 그에 따른 음식, 생활, 운동을 적

절히 병행해 나가야 한다.

천태종의 개조인 수나라 때 고승 천태지자대사(538~597)는 참선할 때 조신(調身), 조식(調息), 조심(調心)을 강조했다. 즉 몸과 호흡과 마음을 바르게 하라는 것이다. 셋은 몸과 마음의 건강비법이기도 하다. 척추를 바로 세워 자세를 바로 해야 호흡이 깊어지고, 마음도 편해진다. 숨을 깊게 들이마셔야 몸도 좋아지고, 마음도 편해진다. 뿐만 아니라 마음에 근심 걱정이 없어야 깊고 편안한 호흡이 된다. 셋은 서로 영향을 미치는 관계다. 마음의 평화는 분명 체력과 능력에 따른 일의 완급 조절과 절제, 균형과 같은 삶의 자세와 관계가 깊다. 그래서 건강이 나빠지면 내 자신을 돌아보지 않을 수 없는 것이다.

병고로써 양약을 삼으라

신전에서 돌아와 시내 광장에서 휴식을 취한다. 한자로 '휴(休)'는 사람 '인(人)'과 나무 '목(木)', 즉 자연과 사람이 한데 어울린 것이다. 이런 의미에서 5분 거리에 바다가 있고, 마을 뒤로는 야산이 둘러싸고 있으면서도, 정겨운 인간들의 만남이 있는 광장이야말로 휴심(休心), 즉 마음을 쉬기에 적격이다.

물론 이런 곳에 있다고 해서 늘 휴심할 수 있는 것은 아니다. 마음 자세가 중요하다.

몸은 마음과 영혼을 담은 집이다. 병은 영혼을 깨우기 위해 대문을 두드리는 노크다. 너무도 깊게 잠든 자를 위한 지진이다. 사람이라면 하나같이 몸에 병 없기를 바라지만, 불교의 《보왕삼매론》은 이런 생각을 뛰어넘는 지

의학의 아버지 히포크라테스 동상.

혜를 보여준다.

　"몸에 병 없기를 바라지 말라. 몸에 병이 없으면 탐욕이 생기기 쉽나니, 그래서 성현이 말씀하시되 '병고로써 양약을 삼으라' 하셨느니라."

　삶의 장애와 문제를 대하는 것과 마찬가지로, 족쇄에서 벗어나려고 발버둥 칠 때 족쇄는 더욱 살을 옥죄어오기 마련이다. 거북한 급우와 한 교실에서, 껄끄러운 동료와 한 사무실에서 지내면서도 불행해지지 않으려면 그와의 관계를 지혜롭게 만들어가야 하듯이, 병을 바라보는 시선에도 다른 관점이 필요하다. 병을 쳐부숴야 할 적처럼 여기는 대신 내 몸의 일부로 여겨보는 것이다.

골목을 빠져나오자 해변에 있는 히포크라테스 동상이 보인다. 어머니와 아들 등 네 명의 환자들에 둘러싸여 있는 모습이다.

"나는 나의 능력을 환자를 돕는 데만 사용하며, 환자에게 결코 어떤 해도 입히지 않겠습니다."

히포크라테스 선서의 한 글귀가 동상 아래 새겨져 있다. 길 건너편에선 마을 어부들이 방금 바다에서 잡아온 고기들을 펼쳐놓고 팔고 있다. 그들 앞에 온갖 종류의 물고기들이 있는데, 홍어도 보인다. 내가 좋아하는 홍어를 코스 섬의 어물전에서 보게 되다니 신기하다. 아귀로 보이는 심해어도 있다. 고향의 재래시장에서 방금 뜬 푸성귀를 지고 와 파는 시골 할머니를 다시 만난 것처럼 정겹다. 이들의 삶을 엿보다 보니 건강한 삶이란 무엇인가 생각하게 된다.

히포크라테스 시대보다 훨씬 과거로 거슬러 올라가는 동양의 의학 원류 《황제내경》에서는 진정한 건강의 길을 일러준다.

어느 날 황제가 도인 기백에게 물었다.

"왜 옛사람들은 모두 백 살이 넘어도 건강했는데, 요즘 사람들은 쉰 살만 되어도 노쇠해집니까?"

기백은 이렇게 대답한다.

"옛사람들은 먹고 마시는 데 법도와 조화를 이뤘을 뿐 아니라 욕망을 제어해 쓸 데 없이 무리하지 않았다. 즉 계절에 맞춰 기운을 조절하고 생각을

마을 어부들이 방금 잡아온 물고기들을 펼쳐놓고 팔고 있다.

고요하게 해 혼란스럽지 않았다. 이처럼 기운을 바로 함으로써 정(精)과 신
(神)이 몸 안에 충만케 했기에 병이 들어오지 못했다. 마음의 움직임이 안정
되면 욕심이 적어져, 마음이 편안하고 두려움이 없어지며, 몸은 수고롭더라
도 게으름을 피우지 않게 되고, 각자가 하고자 하는 것을 좇을 수 있어 모두
가 원하는 것을 얻을 수 있었다. 그러므로 무엇을 먹어도 맛있었고, 어떤 옷
을 입어도 편했으며, 나름대로의 문화를 즐길 줄 알았고, 지위가 높은 사람

이나 낮은 사람이나 서로 부러워하지 않았다. 소박함이 이와 같았다. 또한 음란한 일에 마음이 홀리지 않았으며, 어리석은 사람이나 지혜로운 사람이나 현명한 사람이나 못난 사람이나 두려워하는 일이 없었다. 따라서 건강할 수 있었다."

이제 의업에 종사할 허락을 받음에

나의 생애를 인류 봉사에 바칠 것을 엄숙히 서약하노라.

나의 은사에 대하여 존경과 감사를 드리겠노라.

나의 양심과 위엄으로써 의술을 베풀겠노라.

나는 환자의 건강과 생명을 첫째로 생각하겠노라.

나는 환자가 알려준 모든 내정의 비밀을 지키겠노라.

나는 의업의 고귀한 전통과 명예를 유지하겠노라.

나는 동업자를 형제처럼 여기겠노라.

나는 인종, 종교, 국적, 정당 정파, 사회적 지위 여하를 초월하여 오직 환자에 대한 나의 의무를 지키겠노라.

나는 인간의 생명을 수태된 때로부터 지상의 것으로 존중하겠노라.

나는 비록 위협을 당할지라도 나의 지식을 인도에 어긋나게 쓰지 않겠노라.

이상의 서약을 나는 나의 자유의사로 나의 명예를 받들어 하노라.

이것은 '히포크라테스 선서'를 좀 더 현대적으로 바꿔 1948년에 세계 의사협회가 제정한 '제네바 선언'이다. 이는 제2차 세계대전 당시에 나치의 인종 학살에 참여한 일부 의사들의 죄과를 반성하는 의미에서, 인종과 계급 등에 관한 언급을 포함한 것이다.

지금의 병원을 뜻하는 'Hospital'은 392년 로마 테오도시우스 황제 때 기독교가 로마 제국의 국교가 된 후 설립된 구호소 'Hospitalia'에서 유래했다. 그전엔 의사들이 개인적으로 진료하던 것을 국고의 지원을 받은 교회 차원에서 하게 된 것이다.

　의사와 병원의 여건이 나아지면서 인간의 양심도 굳건해졌다고 볼 수 있을까. 자본주의 시대에 의사가 가장 각광 받는 직업이 된 것은 히포크라테스 선서에 나온 대로 '봉사' 할 수 있기 때문일까, 아니면 안정적으로 돈을 잘 벌 수 있기 때문일까. 이윤을 추구하다 보면 생명조차 돈을 벌기 위한 도구로 전락되기 십상이다. 그래서 병원 가기가 무서운 세상이 되어가고 있다. 버림받은 아프리카 흑인들을 돌본 슈바이처(1875~1965)와, 돈 없는 환자를 수술시키고 병원 뒷문으로 도망가도록 한 '부산의 성자' 장기려(1911~1995) 박사가 히포크라테스만큼이나 그리운 요즘이다.

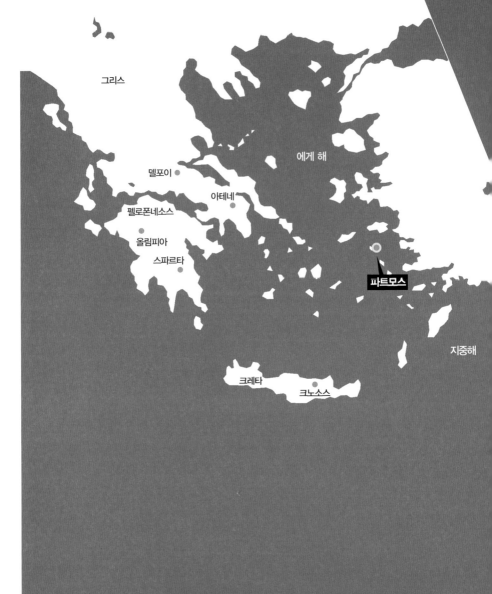

그리스

에게 해

델포이 ●

아테네 ●

펠로폰네소스

올림피아 ●

스파르타 ●

파트모스

지중해

크레타

크노소스 ●

chapter 14

《요한계시록》의 파트모스

: 그리스도가 우리를 사랑한 것처럼 우리도 약자를 사랑하고 있는가?

　　　　　　　　　　　　　　·

"사랑은 그리스도 교회의 기초요,
사랑만 있으면 죄를 범하지 않는다."

—사도 요한

　해외 여행 때마다 《론니 플래닛》은 내게 바이블 같은 존재였다. 이 책자에서 추천한 곳을 가면 게스트하우스건 레스토랑이건 실망하는 경우가 거의 없었다. 그런데 파트모스(Patmos) 섬에선 비수기인 탓에 이 책자에서 소개한 호텔과 게스트하우스가 영업을 하지 않았다. 어쩔 수 없이 '바이블' 밖을 탐험해야 했다.

　미지의 개척은 불안을 동반한다. 필연적이다. 그런데 다행히도 물어물어 어렵게 찾게 된 게스트하우스가 가격도, 서비스도 지금까지 어느 여행 책자에서 소개한 숙소 못지않게 만족스럽다. '바이블' 밖에도 쓸 만한 장소들이 있다는 걸 발견한 셈이다.

　게스트하우스 주인 부부는 삶의 멋을 아는 사람들이다. 잘 가꾸어진 정원의 꽃과, 집 옆에 있는 100평쯤 되는 텃밭에서 풍성하게 자라고 있는 채소만 보아도 알 수 있다. 정교회 예배당 안의 어떤 기도보다도 자연 속에서 땀흘리며 드리는 그들의 예배가 아름다워 보인다.

　부부는 손님들을 위해 안내 데스크 옆에 초콜릿과 사탕 그리고 커피와 차까지 차려두었다. 물질적 여유보다는 마음의 여유가 느껴진다. 특히 순례를 안내하는 방식에서 확실히 알 수 있다. 주인아저씨는 요한 동굴과 성 요한 수도원까지 걸어서 가는 길을 알려준다. 그러면서 너무도 스스럼없이 "걸으면 된다"고 얘기한 바람에 2시간은 족히 걸리는 트레킹 코스를 10여 분이면 도착할 거라고 착각하고 말았다. 그래도 버스를 타고 오르는 방법을 안내하기보다는 도보 여행의 맛을 느끼게 해주려는 배려를 탓할 순 없다.

사랑의 사도 요한,
파트모스 섬에서 《요한계시록》을 쓰다

이 섬은 남북이 16킬로미터, 동서로는 넓은 곳이 10킬로미터에 불과하다. 중간 부분은 잘록해 너비가 1킬로미터밖에 안 되는 작은 섬이다. 우리나라 영종도 크기다. 인구는 2,700명 정도로, 절반 이상은 섬 정상인 성 요한 수도원이 있는 호라 마을에 산다.

파트모스 섬은 《성경》에 '밧모 섬'으로 기록되어 있다. 밧모 섬에 온 사도 요한은 열두 제자 중 한 명인 야고보의 동생이다. 그는 부친과 같이 어부였으나 그리스도의 부름을 받아 베드로, 야고보와 함께 언제나 그리스도 가까이 있었다. 성모 마리아와 함께 최후까지 십자가 밑에 서서 예수의 죽음을 지켜본 것도 그다.

요한은 예수 그리스도의 승천 후 베드로와 함께 선교에 나서, 수많은 기적을 행한 주인공이 되었다. 예루살렘의 '아름다움의 문'에서 선천적 절름

발이를 고쳐주고, 소아시아에서도 여러 가지 기적을 보였다.

요한은 예루살렘으로 가던 길에 자신들을 영접하지 않은 불친절한 사마리아인들을 보고 불같이 화를 내며, 예수께 묻는다.

"저들에게 하늘에서 불을 내려 벌하면 어떻겠습니까."

그러자 예수는 꾸짖으며 말한다.

"나는 사람을 살리러 온 것이지, 멸하러 온 것이 아니다."

예수가 죽은 지 사흘 만에 부활한 후 마리아 막달레나로부터 예수의 무덤이 비어 있다는 소식을 전해 듣고, 사도들 중 가장 먼저 예수의 무덤으로 달려간 이도, 티베리아 호숫가에서 부활한 예수를 제일 먼저 알아본 이도 요한이다.

전승에 의하면 요한은 서기 44년 헤로데스 아그리파 1세의 박해를 피해 소아시아의 일곱 교회에서 지도했다.

마태, 마가, 누가와 함께 성서의 핵심인 4복음서를 쓴 저자인 요한은 이 섬에서 세상의 종말과 최후의 심판을 그린 '문제작' 《요한계시록》을 썼다.

사도 요한이 귀양 가 계시를 받고 《요한계시록》을 쓴 파트모스 섬.

요한이 파트모스 섬에 갔을 당시는 너무 노쇠해 설교를 해야 할 때는 항상 신도들에게 부축을 받았다고 한다. 요한은 항상 "서로 사랑하라"고 가르쳤는데, 매일 같은 말만 반복하는 것에 신도들이 불평을 하자 이렇게 대답했다.

"사랑은 그리스도 교회의 기초요, 사랑만 있으면 죄를 범하지 않는다."

요한이 '사랑의 사도'라고 불리게 된 것은 여기에서 유래한다.

그는 서기 100년경 아흔 살의 나이로 사도들 중 유일하게 순교하지 않고 편안하게 임종을 맞았다.

심판의 계시를 받은 동굴

스칼라(Skala) 항구 주변에서 스파게티로 점심을 때우고, 요한 동굴을 향해 골목길을 나서는데 으르렁대는 갈색 개 한 마리가 눈에 띈다. 개는 길가 상자 안에서 쉬고 있는 고양이를 보며 으르렁댄다. 자기보다 덩치가 큰 개의 위협에 안절부절 못하던 고양이는 개가 한눈파는 찰나를 놓치지 않고 꽁무니를 뺀다. 그 고양이를 뒤쫓아 달려가던 개는 고양이가 자취를 감추어버리자 이내 아무 일도 없었다는 듯 돌아온다. 그러고는 내 앞에 서서 걷는다. 처음엔 개가 목적이 있어 이쪽으로 가는 길이려니 했다. 그런데 종종 뒤를 돌아보며 줄곧 앞장선다. 자기를 따라오라는 것만 같다.

개는 길을 가던 중에도 고양이만 나타나면 득달같이 달려가 쫓는다. 고양이와 철천지원수인 걸까. 가만 보니 개는 뒤쪽 왼발을 절뚝거린다. 혹시 고

양이 때문에 다리를 다쳐
저러는 걸까.

음식물 쓰레기 처리가
제대로 안 된 탓인지 그리
스엔 야생 고양이들이 유
독 많다. 어느 레스토랑에
나 발밑에서 자기에게 음
식을 던져주기를 기다리
는 고양이들이 밟힐 정도
다. 이들을 원수로 삼고 있
다니 이 개의 삶도 어지간
히 피곤하지 않을까 싶다.

오늘 트레킹 코스는 생
각보다 만만치 않다. 뙤약
볕도 강하다. 마을 끝부분
에 있는 학교를 지나니 더
이상 집은 없고, 창자처럼

요한 동굴 입구까지 동행한 개 '아르고스'의 모습.

꼬불꼬불한 오르막길이 이어진다. 음료수를 준비하지 않았더니 목이 탄다.
개는 길가 도랑에서 조그만 물줄기라도 발견되면 핥아서 목을 축인다. 그러
고는 또 뒤를 돌아보며 다정한 눈빛을 보낸다. 참 알 수 없는 녀석이다.

드디어 요한 동굴이다. 사도 요한이 노구를 이끌고 귀양 와서 머물다 '계
시'를 받았다는 곳이다.

동굴은 낮 12시부터 문을 닫았다가 오후 4시가 되어서야 다시 연다고 한다. 동굴 밖 계단식 극장의 나무그늘에 앉아 쉬는데 개가 옆에 엎드린다. 어릴 때 텔레비전에서 즐겨 봤던 〈플란더스의 개〉에서 네로를 따르는 파트라슈처럼. 20여 분 동안 조용히 엎드려 있는 개가 대견스럽다. 좀 지저분해 보이긴 하지만 손을 내밀어 등을 쓰다듬어주니 꼬리를 흔들며 좋아한다. 고양이와 닭을 쫓던 사나운 모습은 어디 가고 순한 양이 되어 앉아 있다.

개에게 '아르고스'란 이름을 붙여준다. 《오디세이아》에서 오디세우스를 지켜주던 충성스런 개의 이름이다. 영화 〈트로이〉를 보면 아가멤논 왕의 부하들이 이타카 섬으로 그를 데리러 갔을 때, 오디세우스가 "이제 너도 오랫동안 못 보겠구나" 하며 쓰다듬던 검정개다. 트로이 전쟁터로 떠난 오디세우스가 20년 만에 이타카 섬의 궁전으로 돌아올 때까지 죽지 않고 버티다가 주인의 얼굴을 보고서야 꼬리를 흔들며 숨을 거둔 개가 아르고스다.

오후 4시가 되어 문을 열기에 들어가려는데, 개는 들어갈 수 없다고 한다. 어쩔 수 없이 아르고스를 남겨둔다. 출입구에서 2유로를 내고 계단을 따라 2~3층 깊이 정도로 내려가니 단단한 바위 동굴이다. 동굴에 난 창문 밖으로 파트모스 해안과 바다가 보인다.

천장엔 요한이 계시를 받을 때 갈라졌다는 바위가 있다. 이 틈새에서 하나님의 음성이 들렸다고 한다. 바위 벽 1미터 높이에는 요한이 기도하고 일어날 때마다 손을 짚어 파였다는 손자국이 있다. 또 요한이 늘 베개 대신 베고 누워서 파였다는 흔적도 벽 아래쪽에 있다. 늙은 요한이 이 동굴에서 받은 계시를 젊은 제자 브로고로가 받아 적었다고 한다. 동굴 입구엔 대필자 브로고로의 모습이 그려져 있다.

동굴을 나오니, 아르고스가 기다리고 있다. 아르고스는 산 정상에 있는 성 요한 수도원까지 안내하겠다는 듯이 앞장선다.

거기서부터 여러 차례 갈림길이 나타난다. 갈림길에서 아르고스를 따라 몇 발자국 가다 보면 아무래도 이상해 다시 되돌아오곤 한다. 아르고스가 길을 잘못 안내한 것이다. 이 녀석이 놀리려고 하는 걸까. 아르고스의 '계시'는 맞는 법이 없다. 틀린 길로 간 게 벌써 세 번째다.

줄기차게 이어진 종말의 예언

《성경》에 따르면 디베랴 바닷가에서 베드로가 예수에게 물었다고 한다.

"요한은 어떻게 되겠습니까?"

예수는 대답한다.

"내가 올 때까지 그를 머물러 두고자 할지라도 네게 무슨 상관이냐." (요한복음 21장 22절)

그래서 요한은 자신의 생전에 예수가 다시 올 것이라고 믿었다. 이때만이 아니다. 당시는 예수가 당대에 올 것이라는 믿음이 강했다. 《성경》마태복음 16장 28절엔 예수가 사도들에게 "여기 서 있는 사람들 중에는 죽기 전에 사람의 아들이 자기 나라에 임금으로 오는 것을 볼 사람도 있다"고 하고, 마태복음 24장 34절엔 "이 세대가 지나가기 전에 이 모든 일이 일어날 것이다"라는 기록이 있다.

예수 당대에 종말과 함께 심판의 날을 맞을 것이라는 성서의 예언은 실현

요한 동굴 내부 모습.

되지 않았다. 그러나 그 뒤에도 예언은 줄기차게 이어졌다. 신비주의자 임마누엘 스베덴보리는 전한다.

"천사들에게서 이 세상이 1737년에 멸망할 것이라는 이야기를 들었다."

모르몬교의 창시자 조지프 스미스는 또 이렇게 말한다.

"내가 85세(1890)가 되는 해에 사람의 아들이 하늘의 구름 속에서 나타날 것이다."

그렇다면 이들은 왜 이런 종말을 계속 예언할까. 만약 지구에도, 개인의 삶에도 마지막이 없다면 인간이 신을 두려워할까. 그래서 종말론은 종교의 최대 무기다. 각 종파들의 주장엔 늘 종말의 때에 '자기 쪽'만이 구원받는다는 주장이 뒤따르기 십상이다.

이런 내용의 《종말론》을 소개한 미국의 작가 실비아 브라운의 '사이비 감별법' 이 떠오른다.

"자신이 누구보다 하느님과 가까운 관계에 있다거나, 하느님과 대화하기 위해서는 자신을 통해야 한다거나, 인류 전체의 미래를 위한 하느님의 계획을 자신만이 알고 있다거나, 자신의 말에 절대 오류가 없다고 주장하는 예언가는 거짓말쟁이다. 또 누군가에게 해를 입히는 것이 하느님의 의지라거나 자신을 비난하거나 반대하는 사람들은 모두 악마이고, 하느님이 그들에게 영원히 저주를 내릴 것이라고 주장하는 이는 모두 거짓말쟁이다."

성 요한 수도원으로 오르는 길엔 병원으로 통하는 길도 있고, 요한 신학교, 엘리야 기념교회로 갈라지는 소로 등이 있다.

아르고스가 성 요한 수도원이 아닌 엉뚱한 쪽으로 안내할 때마다 결국 중요한 건 그의 안내가 아니라 내 판단임이 확고해진다. 정신을 차리지 않고 아르고스만 따라갔다면 뙤약볕에서 얼마나 고생했을지 모를 일이다. 나는 뭔가 미심쩍으면 아르고스보다 내 직관을 따랐다. 합리적인 상식 쪽을. 섬의 상징인 성 요한 수도원으로 가는 길이 큰 길을 두고 작은 길로 통할 리 없다. 아르고스는 내가 자기를 따라가다 말고 돌아서서 큰 길로 가면, 저도 이내 방향을 틀어 돌아온다. 그리고 내 앞에 서서 다시 길을 안내한다. 언제 길을 잘못 안내한 적이 있었느냐는 듯이.

몇 백 미터 오르다 보니 닭과 양의 울음 소리가 들린다. 닭과 양을 기르는 농장인 모양이다. 농장은 언덕 위에 있는데, 닭의 홰치는 소리에 아르고스가 고양이를 보듯 갑자기 질주한다. 조금 전 순한 양 같은 모습은 어디로 사라지고 사나운 늑대처럼 돌진한다. 농장을 지나면서도 닭을 물려고 달려들기까지 한다. 그곳을 지키는 덩치 큰 개 두 마리가 큰소리로 짖자 그제야 아쉬운 듯 되돌아온다.

선과 악의 이분법, 그 빛과 그림자

기독교는 《요한계시록》처럼 칠흑 같은 어둠 속에서도 해방의 비전을 주며, 용기를 북돋워주는 면에서 탁월하다. 또한 세상의 구체적인 현안에 대해서도 무엇이 옳고 그르며, 최선이 아니면 차선, 차선이 아니면 차악을 선택할 수 있도록 윤리적 기준을 제시해주었다.

이에 반해 불교는 '좋은 게 좋다'는 식의 현실 긍정이 지나치다 못해 도덕과 윤리 관념도 무뎌진 것처럼 보인다. 그러다 보니 갈등 상황에도 구체적 대안을 제시하기보다 무조건 싸우지 말라는 양비론으로 상황을 더 혼란스럽게 하기 십상이다. 불교국가들에서 지금까지 신선한 변화를 주기보다는 기득권의 충실한 옹호자가 된 불교는 근래 점차 약자와 현실문제에도 시선을 돌리는 변화의 움직임을 보이고 있다. 종교가 '사회적 약자에 대한 우선적 배려'를 사명으로 여기며 실천하지 않으면, 자연스럽게 권력과 부를 가진 자의 편에 서서 달콤한 반대급부를 누리는 쪽으로 가게 마련이다.

불교와 달리 유교는 엄격한 현실 윤리를 제시했다. 그러나 중국에서 유교가 성할 때 전쟁과 혼란이 더 잦았다. 결국 윤리 자체보다는 그것을 운영하는 인간의 자세가 중요하다는 것을 보여준다.

유일신 종교는 현실 윤리에서는 강점을 발휘했지만, 이분법적 선악관으로 인류 역사를 신화시대의 미망과 혼몽의 시대로 되돌려버린 책임을 피하기 어렵다. 교황의 명령으로 시작된 전쟁에서 십자군은 7만여 명의 예루살렘 사람들을 학살했고, 유럽의 30년 전쟁 때는 개신교와 가톨릭의 종교전쟁으로 800만 명이 희생됐다. 그뿐인가. 아프리카와 아메리카 대륙에선 앞의 수와 비교할 수 없이 많은 흑인노예와 인디언들이 희생되었다.

"예수를 믿으면 구원 받고, 그렇지 않으면 저주 받는다."

이와 같은 이분법 논리는 이제 기독교 내에 심각한 해악 요인으로 작용하고 있다. '예수 믿으면 구원'이라는 등식이 어떤 짓을 해도 예수만 믿으면 구원받는다는 것으로 얼마나 많은 오해를 받고 있는지, 요즘 하루가 멀다 하고 터지는 목사들의 세습과 횡령과 성폭력 등과 관련된 사건들이 잘 말해준다.

예수의 계명은 이분법적 정죄가 아니다. 종살이를 벗어나야 하는 유대 노예들의 대변자인 모세의 이분법이나 증오의 계율도 아니었다.

예수는 말했다.

"내가 너희를 사랑한 것같이 너희도 서로 사랑하라."

소크라테스, 플라톤, 아리스토텔레스로 이어지는 그리스 주류 철학자들과 예수의 가르침의 근본적인 차이는 무엇일까. 그리스 철학자들은 인간을 신으로부터 해방시켰지만, 모든 인간이 아니라 '그들만'의 해방을 추구했다. 거기에 노예와 장애인은 말할 것도 없고, 이방인, 여성 등도 낄 자리가 거의 없었다. 오직 시민들만이 자유와 해방을 누릴 수 있는 것으로 옹호됐다. 예수는 전혀 달랐다. 예수는 노예와 장애인, 여성처럼 소외되고 버림 받은 자들을 해방과 구원의 주인공으로 세웠다. 그것이 그 무엇과도 비교할 수 없는 예수 그리스도의 위대성이다. 하지만 기독교의 근본주의적 배타성과 폭력성은 그 위대성을 무력화시키고 있다.

성서는 내게 하나님이 임하는 것이 아니라 '하나님 나라'가 임한다는 것을 강조한다. 구원 받아 갈 곳은 '내 하늘 집'이 아니라 '하늘나라'다. 나 혼자 승리하는 독불장군식이 아니라 너와 나, 네 쪽과 내 쪽이 함께 어울리는 공동체를 우리가 가야 할 곳으로 제시하고 있다. 그러나 이기적인 현세에서 인간은 나와 내 편과 내 나라만 구원 받기 원하면서 상대 쪽을 지옥에 빠지게 하는 짓을 서슴지 않는다. 그런 근본주의적 이분법 논리가 얼마나 우스운 것인지는 아프리카 추장조차도 눈치 챌 정도다.

오직 자기의 기준에 따라서 선과 악을 나누는 선교사의 열변을 들은 아프리카 추장은 이렇게 말한다.

"더 이상 말하지 않아도 알아들었소. 그러니까, 당신들이 내 마누라와 내 재산을 다 뺏어가는 게 선이고, 반대로 내가 데려오면 악이라는 거지요?"

메타노이아, 나의 동굴에서 세상으로 나오다

플라톤으로부터 지대한 영향을 받은 기독교가 플라톤이 말하는 동굴 속에 갇혀 바깥세상에 나오려 하지 않는 것은 안타까운 일이다.

그러나 보수 개신교와 달리 가톨릭이 동굴 탈출을 선언한 것은 기념비적인 일이다. 1962~1965년 제2차 바티칸공의회를 통해 '구원의 대상'을 가톨릭 신자에서 '모든 인류'로 확대하고, 복음을 '선교'가 아니라 '인류의

존엄성 증진과 공동선 실현'이라고 밝힌 것이다. 교회 내적으로 뿐 아니라 지구촌의 평화와 행복을 위해 큰 발걸음을 내디딘 쾌거다. 가톨릭 역대 교황 중에서 최고의 인기를 누리는 교황 요한 23세(1881~1963, 재위 1958~1963)가 시작한 이 공의회는 교회에서 예수 이후 가장 큰 사건으로 꼽힌다.

가톨릭 신자라면 모두 따라야 할 사목헌장에 못 박은 이런 공의회 선언은 인류 모두를 형제로, 사랑의 대상으로 여긴 요한복음의 정신이 비로소 제자리를 찾은 것으로 볼 수 있다. 요한 바오로 6세와 베네딕토 16세 교황에 의해 제2차 바티칸공의회 정신이 크게 후퇴해버렸지만 말이다.

진정한 그리스도인이 되는 가장 중요한 통과의례로 여겨지는 '메타노이아(Metanoia, 회심)'는 그리스어로 '마음을 바꾼다'는 뜻이다. 의식의 변화를 말한다. 내면에 갇힌 시선을 외부로 돌리는 것, 자기만 챙기던 사람이 주위와 세상을 챙기기 시작하는 것, 자기 조직, 자기 국가, 자기와 자기 집단밖에 모르던 사람이 그 밖에도 똑같은 인간이 살고 있다는 사실에 눈을 뜨는 것이다. 그리고 인간만이 아니라 동물도, 식물도 모두 존귀한 생명이며, 그들과 우리의 삶이 하나라는 진리를 깨닫는 것이다.

화려한 금장식보다 마음을 움직인 건, 아르고스!

성 요한 수도원이 있는 호라 마을에 들어선다. 길가에 구멍가게가 있다. 물 한 병을 사서 마시고, 아르고스에게도 주려는데 물그릇이 없다. 조그만 병뚜껑에 담아 주니 핥아먹는다. 4~5차례 병뚜껑에 부어주어도 도저히 성에

동굴에 난 창문 밖으로
파트모스 해안과 바다가 보인다.

차지 않을 듯하여 아예 아스팔트 바닥에 넉넉히 부어 준다. 갈증이 가시니 아르고스도 한결 신이 난 듯 움직임이 활발하다.

요한 수노원은 난공불락의 요새 같은 성으로, 섬을 압도하듯 버티고 서 있다. 수도원을 지키는 경호원의 인상도 그 외양처럼 아주 강고해 보인다. 이곳의 입장료

성 요한 수도원에 있는 사도 요한의 모습. 그는 말한다. "사랑은 그리스도 교회의 기초요, 사랑만 있으면 죄를 범하지 않는다."

는 요한 동굴보다 두 배 비싼 4유로를 받는다. 아르고스를 보자 돈을 받을 수 없다고 판단해서인지 일말의 배려 없이 눈을 부라리며 단호하게 소리친다.

"넌 안 돼, 나가!"

아르고스는 알아들은 듯이 금세 밖으로 나간다. 개를 떼놓고 들어가는 발길이 무거워 서둘러 수도원 예배당과 박물관을 돌아보았다. 박물관에 전시된 수도자들의 수도복이 어찌나 화려하던지 황제 저리 가라다. 해상무역에

나선 상인들이 안전을 기원하며 포세이돈 신전에 바치던 헌금처를 이 수도원으로 돌린 모양이다. 500년대에 기록된 마가복음의 매 장 첫 글자는 순금으로, 나머지는 은으로 쓰여 있다. 《요한 계시록》의 책장을 펼쳐 들고 있는 요한의 초상화도 있다.

수도원에서 본 화려한 금장식엔 감흥이 일지 않는다. 정작 마음을 움직인 건 수도원 밖에 웅크린 채 나를 기다리고 있었던 아르고스다. 엎드린 채 내가 나오기만을 기다리며 수도원 안쪽을 응시하던 녀석은 나를 보자 신이 난 듯 연신 꼬리를 흔들며 내 주위를 한 바퀴 돈다.

힘들어할 아르고스를 생각해, 돌아가는 길엔 버스를 타기로 했다. 개를 안아들고 버스에 오르자 외국인 관광객들이 웃는다. 애완견도 아닌 큰 개를 안고 타는 것이 신기한 모양이다. 버스 기사는 아무 말 하지 않고 봐준다.

버스가 항구 정거장에 설 무렵, 버스 기사는 정거장에 있던 스쿠터 탄 아저씨와 몇 마디 이야기를 나눈다. 내가 개를 안고 내리자 아저씨가 반가워한다. 아르고스도 반가워하며 스쿠터 발판으로 뛰어올라 제 집인 듯 착 앉는다. 아르고스의 주인이었던 것이다! 주인은 아르고스가 종종 여행객들을 안내하고 수도원까지 올라간다면서 오후에 없기에 또 수도원까지 올라갔으려니 생각하고 버스 정류장에서 기다리고 있었다고 한다. 그런 일이 한두 번이 아니어서 버스 기사도 이미 누구네 집 개인지 알고 있었던 모양이다.

아르고스에게 소시지를 사주고 싶다고 하니 주인은 "다음 기회에"라며 개를 데리고 간다. 아쉽지만 작별을 고할 수밖에 없다. 어쩌겠는가, 만남이 있으면 반드시 헤어짐이 있는 법이니.

《요한계시록》은 구약 39권에 이은 신약 27권 가운데 마지막 권을 장식하고 있다. 수많은 문서 가운데 논란 끝에 턱걸이로 '성서'에 간택됐다고 볼 수 있다.

묵시(계시)문학의 특성상 고에 걸면 코 고리, 귀에 걸면 귀고리가 될 수 있어, 사이비 교주들이 가장 많이 애용하는 성서이기도 하다. 다미선교회가 1992년 하늘로 들려 올라간다는 휴거를 주장한 것도 《요한계시록》의 종말론에 근거한 것이다.

사도 요한은 95년 도미티아누스 황제 때 파트모스 섬으로 유배됐다가 도미티아누스가 암살된 뒤인 96년 에베소로 귀향했다고 한다. 그때는 로마제국 황제를 신으로 섬겨야 한다는 황제 숭배가 극에 달했다. 황제 숭배를 거부한 기독교인들은 박해와 죽음을 면키 어려운 때였다.

계시를 받은 사도 요한은 예수의 열두 제자 중 최연소자다. 다른 열한 명의 제자들이 박해로 모두 목숨을 잃고 홀로 살아남았다. 그는 유일한 직계 제자로서 로마의 박해로부터 와해될 위기에 있는 기독교 공동체를 유지해야 할 절체절명의 사명감을 느끼고 있었다. 그래서 당시 아시아의 일곱 교회에 서신을 띄워 어떻게 박해를 견디며 그리스도의 생명력을 세상 속에 전파하고 신앙의 승리와 확신을 가져야 하는지를 알리는 데 심혈을 기울였다.

그가 파트모스 섬에 귀양을 자처한 것도 위기에 처한 교인들에게 용기를 주고 예수의 재림을 확신케 할 계시록을 쓰기 위한 것이란 설도 있다.

"볼지어다. 내가 문 밖에 서서 두드리노니 누구든지 내 음성을 듣고 문을 열면 내가 그에게로 들어가리라."(3:20~21)

"하나님께서 그들의 눈에서 모든 눈물을 씻어주실 것임이라."(7:17)

"주 안에서 죽는 자들은 복이 있도다."(14:13)

이 계시들은 예수가 금방 돌아와 눈물을 닦아주리라는 위안과 함께 설사 박해로 죽더라도 복을 받게 될 것이라며 굴하지 않을 용기를 불러일으키는 내용들이다.

계시록은 여러 상징을 통해 먼 미래가 아니라 당대에 신의 권위를 넘보는 로마 황제의 시대가 끝나고 새로운 시대가 열릴 것이라는 희망을 전하고 있다.

묵시문학은 일종의 암호다. 같은 편끼리는 알 수 있지만 적은 알 수 없다. 일제와 독재시대에 엄혹한 검열의 눈을 피하기 위해 언론 지사들이 고뇌 끝에 쓴 글의 '행간(行間)'을 읽으며 이심전심으로 눈물지어본 이들은 이것이 무엇을 뜻하는지 알 수 있다.

그리스

에게 해

터키

델포이 ●

아테네 ●

펠로폰네소스

올림피아 ●

스파르타 ●

사모스

지중해

크레타

크노소스

chapter 15

천재 지식인들의 섬, 사모스

: 우리는 지금 어디에서 길을 잃었는가?

> "가지고 있지 않은 것을 원하면서 가지고 있는 것을 낭비하지 마라.
> 지금 가진 것도 전에는 원하던 것이었음을 잊지 마라."
>
> — 에피쿠로스

에게 해 여행의 마지막 기착지는 사모스 섬이다. 그리스 본토와 멀리 떨어져 있고, 터키와 인접한 섬이다.

배가 파트모스 항구를 떠난 지 4시간 만이다. 에게 해 대부분의 섬들과 마찬가지로 이 항구도 피타고라스의 이름을 딴 피타고리오(Pythagorio) 항구에 도착한다. 3면이 육지여서 거친 파도를 막아주는 디귿자형이다. 축복받은 땅이라 아니할 수 없다. 부두엔 이 섬의 상징인 피타고라스(B.C. 570?~495?) 동상이 서 있다. '피타고라스의 정리'를 가르쳐주듯 삼각자를 들고 있다.

피타고라스는 '철학자'라는 단어를 처음 사용한 사람이다. 또한 수학자, 종교 지도자, 8음계를 창안한 음악가, 코스모스(우주)라는 단어의 창시자, 천문학자, 과학자이기도 한 그는 서양 지식과 지혜의 근원을 이룬 천재다.

학창 시절 수학을 좋아하지 않는 탓에 피타고라스와 친해질 일은 없었지만 그의 고향 피타고리오에 와서까지 그를 멀리 할 필요는 없다.

사모스 섬은 여신 헤라의 고향이자 《이솝 우화》의 저자 이솝과 자족주의 철학자 에피쿠로스가 살았던 곳이다. 아리스토텔레스가 《사모스 연구》라는

피타고리온 항구의 피타고라스 동상. '피타고라스의 정리'를 가르쳐주듯 삼각자를 들고 있다.

책을 쓸 만큼 주목한 곳이기도 하다. 무엇보다 남에게 주워들은 지식을 하치장에 쌓아놓은 지식인이 아니라 자기 색을 그려낼 수 있는, 뛰어난 지식인들이 활동하던 땅이다.

지식 탐험가, 피타고라스

사모스 섬의 대표 인물은 누가 뭐라 해도 피타고라스인데, 그와 관련된 유물 같은 건 없다. 유일한 흔적이 그가 도를 닦았다는 '피타고라스 케이브(동굴)'다. 우리나라에서도 원효대사를 비롯한 옛 도인들이 수도했던 동굴들을 샅샅이 찾아다니던 내가 어찌 이 동굴에 오르는 노고를 마다하겠는가.

택시 기사에게 동굴에 대해 물으니 바로 대답이 돌아온다.

"어디 있는지 안다. 노 프로브럼(문제없다)."

그러면서 택시 왕복 비용으로 통상 100유로를 받는데, 비수기니 80유로만 받겠단다.

다음날 아침 7시 택시를 타고 출발했다. 40여 분간 몇 개의 고개를 넘더니 어느 해안 마을에 도착한다. 마라포캄보시 마을이다. 그런데 동굴을 잘 안다던 택시기사가 마을 사람에게 길을 묻는다. 육십 평생 이 섬에 산 그도 사실은 초행이었던 것이다.

물어물어 케드키시 산길로 오른다. 1,000미터쯤 시멘트 포장이 되어 있더니, 그 다음엔 울퉁불퉁한 돌이 여기저기 삐져 나온 험로다. 말 없던 택시기사가 혀를 차며 말한다.

"프로브럼, 프로브럼(문제다, 문제야)."

대꾸하면 못 간다고 할까봐 겁이 나서 못 들은 척 숨을 죽인다.

다행히 다시 시멘트 포장길이 나온다. 포장과 비포장 산길이 이어지기를 3킬로미터쯤 갔을까. 더 이상 차가 갈 수 없는 막다른 길에 이르자, 바위 암벽 쪽으로 '피타고라스 케이브'라는 푯말이 보인다.

200~300미터쯤 걸어 올라가다보니 오른쪽에 하얀 칠을 해놓은 기도실이 있다. 그곳인가 싶었는데 길이 계속 위로 나 있는 것을 보면 동굴은 더 위쪽에 있는 듯싶다.

수직 절벽 쪽으로 나 있는 계단을 따라 몇 백 미터를 더 올라가니, 철문이 달려 있고 그 위로 동굴이 보인다. 겉에서 보기보다 내부가 상당히 크다. 10여 명도 너끈히 지낼 수 있을 성싶다.

피타고라스는 이 동굴에서 수행한 도인이자 교주이기도 하지만, 그리스 세계 최초의 열린 지식인이기도 하다. 그는 바다 밖으로 당대 세계적인 지식인들과 수행자들을 찾아 나선 지식 탐험가다.

피타고라스가 해외로 나가는 것을 두려워하지 않았던 것은 부친 덕으로 보인다. 페니키아 출신인 부친 므네사르코스는 이집트, 그리스, 이탈리아, 에게 해 등지를 돌아다니며 장사를 한 상인이었다고 한다. 알파벳의 원조가 페니키아였을 만큼 선진 문명을 가진 나라에서 태어나 지중해 일대를 누볐던 아버지의 영향으로 피타고라스도 애당초 사모스가 세상의 전부라는 생각은 하지 않았다. 오늘날 레바논, 시리아에 해당되는 지중해 동쪽 연안의 페니키아는 이집트의 영향권 아래서 벗어나 해상무역의 전성기를 구가하고 있을 때였다.

피타고라스가 사모스를 떠난 것은 열여덟 살 때였다. 소아시아 연안의 밀레토스로 간 피타고라스는 아낙시만드로스와 탈레스를 만났다. 철학자들은 하나같이 피타고라스를 좋아했는데, 그의 천부적인 재능을 알아보았기 때문이다. 특히 탈레스는 피타고라스의 재능을 인정하고 자신이 가지고 있던 모든 지식을 전수해주었다. 피타고라스는 그에게 논증수학을 배웠다.

피타고라스의 남다른 점은 당대 최고의 철학자 탈레스의 수제자가 되는 데 그치지 않았다는 것이다. 지식과 진리를 향한 그의 구도 여정은 밀레토스, 페니키아, 키르멜 산, 이집트, 바빌론 등으로 이어졌다. 그가 유학한 지점들은 놀라울 정도로 방대했다. 그는 가는 곳곳마다에서 성직자로부터 종교적 비전을 전수받고 방대한 지식을 배웠다.

이집트에 머문 지 23년째 되던 해에 페르시아의 캄비세스가 이집트를 정복하자, 피타고라스는 페르시아 군인에게 체포돼 바빌론으로 이송되었다. 그곳에서 그는 페르시아 조로아스터교의 사제인 마기들의 눈에 띄어 능력을 인정받고, 그들과 더불어 공부했다.

당시 페르시아는 바빌로니아의 다신 문화와 엄격한 신분제도에 도전하려는 조로아스터교의 영향을 받은 개혁운동이 일어난 지 100년 정도 된 때였다.

그는 바빌로니아인들과 교류하고 조로아스터교와 숫자, 과학과 천문학, 예언 등의 지식을 터득했다. 바빌론에서 12년을 보낸 후엔 페르시아 제국의 일부분이 된 고향 사모스 섬으로 돌아왔다. 열여덟 살에 떠나 무려 쉰여섯 살이 될 때까지 지중해와 아시아 일대에서 종교와 폭넓은 학문의 세계를 섭렵하고 돌아온 것이다.

피타고라스가 이집트와 바빌로니아 뿐 아니라 인도를 경유해 중국까지 돌아보고 귀국했다는 설도 있다.

"외국을 여행할 때는 고향을 돌아보지 마라."

이것이 피타고라스의 방식이었다. 나도 10여 년 전 각 종교의 30여 가지가 넘는 수행, 수도, 치유, 기도, 명상법 등을 섭렵하면서 하나의 원칙이 있었다. 어떤 곳이든 아무런 선입견과 편견 없이 그곳의 열렬한 신앙인의 마음으로 임하는 것이었다. 판단은 들어갈 때가 아니라 나올 때 해도 늦지 않으므로.

피타고라스의 이런 배움의 열정이 '수학'을 낳았다. 애초 '수학(mathematics)'은 '배움'이란 뜻을 지닌 그리스어 '마테마(mathema)'에서 유래한 것이다. 배움엔 끝이 없다. 아테네의 입법자 솔론은 예순여섯 살의 나이로 지도자에서 은퇴한 뒤 이집트로 떠나 역사와 사상을 공부하고 다시 키프로스로 향한다. 그는 떠나면서 "나는 늙어 가면서도 항상 공부한다"는 말을 남겼다.

피타고라스를 사숙한 플라톤도 치열한 탐구의 여정이 있었다. 그는 소크라테스 사후 방랑기에 피타고라스 학파의 유클리드 기하학을 공부한데 이어 이집트에서 연금술을 배우고, 페르시아에서 조로아스터의 비밀의식을 배운 것으로 전해진다. 이 시기 플라톤이 인도에 다녀왔을지도 모른다는 추측도 있다.

플라톤은 마흔 살이 되자 남부 이탈리아의 타렌툼으로 가서 피타고라스 학파로부터 국가 운영학, 수학, 형이상학 등을 배우고 아테네로 돌아간다.

붓다와 예수 그리고 플라톤의 잃어버린 시간

소크라테스가 죽은 뒤 플라톤이 비탄과 정치 혐오감 속에서 아테네를 떠나 방랑한 시기를 '잃어버린 시간'이라고 부른다. 하지만 '너 자신을 알라'는 스승의 가르침대로 정치인보다는 학자의 적성을 자각하고, 드디어 자신의 길을 준비했다고 보는 게 옳지 않을까. 그런데 이런 시간을 보낸 것은 서양철학의 아버지에게만 있던 것은 아니다. 싯다르타나 예수에게도 찾아볼 수 있다.

궁궐의 환락 속에서 살던 싯다르타기 성문 밖으로 니가 병들이 죽어가는 사람들을 보고 생로병사의 고통에 대해 철학적 의문을 품은 것은 십 대로 알려져 있다. 그러나 그가 정작 카필라 성을 떠나 출가를 단행한 것은 스물아홉 살이다. 삶에 근본적인 의문을 느낀 이후에도 무려 10여 년 동안이나 궁궐에서 지낸 셈이다.

10여 년 전 현재 네팔 땅인 성에서 싯다르타의 외가로 가는 수십 리 길을 가본 적이 있다. 히말라야 설산이 길게 펼쳐져 있었다.

싯다르타는 카필라 성 주위 설산으로 스승들을 찾아 의문을 해결하려고 시도했을 것이다. 온갖 노력에도 의문이 해소되지 않자 출가를 결행했을 것이다. 그 뒤에도 곧바로 둥게스와리 산에 가서 은둔 수행을 한 것이 아니라, 당대 인도 사상의 집결지인 바라나시로 향해 명상법들을 체계적으로 섭렵했다.

예수는 《성경》의 기록에서 아주 어린 시절에 등장했다가 사라진다. 그리고 아무런 언급이 없다가 서른 살에 나타나 3년 동안 활동하다 십자가에 못 박힌다. 그중에서도 마가복음 등 상당한 기록이 십자가에 못 박히기 전 1주일에 초점을 맞추고 있다. 그렇다면 기록에서 증발된 20여 년간 예수는 무엇을 했을까. 예수는 목수로 생계를 이으며 유대교 랍비로서 충실한 교육을 받았을 가능성이 있다. 그러나 나라가 로마에 의해 망해 민중은 도탄에 빠져 있는데도 기득권 지키기에 급급한 유대교 체제의 한계를 절감하고 새로운 길을 찾아 나섰는지 모른다. 도그마화한 기득권 종교를 벗어나 사막과 이집트, 페르시아와 인도 등을 순례하며 새로운 길을 모색했을 수도 있다. 이집트, 페르시아, 인도가 오랜 신비 전통을 가진 것은 두말할 나위가 없다. 또한 예수에게 세례를 준 성 요한처럼 사막에 있던 수도자들을 찾아가 명상 수도를 했을 것이다. 그는 광야에서 40일간 금식 기도를 하면서 마귀의 시험을 이겨냈다고 한다. 예수의 삶이 다시 공식 석상에 드러난 것은 이 금식 기도부터다.

이처럼 종교 교주들의 삶에서 '잃어버린 세월'은 적지 않다. 증발된 세월은 자기 종교의 정통성을 확립하는 데 그간의 활동들이 알려지는 게 별 도움이 되지 않기 때문일 것이다. 종교에서는 최후의 종교적 도그마, 그 교리가 중요할지 모르지만, 한 사람의 인생에서 많은 시간을 증발시켜 버린 것은 역사가와 기자에겐 안타깝기 그지없는 일이다. 방랑의 세월들을 거친 그들이 서로 다른 목표에 이르고, 다른 곳을 지향하더라도 그런 방황과 고뇌 없이 목적지에 도달할 수 있었을지는 미지수이기 때문이다.

출신, 성격, 언행, 관상까지 심사한 피타고라스 공동체

처음 본 동굴 옆에 또 다른 동굴이 있다. 동굴 안쪽으로 철조망이 쳐 있고, 안

(위쪽) 피타고라스 동굴.
(아래쪽) 피타고라스 동굴 내부 모습.

쪽은 위험하니 허가 없이는 들어갈 수 없다고 한다. 어둠 너머로 보니 깊은 수렁이다. 구렁이와 용이 몇 마리는 살고 있을 법한 호수가 이토록 험준한 바위산 절벽 안 동굴에 있다니 놀랍다. 어둠을 바라보기만 해도 섬뜩하다.

동굴 입구 쪽에 작은 기도실이 있다. 역시 그리스 정교회 건물이다. 이런 동굴 같은 곳엔 어김없이 그리스 정교회가 작은 성소를 지어놓는다. 동굴에선 피타고라스의 목소리가 들리는 것만 같다.

피타고라스는 "삶의 목적은 환생으로부터 해방되는 것이다"라고 윤회사상을 가르쳤다. 자신이 한때는 창녀였고, 또 영웅이기도 했다고 말하기도 했다. 그는 윤회를 반복하며 정화하다가 완전한 덕을 갖출 때 윤회를 종결한다고 주장했다. 그가 육식을 금하고 채식을 하게 한 것은 조상을 먹지 않도록 하기 위함이었다.

공동체는 신, 부모, 친구, 계율에 대해 절대적 신실과 자제 그리고 복종을 요구했다. 또한 무엇보다도 공동체 성원들 간의 우정과 형제애를 강조했다. 사형선고를 받은 친구를 대신해 붙잡혀 있다가, 친구를 볼모로 고향에 다녀온 사형수가 약속한 시간에 다시 사형집행을 받으러 돌아왔다는 다몬과 핀티아스가 바로 피타고라스 공동체 구성원들이다. 우정에 감동한 참주가 둘 다 살려주는 대신 자기도 형제의 일원으로 받아주길 간청했다는 이야기가 전해질 만큼 각별했던 이들의 형제애는 부러움을 샀다.

피타고라스는 모습을 보이지 않고 장막 뒤에서 말했다. 그래서 추종자들은 그의 얼굴을 보지 못하고 말만 들을 수 있었다고 한다.

피타고라스 공동체는 누구나 입회할 수 있는 곳이 아니었다. 제자들만 피타고라스를 선택할 수 있었던 것이 아니었다. 그도 제자를 선택했다. 그는

피타고라스 잔은, 피타고라스가 '모든 사람이 평등하게 술을 마셔야 한다'며, 일정량을 넘치도록 따르면 잔 아래로 술이 새도록 고안했다고 한다.

벗도 선택하라고 했다. 아무하고나 어울리지 않도록. 인간은 어울리는 인간으로부터 지대한 영향을 받는다. 부모나 형제는 선택할 수 없다. 그러나 배우자와 친구는 선택할 수 있다. 공동체에 들어오기를 희망하는 자에게 그는 가장 먼저 그들의 부모와 친척들에 관해 묻고, 당사자의 웃음과 말투를 살폈다. 무엇에 욕망을 느끼고, 친구관계는 어떤지, 여가를 어떻게 보내는지, 무엇에 기쁨과 슬픔을 느끼는지를 관찰했다. 또 걸음걸이와 몸의 전체적인 움직임뿐만 아니라 얼굴 생김새와 체형까지 살폈다. 영혼의 고귀함이나 저급함은 육체적 조건과 행동을 통해 나타난다고 생각했기 때문이다. 한마디로 출신 성분과 성격, 언행, 관상, 기질 등을 종합적으로 심사한 셈이다.

이뿐만이 아니다. 그는 지원자가 학문을 좋아하는지, 영광이나 대중적 명예를 무시할 준비가 되어 있는지 3년간 면밀히 관찰했다. 부적절하다고 판단되면 공동체에서 퇴출했고, 통과자만 다음 단계로 진급시켰다.

다음 단계에선 말을 자제하는 훈련을 하기 위해 5년 동안 침묵을 지켜야 했다. 후보자들의 모든 재산을 공동체에서 관리했으며, 후보자는 단 한마디도 하지 않고 5년을 보내고 나서야 비로소 피타고라스의 제자가 될 수 있었다.

누구나 쉽게 들어갈 수 없고, 쉽게 접할 수 없었기에 그의 권위는 더욱 높아졌다. 그러나 선택과 배제가 결국 피타고라스를 죽음으로 몰아갔다.

피타고라스가 이탈리아에 이주해 운영한 공동체에 입회를 거절당한 시바리스의 왕자 키론이 앙심을 품은 것이다. 그는 시민들을 선동해 공동체를 붕괴시키고 피타고라스를 죽였다. 피타고라스를 잃은 공동체는 허무하게 무너졌다.

피타고라스의 사상은 피타고라스 학파에 의해 겨우 맥을 잇다가 3세기쯤 신플라톤주의로 부활했는데, 초기 기독교사상들과 섞여 서양 사상의 주류가 되었다.

이 섬의 시내를 둘러보다 보면 어느 가게에서나 살 수 있는 상품이 피타고라스의 잔이다. 이 잔은, 피타고라스가 모든 사람이 평등하게 술을 마셔야 한다며, 일정량을 넘치도록 따르면 잔 아래로 술이 새도록 고안했다고 한다. 술을 마실 때조차 평등을 좋아한 피타고라스가 왜 그토록 엄격한 배제의 원칙을 강조했을까.

올라올 때 동굴인가 했던 곳도 그리스 정교회에서 지어놓은 기도처였다. 그곳에 매달린 쇠 종을 치니 메아리가 케드키시 산에 울려 퍼진다. 제자들을 깨웠던 피타고라스의 엄격한 가르침을 다시 한 번 일깨워주듯이.

우리는 어디서부터 길을 잃었는가

동굴 쪽을 바라보며 기다려준 택시기사는 내가 무사히 하산하자 함박웃음을 짓는다. 피타고라스 공동체의 동지가 된 듯한 느낌이다. 비포장 도로를 오르며 불안해했던 것과 달리 기사는 내려가는 길에선 아까보다는 익숙해선지 안도의 기쁨이 역력해 보인다. 그는 산길에서 도중에 차를 세우더니 나무에서 무언가를 따서 냄새를 맡으라며 건네준다. 향신료 냄새가 나는 약초 티마리란다.

사모스 섬 사람들도 가지 않는 외딴 동굴까지 찾아 나선 동양인이 기특해선지 택시기사는 자청해서 예정에 없던 명소들까지 안내해준다. 그는 섬과 푸른 에게 해를 가장 잘 조망할 수 있는 '비나 이마 스펠리아니' 교회로 데려다준다. 30미터도 훨씬 넘어 보이는 대형 동굴이 있는 교회다. 사모스 섬의 언덕에서 택시기사의 배려 덕에 차를 타고 둘러보며 이런 여유를 즐기다니, 어느 부자가 부럽지 않다.

하지만 만약 피타고라스가 살아 있었다면 이런 여유를 갖기는 쉽지 않으리라. 피타고라스는 기회 있을 때마다 제자들에게 다음과 같이 말하도록 했다.

"나는 어디에서 길을 벗어났는가. 나는 무엇을 한 것인가. 또 해야 할 일 가운데 무엇을 하지 못했는가."

피타고라스의 음성이 피타고리오까지 울려 퍼지는 것만 같다. 과연 우리는 어디서부터 길을 잃어버린 것일까.

하지만 오늘날 우리의 문제는 어디로 가야 할지도 모른 채 어딘가를 향해 죽도록 달리고 있다는 것에 있다. 그래서 누가 빨리 달리느냐보다 제대로 가고 있느냐를 아는 게 더 중요하지 않을까 싶다. 오늘만은 《이솝 우화》의 '토끼와 거북이'에 나오는 토끼처럼 죽도록 달리는 것을 멈추고 거북이처럼 느리게 걸으며 삶을 돌아보련다. 오늘 할 일은 내일로 미루고.

기사아저씨는 여유를 부린 뒤에야 종착지인 사모스타운으로 데려다준다. 터키로 가는 배편이 떠나는 항구도시인 사모스타운은 피타고리오보다 몇 배 큰 사모스의 수도다. 이곳 또한 디근자로 육지 깊숙이 들어온 바다를 호수처럼 둘러싼 도시해안의 경치가 그만이다.

천국의 호수에서 행복을 낚는 노인

승선 때까지 시간이 넉넉하게 남아 항구의 벤치에 앉았다. 아름다운 바다와 항구를 보고 있는데, 얼굴이 새까맣게 그을리고 허리가 굽은 할아버지가 낚싯대를 들고 다가온다.

할아버지가 고기 잡는 모습을 한동안 구경하다 보니 시간을 잊어버린 듯 평화롭다. 물끄러미 얼마나 지켜보았을까.

"노 피시."(오늘은 고기가 없네, 그랴.)

"매니 피시."(고기 많은데요, 할아버지.)

행복을 낚는 사모스 섬의 어부.

　"보이 피시." (다 새끼들뿐이야!)

　세 마디의 대화 끝에 나는 웃고 말았다. 몇 마디만으로 우리의 소통은 완벽했다.

　자기 입에 뼈를 물고도 물속에 비친 뼈다귀를 먹으려고 입을 벌리다 물고 있던 뼈다귀마저 놓치고 마는 멍청한 개나, 욕심 때문에 황금을 낳는 거위를 잡아버렸다는 《이솝 우화》 따위 읽을 필요가 없어 보이는 할아버지다. 피타고라스의 정리 같은 수학을 배우지 않아도 '보이 피시들'을 잡아버리면 나중에 잡을 물고기가 없다는 것쯤은 아는 노인이다.

누구에게나 배척받을 만한 생김새의 노예였음에도 열등감과 피해의식에 사로잡히지 않고 세상 사람들에게 한없이 재미있는 이야기를 만들어준, 진정한 부자 이솝처럼.

또 사모스에서 태어나 자족이야말로 '마음의 행복'을 여는 길임을 말해주고 그런 공동체를 만들어 노예와 창녀까지 배척하지 않고 함께 했던 에피쿠로스처럼.

가지고 있지 않은 것을 원하면서
가지고 있는 것을 낭비하지 마라.
지금 가진 것도 전에는
원하던 것이었음을 잊지 마라.

할아버지는 에피쿠로스의 말처럼 세상에서 가장 넓은 '천국의 호수'가 주는 기쁨을 만끽 중이다.

"이솝과 겨룬다는 것은 쉽지 않다. 그러므로 그와 겨룰 생각이 전혀 없다."

소크라테스가 독배를 마시고 죽던 날 이솝의 내공을 인정하며 한 말이다.

기원전 6세기 인물인 이솝은 외모는 소크라테스보다 더 추했으나 천재성은 소크라테스보다 더 빛났다. 이솝은 머리가 크고, 눈은 검고 날카롭게 찢어졌으며, 턱은 길고, 목은 휘고, 종아리는 두툼하고, 발은 컸으며, 입도 큼지막하고, 곱사등에 배불뚝이고 말더듬이였다고 한다. 그가 아프리카 흑인이었을지 모른다는 설도 있다.

빅토르위고가 쓴 《노트르담의 꼽추》에서 노트르담 사원의 종지기인 꼽추 콰지모도는 이솝을 모델로 한 것은 아닐까. 죄없이 누명을 쓰고 죽은 콰지모도처럼. 이솝도 델포이를 여행하던 중 주민들로부터 신전의 신물을 훔쳤다는 누명을 쓰고 절벽에 떠밀려 죽은, 비운의 인물이다.

노예였던 그는 어린 시절 머나먼 땅으로 잡혀가 아테네의 부유한 시민에게 팔렸다가 노예상에 의해 사모스까지 왔다고 한다.

그가 사모스에서 크산토스란 철학자의 노예로 있을 때 사모스에 우환이 닥쳤다. 리디아의 크로이소스 왕이 세금과 조공과 추징금을 보내라고 협박한 것이다. 사람들은 두려움에 떨며 명령에 따르려 했다.

그때 이솝은 리디아로 가서 특유의 지혜로써 왕을 설득해 사모스를 구한다. 두려움에 떨며 강국 리디아의 식민지가 되어 노예의 길을 선택하려는 사모스인 앞에서 노예 이솝은 이렇게 말했다.

"운명은 이 생에서 인간에게 두 가지 길을 제시해주었다. 하나는 자유의 길로, 시작은 고되고 견디기 힘들지만 끝은 아주 평평하고 견디기 쉽다. 또 다른 길은 노예의 길로, 처음은 들판처럼 가볍고 평평하지만 끝은 매우 혹독하고 크나큰 고통 없이는 걸을 수 없다."

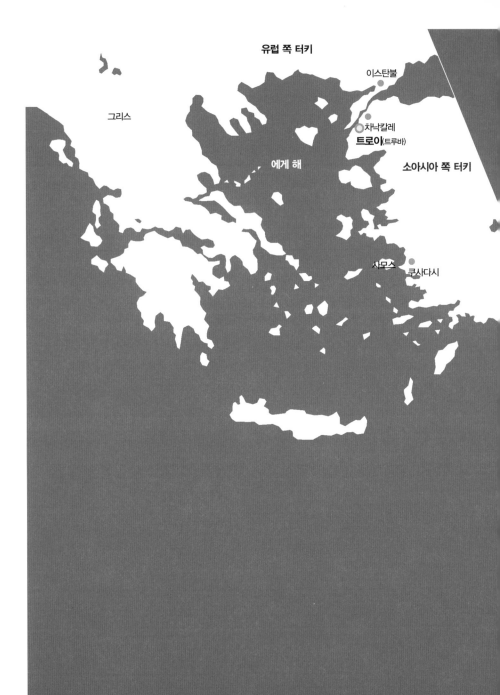

chapter 16

신과 전사들의 무대, 트로이

: 우리의 삶을 무너뜨리는 '트로이의 목마'는 무엇인가?

　　　　　　　　　　　•

"인내하라, 내 마음아.
그대는 이보다 더 심한 일도 참고 견디어오지 않았는가!"

　　　　　　　　　　　　　　— 호메로스

에게 해를 건넜다. 이제 터키다. 그러나 고대에 에게 해 동쪽 소아시아 지역은 그리스 세계였다. 쿠사다시 항구에서 간단한 터키 입국절차를 거쳐 북쪽으로 달린다. 졸린 듯 침상에 오르는 황금빛 노을을 보며 7시간 만에 도달한 곳이 차낙칼레다. 터키식 대중교통인 미니버스 돌무체를 타고 다시 20킬로미터 떨어진 트루바(트로이의 현재 지명)로 향한다. 그리스에서 양고기는 많이 먹었지만 양과 양치기는 별로 보지 못했는데, 터키 트로이 가는 길엔 양떼가 많다.

세 여신의 미모 다툼이 벌인 전쟁

스파르타의 왕비 헬레나를 유인해 데려오는 바람에 그리스 연합국의 공격을 받아 트로이를 멸망에 이르게 한 파리스 왕자도 양치기였다. 그는 트로이 왕 프리아모스의 아들로 태어났다. 하지만 사제가 "나라에 큰 재난을 가

양과 양치기, 그리스에서는 별로 보지 못했던 양과 양치기를 터키 트로이 가는 길에서 자주 볼 수 있었다.

져다 줄 놈이다"라고 입방정을 떠는 바람에 궁궐 밖으로 버려져 양치기의
손에 자랐다.

그러던 어느 날 이 불운한 왕자에게 행운이 미소 짓는다. 물론 그 일이 불
운인지 행운인지는 두고 봐야 알 일이지만. 그에게 갑자기 '세상에서 가장
아름다운 여신'이 나타난 것이다. 한 명도 아니고 무려 셋씩이나. 제우스의
부인 헤라와 지혜의 여신 아테나, 미(美)의 여신 아프로디테다. 여신들은 묻
는다.

"누가 제일 아름다운지 판정해 달라."

미녀들이 한꺼번에 달려들면 누구나 정신을 차리기는 쉽지 않을 터다.

아름다운 여신들이 그에게 온 것은 '불화의 여신', 에리스의 술수 때문이었다. 에리스는 결혼식 축하 연회장에 황금 사과를 던진다. 사과엔 '세상에서 제일 아름다운 여신의 것'이라고 쓰여 있었다. '불화의 여신'의 부추김에 따라 여신들은 황금 사과가 당연히 자기 것이라고 다투기 시작한다. 결국 황금 사과를 누가 가져야 할지를 최고의 신 제우스에게 판정해 달라고 한다.

그러나 산전수전 다 겪고, 모든 신의 왕이 된 제우스는 순진한 양치기 소년과는 달랐다. 꼬드김에 넘어가지 않을 자기중심이 있었다. 제우스는 여자의 질투가 얼마나 무서운지 누구보다 잘 알고 있었다. 그가 '미스 월드' 선발권을 순진한 파리스에게 넘긴 것은 나눔 정신이 투철해서가 아니라 후환을 두려워한 때문이었다.

제우스와 달리 철없는 양치기는 냉큼 선발권을 받아들인다. 그러고는 아프로디테의 손을 들어준다. 그 대가로 '지상 최고의 미인을 얻게 해주겠다'는 아프로디테의 약속을 받아내고는 희희낙락한다.

그리고 9년 뒤 트로이 전쟁으로 트로이 성은 멸망하고, 아프로디테 여신의 아들 아이네아스가 피신해 로마제국의 건설자가 된다. 트로이 전쟁은 아프로디테가 트로이 성의 프리아모스에게서 왕권을 빼앗아 자기 자식에게 주기 위해 조장했다는 설도 있다. '지상 최고의 미인' 헬레나를 파리스가 취할 수 있도록 도운 것은 아프로디테고, 결과적으로 전쟁의 최대 수혜자는 자기 아들이 됐으니, 이런 가설도 있을 법하다.

'트로이의 목마'에 숨은 이야기

버스가 한적한 마을에 이른다. 트로이다. 영화 〈트로이〉 이후 이곳도 뜬 모양이다. 유럽 관광객들이 문전성시다.

가장 먼저 눈에 띄는 것은 역시 '트로이의 목마'다. 트로이의 영웅 헥토르가 그리스의 전사 아킬레스의 손에 죽고서도 결코 함락되지 않던 트로이를 무너뜨린 게 '트로이의 목마'였다고 한다.

서사시에 따르면 '트로이의 목마'는 모사꾼 오디세우스가 그리스군이 모두 퇴각한 것처럼 꾸미고, 특공대원들을 숨겨 트로이 성 안에 잠입시키기 위해 만들었다고 한다. 목마 속에 오디세우스와 아킬레스 등이 숨어 있다는 사실을 모르는 트로이에선 대형 목마를 '신의 선물'이라며 트로이 성으로 끌고 들어왔다. 그리고 술을 진탕 마시며 축제를 즐겼다. 그날 밤 목마에서 나온 특공대원들이 성문을 열자 그리스군이 물밀듯이 밀고 들어와 트로이인들을 도륙하고 성을 불태웠다.

목마 뒤쪽엔 소형 박물관이 있는데, 그곳에 트로이 성을 재현해놓은 조감도가 인상적이다. 조감도를 자세히 살펴보니 쥐새끼 한 마리 침입할 수 없을 만큼 견고해 보인다. 지금부터 3,000~4,000년 전에 저런 성이 있었다니 믿기 힘들 정도다. 더구나 신화 속의 이야기를.

좀 더 걸어가니 둔덕 위에 돌 성이 나타난다. 신화 속에서만 있었던 것이 아니고 트로이 성이 실제로 존재한 증거다. 동시대의 단군신화를 신화로만 내몰기 급급한 우리나라와 달리 '사실로 드러난 신화'를 눈앞에 보니 부럽고 놀라울 뿐이다. 가로 180미터, 세로 35미터, 높이 18미터의 돌 성의 상

당부분이 허물어졌지만 튼튼해 보인다.

　돌 성을 돌아 풀숲을 지나면 간간히 돌무더기들과 돌층계들이 모습을 나타낸다. 둔덕 위에서 보니, 6킬로미터 떨어진 에게 해 해안까지 넓은 벌판이 펼쳐져 있다. 가장 먼저 떠오르는 것은 영화 〈트로이〉에서 미처 본선이

(왼쪽) 트로이의 목마. 트로이의 영웅 헥토르가 그리스의 전사 아킬레스의 손에 죽고서도 결코 함락 되지 않던 트로이를 무너뜨린 게 '트로이의 목마' 였다고 한다.
(오른쪽) 트로이 성을 재현해 놓은 조감도.

해안에 당도하기도 전에 뛰어내리는 '성미 급 한' 아킬레스와 그의 전사들이다.

아킬레스는 사자처럼 날래다. 그는 영화 속에 서 빗발치는 화살을 뚫고 어느새 아폴론 신전에 이르고, 신전의 사제까지도 가차 없이 베어버린 다. 그의 심복은 말한다.

"아폴론 신을 모독하면 진노를 살 것이다."

그러나 아킬레스는 아랑곳없이 에게 해의 그리스 연합군 쪽으로 활을 겨 누고 있는 황금 아폴론 상의 목을 칼로 싹둑 베어버린다. '이래도 아무 일 없 다' 는 것을 보여주듯이. 하지만 서사시는 영화와는 딴판이다. 훗날 전쟁이 그리스군의 승리로 끝났음에도 트로이 여신의 신전에서 여신상을 손상시킨 전우 아이아스를 돌로 내려쳐 죽일 만큼 신의 보복이 두려워 떨던 그들이었다. 그러니 신상의 목을 날린 영화 속 아킬레스의 모습은 나가도 너무 나간 얘기가 아닐 수 없다. 신에게 절대적으로 복종했던 고대 그리스에서 신상을 두 동강 낸다는 것은 상상조차 할 수 없는 불손한 행동이었다. 서사시에서 보면 인간은 신의 꼭두각시들에 불과한데 말이다.

서사시에 그려진 아킬레스는 최고의 전사이기도 하지만 동시에 마마보이다. 이 전쟁도 애초 그의 부모가 결혼식에 에리스 여신을 초내하지 않은 것에서 시작됐는데, 아킬레스가 어머니 테티스 여신을 끌어들임으로써 '신들의 전쟁'으로 비화한다. 애초 아킬레스를 화나게 한 것은 그리스 연합군 총사령관 아가멤논 왕의 얌체 짓이다. 아킬레스가 아폴론 신전에서 보쌈 해온 예쁜 여사제를 아가멤논 왕이 빼앗아가 버린 것이다.

화가 난 아킬레스가 어머니에게 이를 호소하자, 테티스는 처녀 시절 자신을 연모했던 제우스에게 달려간다. 그러고는 트로이군이 아니라 그리스 연합군을 혼내달라고 부탁한다. 아가멤논이 아킬레스를 화나게 한 것을 뼈저리게 후회하게 해달라는 것이다. 아들의 체면을 위해 아군들을 죽여 달라고 부탁할 만큼 신은 인간의 목숨을 우습게 여긴다.

제우스는 테티스의 청을 받아들여 헥토르를 앞세운 트로이군이 아가멤논의 군사들을 마음껏 죽이도록 해준다. 트로이의 파리스 왕자가 자신들을 제치고 아프로디테를 '미의 여왕'으로 뽑은 것에 한을 품어 트로이를 박살내야 한다는 헤라와 아테나 여신의 간청도 제우스는 묵살한다. 이로 인해 트로이성 왕자 헥토르는 신나는 전성시대를 맞는다. 신들의 간섭 때문인지도 모른 채 헥토르는 그리스 연합군의 목을 추풍낙엽처럼 떨어뜨린다.

그러자 궁지에 몰린 아가멤논이 아킬레스에게 싹싹 빈다. 그렇게 테티스가 목적하는 바가 달성되자, 제우스는 지금까지와는 반대로 그리스군 쪽에 트로이군 살해권을 준다. 드디어 아킬레스가 출전해 헥토르를 죽이자 전세는 즉각 역전된다.

전쟁에선 테티스뿐 아니라 헤라와 아테나, 포세이돈이 그리스 연합군 편으로, 아폴론과 전쟁의 신 아레스, 아프로디테가 트로이군 편으로 나뉘어 북치고 장구 친다. 저 위에서 신들이 조종하고 있다는 것을 모르는 인간들은 왜 갑자기 전세가 불리해지고, 힘이 쏙 빠져 상대의 칼과 창에 맥없이 죽어야 하는지도 모른 채 죽어갈 뿐이다.

트로이의 옛 유적지 위에선 사라져버린 목 위에 솟은 핏빛 넋인 듯 꽃들이 애달프게 피어 있다. 19세기에 이 유적지가 처음 발굴될 때 성채엔 매장되지 않은 유골들이 여기저기 흩어져 있었다고 한다. 전쟁에서 승리자들의 자비를 구하긴 어렵다. 남자는 남김없이 죽임을 당하고, 여자는 노예로, 아이들은 불구덩이 속으로 던져진다.

남자들의 피 끓는 혈기와 야망의 뒤안길에서 여인들의 마음은 숯 검댕이가 된다. 헥토르의 아내 안드로마케의 통곡 소리가 들려오는 것 같다. 안드로마케는 아버지와 일곱 오빠의 목숨을 앗아간 아킬레스에게 남편까지 빼앗긴다. 그리스에서 단골 소재인 비극에서 그의 어린 아들은 죽고, 그녀 자신은 적에게 끌려가 남편을 죽인 원수 아킬레스 아들의 수청을 드는 신세가 된다.

이 처참한 비극에서 어느 누구를 승자라고 할 수 있을까. 오직 명예와 복수를 위해 싸우던 아킬레스도 죽고, 국가와 가족을 위해 싸우던 헥토르도 죽었다. 트로이전의 승리자는 그리스 연합군 총대장 아가멤논 왕이다. 그 또한 비극의 주인공이다. 그는 참전에 앞서 바다의 신 포세이돈을 달래기 위해 자기 딸을 바다에 던졌다. 왕비는 자신의 야망을 위해 딸을 제물로 바친 남편에게 앙심을 품고 칼을 갈고 있다가 트로이 전쟁에서 남편이 돌아오자마자 정부(情夫)인 아이기스토스와 함께 살해한다. 아가멤논이 딸을 죽인 그대로 도끼로 세 번을 내리쳐서. 그리고 자신은 아버지의 복수에 나선 아들의 손에 죽는다. 대체 전쟁의 승리자는 어디에 있는가.

트로이 유적 발견의 꿈을 이룬 슐리만

어디나 독일 관광객들이 많지만 이곳엔 유난히 더 많은 듯하다. 트로이 유적을 발굴한 하인리히 슐리만이 독일인이어서 그들에게 더욱 각별히 느껴지는 까닭인지도 모르겠다.

사실 슐리만이 아니었다면 트로이는 '전설 따라 삼천리' 속 신화로만 여전히 남아 있었을지 모른다.

가난한 목사의 아들로 태어난 슐리만은 크리스마스 때 선물로 받은 책에서 '불타는 트로이 성' 그림을 보고, 신화 속 트로이를 찾아낼 꿈을 꾸었다. 훗날 사업가로 대성한 뒤 마흔여섯 살부터 어린 시절의 꿈을 현실화하는 데 열정을 쏟았다.

슐리만의 집중력과 실천력을 보여주는 일화는 돈벌이나 트로이 발굴 말고 또 있다. 외국어 공부다. 그는 한 가지 외국어를 짧으면 6주, 길면 6개월 만에 터득했다. 15개 국어에 능통한 그의 외국어 학습 비법은 이렇다.

'수없이 소리 내어 읽을 것, 문법이나 번역에 매달리지 말 것, 매일 1시간 씩 공부할 것, 항상 흥미로운 대상에 관해 작문을 하고, 이것을 교사의 지도 를 받아 수정할 것, 전날 수정한 것을 다시 암송할 것.'

슐리만은 마흔일곱 살에 《일리아스》의 헬레나 같은 열아홉 살의 그리스 미인, 소피 엥가스트로노메스와 결혼했다. 이어 한 해 뒤인 1870년부터 아 내와 함께 이 일대를 발굴하기 시작했다. 3년간 일꾼 100여 명과 함께 37 미터 높이의 언덕에서 1톤 트럭 25만대 분의 흙을 파냈다. 결국 트로이뿐 만 아니라 양파껍질처럼 9개 층으로 켜켜이 쌓인 다른 역사시대의 유물까 지 발견해낸다. 역사 이전에 더 많은 역사가 있었다는 사실을 분명히 보여 주면서.

슐리만은 1873년 5월 성벽을 파들어 가던 인부들 주변에서 뭔가 반짝이 는 것을 보았다. 즉각 인부들을 쉬게 해 식사를 제공했다. 인부들이 먹는 데 정신이 팔린 사이, 그가 파헤치자 보물이 쏟아져 나왔다. 황금 술잔, 황금 왕관 등 왕이 아니면 소유할 수 없을 호화찬란한 보물들이었다. 그의 아내 는 잽싸게 보물들을 숄로 감싸서 운반했다.그동안 죽도록 궁전을 파헤쳤던 일꾼들은 금 구경조차 못했다. 백성의 수호신인 듯 행세했던 왕족과 귀족이 보물을 빼돌리기 위해 숨겨둔 역사가 어디 이곳뿐이었으랴.

슐리만이 발굴해 고국으로 밀반출해 가져간 보물은 트로이 시대의 것이 아니라 그보다 1,000년이 앞선 시대의 유물로 알려졌는데, 누군가 궁전에 서 급히 보물들을 상자에 넣은 뒤 자물쇠에서 열쇠를 빼지도 못한 채 재앙

을 당했을 가능성이 높다. 적이 가까이 오는 것도 모르고 너무 많은 보물을 챙기느라 미처 몸을 피하기 전에 적에게 죽임을 당했든지, 보물을 챙기는 동안 불에 탄 성벽이 무너져 내렸을 것이다.

트로이 도시 성벽. 슐리만은 트로이뿐만 아니라 양파 껍질처럼 9개 층으로 켜켜이 쌓인 다른 역사시대의 유물까지 발견해냈다. 역사 이전에 더 많은 역사가 있었다는 사실을 분명히 보여주면서.

트로이 목마의 술수를 간파한 라오콘

트로이 성에도 적의 속임수를 간파한 이들이 없었던 것은 아니었다. 그리스인들은 해안에 목마를 놔둔 채 자기들은 배를 타고 모두 고국으로 돌아간 것처럼 꾸몄다. 이때 사제 라오콘은 목마가 성 안에 들어오지 못하도록 불태워야 한다고 주장했다. 그는 목마에 투창을 던져 목마 안이 비어 있어서 사람이 들어갈 수 있는 공간이 있음을 보여주기까지 했다. 그리스 연합군이 무사귀환을 빌기 위해 포세이돈에게 바치는 제물이 아니라, 적군을 숨겨놓은 '공작선'일 수도 있다고 의심한 것이다.

그러나 트로이 성 안에 들어와 있는 그리스 연합군 스파이 시논은 이런 말을 퍼뜨린다.

"목마를 가져와 신전에 바쳐야 트로이 성이 무사히다."

적은 인간들의 헛된 욕구를 노린다. 전쟁에 지친 사람들은 결과야 어찌되었든 전쟁을 빨리 끝내기만을 원하는 욕구 때문에 쉽게 현혹된다.

결국 라오콘의 말은 무시되고, 스파이 시논의 말이 받아들여진다. 소신이 없는 자들의 귀는 자신을 무너뜨리는 마귀의 속삭임을 천사의 소리로 착각한다. 대중을 현혹시키려고 하는 세력을 비판하는 자는 음해를 당하거나 순교를 당하기 일쑤다.

로마 바티칸 미술관에 소장돼 있는 라오콘 상은 1,506년 로마의 에스퀼리노 언덕에서 밭을 갈던 한 농부에 의해 발견되었다. 지금도 헬레니즘 시대의 대표작으로 손꼽히는 조각품이다. 이 라오콘 상은 커다란 뱀 두 마리가 나와 라오콘과 그의 두 아들을 감고 질식시키는 모습이다. 신과 독재자의 전횡 앞에 맞서 대중을 구하기 위해 광야에서 외쳤던 선구자는 그렇게 죽고 말았다.

트로이 사람들은 라오콘이 신성모독으로 벌을 받았다고 생각했다. 그리스 연합군이 포세이돈 신에게 바친 제물인 목마에 창을 던진 죄로. 그래서 트로이 목마를 신주단지처럼 곱게 성 안에 모셔와 돌이킬 수 없는 화를 자초한다.

우리의 선택 속에 숨은 '트로이의 목마'

'트로이의 목마'를 만든 오디세우스가 트로이 전쟁 뒤 자기 고향 섬으로 항해하던 중 '세이렌 섬'을 지날 때였다. 이 섬엔 누구나 빨려 들어가는 마법의 노래를 부르는 마녀들이 살고 있었다. 그들의 노래를 들은 자들은 귀신에 홀린 듯 섬에 상륙하게 되는데, 그러면 마녀들은 주저 없이 잡아먹었다.

오디세우스는 세이렌 섬을 지나면서 비책을 준비했다. 사공들의 귀를 모두 밀랍으로 봉해 아무것도 들을 수 없게 하고, 자신은 배 기둥에 단단히 묶게 하고 아무리 풀어달라고 애원해도 풀어주지 말라고 한 것이다. 덕분에 오디세우스 일행은 마녀들의 유혹에서 벗어날 수 있었다.

오디세우스는 트로이의 목마를 이용해 상대를 이길 수 있을 만큼, 그리고 작정하고 자신을 유혹하는 세이렌에게조차 당하지 않을 만큼 영리했고, 자기중심이 서 있었다.

과연 우리는 어떤가. 오디세우스처럼 중심이 있는 사람인가, 아니면 트로이 사람들처럼 '트로이의 목마'와 시논의 꼬드김에 쉽게 현혹되는 존재인가.

사람을 불안으로 몰아넣어 자신들이 원하는 것을 소비하게 하는 것은 종교와 자본의 전략이다. 물건을 지금 당장 사지 않으면 세상 사람들과 어울려 살아갈 수 없다는 이데올로기로, 보험이나 펀드에 가입하지 않으면 인생

영화 〈트로이〉 제작사가 기증한 또 다른 트로이의 목마가 차낙칼레 시 해변 공원에서 사람들을 유혹하고 있다.

의 안전과 횡재의 기회를 놓쳐버린다는 '불안 마케팅'으로 공포와 불안을 조성한다. 이런 광고에 개미들은 못 먹고 못쓰며 한 푼 두 푼 벌고 모은 한 석을 999석 가진 이들에게 보태 1,000석을 만들어준다.

그리스 신화에선 신전의 참나무를 베어버린 대가로 걸신이 들리는 죄를 받은 에리식톤이 등장한다. 에리식톤은 눈에 보이는 모든 것을 먹어치우고, 먹을 것이 없으면 결국 자기 몸까지 먹어치운다. 몸에서 공존을 거부한 채

무한 탐욕하는 세포를 암이라고 한다. 이를 조기에 차단하지 못할 경우 모든 세포는 공멸을 면치 못한다. 과거나 현재나 사기꾼들은 바보들의 어리석은 욕구를 먹고 산다.

소크라테스의 매력적인 제자 철학자 아리스티포스는 말한다.

"나는 소유한다. 그러나 소유당하지 않는다."

거인을 먹고 싶은 욕망을 부리다가 결국 거인에 잡아먹히는 게 난장이들의 슬픔이다. 좀 더 많이 가지고 편안해지려다가 가진 안락마저 빼앗겨버리는 게 투자사회의 고통이다. 한때 놀랄 만한 가정교사로 재능을 발휘해 과외교사로서 출세할 수도 있었지만 무욕의 삶을 버리지 않았던 디오게네스는 말했다.

"신들은 인간에게 안락한 생활을 허락했는데, 인간이 허영에 안달이 나이를 복잡하게 만들었다."

'트로이의 목마'는 차낙칼레 항구에도 있다. 영화 〈트로이〉 제작사로부터 기증 받았다는 거대한 목마다. 차낙칼레의 상징물이 된 이 목마는 가장 목 좋은 해변 공원에 자리 잡고 있다. 위대한 천년왕국 트로이를 한순간에 멸망하게 한 재앙의 미끼라는 생각은 저 멀리 사라지고, 멋들어진 배우의 광고인 양 사람들을 유혹하듯 서 있다.

그래서 기자라는 직업인으로 살면서 내가 새기고 있는 하나의 관점이 있다.

'세상 사람들이 모두 그렇다고 하는가. 그들이 모두 칭찬하는가. 그러면 의심해 보자. 과연 정말 그런가. 세상 사람들이 모두 그렇지 않다고 하는가. 모두가 비난하는가. 그러면 의심해 보자. 과연 정말 그런가.'

대중의 결정이 내 정당성을 결코 보장해주지 않는다. 예수를 십자가에 매

차낙칼레 항구에 있는 대형 벽화. 포세이돈은 그리스 연합군 편에서 목마를 응원하고 트로이 성을 불태우는 데 조력한 포세이돈이 그려져 있다.

단 것도 당시의 다수 대중이었다. 유대인 600만 명의 학살도 대중의 동조 없이 히틀러 혼자서는 할 수 없는 일이었다. 다수의 도그마에서 벗어나 자신의 길을 갈 때 새로운 역사가 열린다. 오디세우스도 소크라테스도 남이 뭐라고 하건 자신의 길을 흔들림 없이 갔다. 트로이 성을 발굴한 슐리만도 불굴의 의지로 신화를 역사로 만들어냈다.

밖의 유혹과 내면의 나태에 주저앉고 싶을 때면 《오디세이아》에서 오디세우스를 독려해 성공적인 항해를 이끈 호메로스의 외침을 떠올린다. 소크라테스도 늘 외던 글귀다.

"인내하라. 내 마음아. 그대는 이보다 더 심한 일도 참고 견디어오지 않았는가!"

차낙칼레 항구엔 포세이돈이 백마를 타고 거친 바다를 시원스레 달려가는 대형 벽화가 그려져 있다. 어떤 상황에서도 한 번 뿐인 생을 후회 없이 이처럼 당당하게 헤쳐나갈 자는 누구인가. 내가 존경의 헌시를 바치고 싶은 이는 신들이 아니라 바로 자기 삶의 주인이다.

　　서양 최초의 기록 문학인 《일리아스》와 《오디세이아》는 기원전 800년쯤 고대 그리스 시인 호메로스가 썼다. 그가 떠도는 시를 암기해 전파했을 것이라는 설도 있다. 호메로스는 눈동자가 없는 맹인으로 그려지곤 했다. 그의 신화적 상상력과 놀라운 기억력이 맹인이었기에 가능했으리란 상상이 낳은 추론일 것이다.

　　《일리아스》는 '일리온의 노래' 란 뜻이다. 일리온은 트로이의 옛 이름이다. 그리스 연합군과 트로이 성 간에 벌어진 최후 49일간의 공방을 그렸다.

　　《오디세이아》는 아킬레스와 함께 그리스 연합군의 영웅인 '오디세우스의 노래' 라는 뜻이다. 트로이 전쟁이 끝난 뒤 오디세우스가 10년간 모진 고생 끝에 고향인 이타카 섬으로 귀향하는 이야기다.

　　호메로스 시대로부터 900년 뒤인 1세기 로마시대에 쓰인 책이 시인 베리길리우스의 《아이네이스》다. '아이네아스의 노래' 라는 뜻이다.

　　아이네아스는 《일리아스》에 잠깐 등장했던 트로이 장군이다. 그가 트로이 패망 후 방랑하다가 오늘날의 이탈리아에 도착해 훗날 로마의 시조가 된다는 일종의 건국신화를 담았다. 천년 왕국 로마가 이런 신화 속 인물과 자국의 건국을 다소 억지스럽게 연결시킨 것만 보아도 로마인들의 마음에 호메로스의 서사시들과 트로이가 얼마나 강하게 자리잡고 있는지 알 수 있다.

　　《일리아스》는 헥토르의 장례식으로 막을 내렸고, 이후 등장하는 '트로이의 목마' 이야기는 《아이네이스》에 나온다.

《일리아스》는 나관중(1330? ~ 1400)의 《삼국지연의》보다 무려 2,000년도 더 전에 쓰였지만 아킬레스나 헥토르의 결투 묘사는 관우와 조자룡의 전투 못지않게 역동적이며 생생하다. 그런데 매번 인간이 전장을 장악하면, 꼭 신들이 나타나서 전세를 뒤집는다. 올림포스 산 위에서 신들이 작동하는 게임에서 인간이란 '졸(卒)'은 로봇처럼 움직일 뿐이다.

반면에 《오디세이아》는 신보다는 '인간'의 모험과 도전을 부각시킨다. 오디세우스가 험난한 10년의 항해 끝에 고향 이타카 섬에 돌아갈 수 있었던 것은 그가 선행을 많이 쌓은 덕일까. 아니다. 그는 속임수로 트로이 성을 멸망시키고, 수많은 사람을 도륙한 인물이다. 후환을 없애기 위해 헥토르와 안드로마케 부부의 어린 자식을 불구덩이에 던져버린 이도 오디세우스다. 이 고전들은 착한 사람이 결국 승리한다는 권선징악과 거리가 멀다.

오디세우스가 항해를 부사히 마치고 고향에 귀환해 영광의 인생을 마칠 수 있었던 것은 유혹에 넘어가지 않고, 속임수에 당하지 않고, 자기중심을 지켜내는 지혜와 내공이 있었기 때문이다. 그는 가정교육에도 성공했다. 트로이 전쟁에 참전하기 위해 궁을 떠나면서는 어린 아들을 믿을 만한 친구에게 맡겨 훌륭히 키우도록 했다. 요즘 자주 사용하는 멘토는 오디세우스의 아들 텔레마코스를 길러낸 스승의 이름 '멘토르'에서 유래한 것이다.

《오디세이아》는 훌륭하게 성장한 텔레마코스가 돌아오지 않는 아버지 오디세우스를 찾아 아버지의 동료전사들을 찾아나서는 것으로 시작된다.

《고대 그리스의 영광과 몰락》(김진경 지음, 안티쿠스, 2010)

《고대 그리스 정치사 사료》(아리스토텔레스 · 크세노폰 외 지음, 최자영 · 최혜영 옮김, 신서원, 2002)

《고대 올림픽의 세계》(김복희 지음, 살림, 2004)

《국가》(플라톤 지음, 이향만 편저, 타임기획, 2006)

《그리스 로마 신화》(에디스 해밀턴 지음, 장왕록 옮김, 문예출판사, 2004)

《그리스 로마 신화》(토마스 불핀치 지음, 김선영 편역, 꿈과 희망, 2011)

《그리스 사람들》(베르나르도 로고라 지음, 노성두 옮김, 사계절, 2004)

《그리스 사유의 기원》(김재홍 지음, 살림, 2003)

《그리스 스토아철학자 에픽테토스 불확실한 세상을 사는 확실한 지혜》(샤론 르벨 엮음, 정영목 옮김, 까치, 1999)

《그리스 신전에서 인간의 길을 묻다》(스티븐 버트먼 지음, 이미숙 옮김, 예문, 2011)

《그리스 신화의 땅 인간의 나라》(유재원 지음, 리수, 2004)

《그리스 전쟁》(필립 드 수자 등 지음, 오태경 옮김, 플래닛미디어, 2009)

《그리스, 신을 만들다》(루카 모자티 · 케네스 래퍼틴 · 마리나 벨로제르스카야 지음, 조인자 옮김, 예경, 2004)

《그리스 로마 에세이》(키케로 외 지음, 천병희 옮김, 숲, 2011)

《그리스 · 로마 신화》(김성대 편저, 삼양미디어, 2007)

《그리스 · 로마 신화 사전》(피에르 그리말 지음, 최애리 책임번역, 열린책들, 2003)

《그리스 비극 걸작선》(아이스퀼로스 · 소포클레스 · 에우리피데스 지음, 천병희 옮김, 숲, 2010)

《그리스인 조르바》(니코스 카잔차키스 지음, 이윤기 옮김, 열린책들, 2009)

《그리스인의 이상과 현실》(G.L.디킨슨 지음, 박만준 · 이준호 옮김, 서광사, 1989)

《그리스인 이야기 1, 2, 3》(앙드레 보나르 지음, 김희균 옮김, 강대진 감수, 책과함께, 2011)

《그리스 철학자 열전》(디오게네스 라에르티오스 지음, 전양범 옮김, 동서문화사, 2008)

《니체의 말》(니체 지음, 시라토리 하루히코 엮음, 박재현 옮김, 삼호미디어, 2010)

《니코마코스윤리학》(아리스토텔레스 지음, 홍석영 풀어씀, 풀빛, 2005)

《디오게네스와 아리스토텔레스》(박홍규 지음, 필맥, 2011)

《뤼시스》(플라톤 지음, 강철웅 옮김, 정암학당, 2007)

《명상록》(마르쿠스 아우렐리우스 지음, 이덕형 옮김, 문예출판사, 2008)

《문명이야기 그리스문명2-1,2-2》(윌 듀란트 지음, 김운한 · 권영교 옮김, 민음사, 2011)

《미란타왕문경》(이시카미 젠오 지음, 이원섭 옮김, 현암사, 1991)

《박찬희 교수가 쉽게 쓴 동방정교회 이야기》(박찬희 지음, 신앙과지성사, 2012)

《밧모섬에서 돌아온 사도 요한》(김주찬 지음, 옥합, 2004)

《비잔틴제국 천년의 명암》(진원숙 지음, 살림, 2007)

《살라미스 해전》(배리 스트라우스 지음, 이순호 옮김, 가라파고스, 2004)

《삶을 가르치는 은자들》(피터 프랜스 지음, 정진욱 옮김, 생각의나무, 2002)

《세계사 연대기》(YMS세계역사연구회편, 박영재 · 최갑수 감수, 역민사, 2004)

《세상에서 가장 흥미로운 철학 이야기》(이동희 지음, 人, 2007)

《소크라테스의 변명 · 크리톤 · 파이돈 · 향연》(플라톤 지음, 황문수 옮김, 문예출판사, 2011)

《스파르타 이야기》(폴 카트리지 지음, 이은숙 옮김, 어크로스, 2011)

《신들의 계보》(헤시오도스 지음, 천병희 옮김, 숲, 2009)

《신의 친구 에픽테토스와의 대화》(에픽테토스 지음, 아리아노스 엮음, 강분석 옮김, 사람과책, 2001)

《신탁》(윌리엄 브로드 지음, 김혜원 옮김, 가인비엘, 2007)

《아르고호 원정대》(찰스 킹즐리 지음, 김호숙 옮김, 아테나, 2012)

《아르키메데스》(진 벤딕 지음, 이혜선 옮김, 실천문학사, 2005)

《아리스토텔레스의 정치학》(아리스토텔레스 지음, 천병희 옮김, 숲, 2009)

《아우렐리우스의 인생의 법칙》(마르쿠스 아우렐리우스 지음, 이현우 · 이현준 편역, 원앤원북스, 2007)

《아이네이스》(베르길리우스 지음, 천병희 옮김, 숲, 2007)

《아테네인, 스파르타인》(윤진 지음, 살림, 2005)

《아토스 성산의 수도사들 성모님의 정원》(파이시오스 수도사 지음, 앙겔리키 박 옮김, 정교회출판사, 2011)

《알렉산더 대왕》(피에르 브리앙 지음, 홍혜리라 옮김, 시공사, 1995)

《알키비아데스 I, II》(플라톤 지음, 김주일 · 정준영 옮김, 이제이북스, 2007)

《에우튀데모스》(플라톤 지음, 김주일 옮김, 정암학당, 2008)

《엥케이리디온》(에픽테토스 지음, 김재홍 옮김, 까치, 2003)

《역사》(헤로도토스 지음, 천병희 옮김, 숲, 2009)

《영혼의 역사》(장영란 지음, 글항아리, 2010)

《오뒷세이아》(호메로스 지음, 천병희 옮김, 숲, 2006)

《올림픽의 숨은 이야기》(장원재 지음, 살림, 2004)

《원전으로 읽는 그리스신화》(아폴로도로스 지음, 천병희 옮김, 숲, 2004)

《유럽중심주의 세계사를 넘어 세계사들로》(한국서양사학회 엮음, 푸른역사, 2009)

《유토피아》(토마스 모어 지음, 정순미 풀어씀, 풀빛, 2006)

《일리아스 오디세이아》(호메로스 원작, 김윤정 글, 이랑덕 그림, 파란자전거, 2007)

《일리아스》(호메로스 지음, 천병희 옮김, 숲, 2007)

《장영란의 그리스신화》(장영란 지음, 살림, 2005)

《정본 이솝우화》(권미선 옮김, 창비, 2009)

《제우스, 올림포스 산으로 밀려나다》(미하일 일라인 지음, 이종훈 옮김, 서해문집, 2008)

《종말론》(실비아 브라운 지음, 노혜숙 옮김, 위즈덤하우스, 2010)

《지혜로운 삶의 원칙》(에픽테투스 지음, 샤론 레벨 엮음, 정성채 옮김, 뜨란, 2002)

《쾌락》(에피쿠로스 지음, 오유석 옮김, 문학과지성사, 1998)

《크라튈로스》(플라톤 지음, 김인곤·이기백 옮김, 정암학당, 2007)

《크세노폰의 향연·경영론》(크세노폰 지음, 오유석 옮김, 작은이야기, 2005)

《탈무드 황금률 방법》(이희영 지음, 동서문화사, 2002)

《트로이전쟁》(베리 스트라우스 지음, 최파일 옮김, 뿌리와이파리, 2010)

《파이드로스》(플라톤 지음, 조대호 역해, 문예출판사, 2008)

《펠로폰네소스 전쟁사》(투퀴디데스 지음, 천병희 옮김, 숲, 2011)

《프로타고라스》(플라톤 지음, 최현 옮김, 범우사, 1989)

《플라톤의 교육》(장영란 지음, 살림, 2009)

《플라톤의 법률》(플라톤 지음, 박종현 옮김, 서광사, 2009)

《플라톤의 티마이오스》(플라톤 지음, 박종현 옮김, 서광사, 2008)

《플루타르코스 영웅전 그리스를 만든 영웅들》(플루타르코스 지음, 천병희 옮김, 숲, 2006)

《플루타르크 영웅전 I, II》(플루타르코스 지음, 홍사중 옮김, 동서문화사, 2007)

《피타고라스가 보여주는 조화로운 세계》(이광연 지음, 프로네시스, 2006)

《피타고라스 I ,II》(오쇼 강의, 손민규 옮김, 젠토피아, 2013)

《하인리히 슐리만 자서전》(하인리히 슐리만 지음, 김병모 옮김, 일빛, 2004)

《헬레니즘》(윤진 지음, 살림, 2003)

《헬레니카》(크세노폰 지음, 최자영 옮김, 아카넷, 2012)

《황제내경》(황제 지음, 이창일 옮김, 책세상, 2004)

《히포크라테스 선서》(반덕진 지음, 사이언스북스, 2006)

그리스 인생학교

초판 1쇄 인쇄 2013년 3월 18일
초판 1쇄 발행 2013년 3월 26일

지은이 조현
펴낸이 이기섭
편집인 김수영
책임 편집 이선희
마케팅 조재성 성기준 정윤성 한성진 정영은
관리 김미란 장혜정

펴낸곳 한겨레출판(주) www.hanibook.co.kr
등록 2006년 1월 4일 제313-2006-00003호
주소 121-750 서울시 마포구 공덕동 116-25 한겨레신문사 4층
전화 02)6383-1602~1603 팩스 02)6383-1610
대표메일 happylife@hanibook.co.kr

ISBN 978-89-8431-678-2 03100